「思い込みの防災」からの脱却

命を守る！
行政と住民の
パラダイム・チェンジ

及川 康

目次

第5章　避難情報廃止論

第6章　「高い災害意識」は必要か？

はじめに――令和6年能登半島地震を踏まえて

2024年元旦、非常に強い地震が能登半島に暮らす人々を襲いました。人的にも物的にも精神的にも経済的にも甚大な被害が生じました。津波や液状化などの被害を含めると、被害は石川県・富山県・福井県・新潟県など広域に及びました。一時は能登半島の陸海空すべての交通網が壊滅的な被害を受け、被害状況の全容がなかなか伝わらないなか、消防・救急・警察・自衛隊などによる人命救助活動が功を奏することをただひたすら祈り願うことしかできない期間が長く続きました。

その時間は、被害の真っ只中にいた人々にとって、困難を極める筆舌に尽くし難い厳しい時間であったに違いありません。ある報道では、家族全員を失い自分だけが生き残ってしまったと報道カメラに応えて涙ながらに語る男性があわせて「何なんですかこれ、なぜ私がこんなことにならなきゃならないのか」と心の内を吐露する場面を報じていました。戦争や阪神淡路大震災や東日本大震災などの未曽有の災厄による被害を「『不条理』という言葉が原因と結果が結びつかない状態を指すとすれば、理不尽な死はその最たるものだ」と表現した岡安美奈子氏（サミュエル・ベケット研究者）の言葉を借りるならば、能登半島地震により生じた事態はあまりにも不条理で理不尽に過ぎます。この事態を説明し得る客観的な原因など存在しません。ある報道では鹿児島大学の井村隆介氏がこの災害による被害のありようを「どこにいたかで決定してしまう」と評していたことを踏まえるなら、2024年元旦の午後4時10分に「どこにいたか」は偶然としかいいようのないものです。必然や原因などそこにはありません。「いや、必然や原因はある」との反論もありそうですが、それは幾多にもあり得る仮説もしくはストーリーに過ぎないといわざるを得ないと筆者は思います。

一方、その時間は、被害を受けていない地に暮らす者にとって、報道に目や耳を傾けることしかできない現状において自分にいったい何ができるというのか、と自問自答を繰り返さざるを得ない時間でもあったのではないでしょうか。困難に直面している地域や人々を想い寄り添うことだけでは何も助けることになどなりはしない、と悲嘆に暮れる人もいたことでしょう。ある報道では、瓦礫に挟まれた目前の家族を救出できないまま、徐々に息を引き取っていく姿をただ看取ることしかできなかったと語る男性が、記者に向かって「そんな俺の気持ちがお前にわかるか」と心の内を吐露する場面を報じていました。前掲の報道のように、それでもなお「なぜ」と理由を求めることしか、もはや救いがないという事態にまで追いつめられている苦しい心境を、そして、目前の家族をただ看取ることしかできない状況に置かれた者の心境を、非当事者が「よくわかります、理解できます」などと軽々しく述べるべきではないことは明らかです。なぜなら、当事者の心境は、非当事者による想像などはるかに超える厳しい事態であったはずだからです。

しかしながら、それでもなお、当事者の心境を最大限に想像しようとする努力だけはけっして諦めてはいけないとも思うのです。救援・復旧・復興の作業とさらなる災害への備えはすべて、この想像力を発端とするものであるはずだからです。非当事者が当事者のことを深く想うとき、非常に胸が苦しくなります。想像にはある種の勇気が必要です。涙があふれることもあるでしょう。しかし、その涙は何の役にも立たない無駄なものだなどと悲嘆に暮れる必要はありません。むしろすべての出発点であるとすら言い得る尊いものだと筆者は思います。現地に駆けつけることだけが支援ではありません。さまざまなかたちでの支援を可能とする仕組みも整備されてきています。この文章を執筆している時点（２０２４年2月上旬）では、それぞれの想像力を最大限に駆使して可能な支援のあり方を模索していくことがまずは重要だと思われます。

本書に収録する八つの章の準備がおおむね整ったころに令和6年能登半島地震が発生しました。本書の内容のすべてがこのたびの震災の救援および復旧復興に即座に役に立つものばかりではないと思います。しかし、本書の内容のいくつかにはまた、この震災を経験したいまだからこそ、あるいはここから少し時間が経過した時点でこそ、さまざまな立場の方々に目を通していただく価値があると思える部分もあると考えています。たとえばそれは次のような視点です。

東日本大震災の辛い経験の反省のもとで津波情報の発令ルールが大きく改訂されました。令和6年能登半島地震の発生直後にはこの改訂版ルールのもと、津波情報が発令されました。本書の第4章では、この改訂の方向性に対して否定的な意見がたとえどれほど多くを占めたとしても、とにかく、改定前よりも改訂版のほうが避難に直結しやすいのだという見通しを主張しています。詳細な検証はこれからになると思われますが、このたびの震災で、そして今後の震災においても、この情報が一人でも多くの命を救うことに活かされたこと、そして活かされることを願わずにはいられません。

一方、報道によれば、このたびの震災では大津波警報が出されたが故の葛藤も存在したといいます。目前で瓦礫や土砂に埋もれた家族をその場でなんとか救助することに専念するか、それとも、それを諦めて大津波警報にしたがって即座にその場を離れて高所へ避難するか、という苦渋の選択を迫られたケースなどです。本書の第2章では「津波てんでんこ」をめぐる論考を紹介していますが、ここでの「大津波警報」を「津波てんでんこ」に置き換えると、単純な一語では到底割り切ることなどできない苦渋の選択が共通してそこにも存在します。しかし、「大津波警報なのだから即座に避難すべき」

とか「津波てんでんこなのだから即座に避難すべき」といったかたちで断じ、葛藤に苦しむ当事者の心情をあたかも無駄なものでもあるかの如く切り捨てるような言動を一部のSNS上などで目にすると、非常に残念な気持ちを抱かずにはいられません。本書の第2章が、そのようなコメントを発する人においても、当事者が抱える葛藤や心情を真正面から最大限に想像する契機の一つとなれたなら幸甚です。

私たちはこれからも、不条理で理不尽な事態に直面することがあるかもしれません。そこでもしも生き延びるチャンスがあるのなら、そのチャンスを最大限に生かすことができるよう準備しておく営みのことを私たちは防災と呼んできたのだろうと思います。細菌学者のパスツールはかつて「偶然は準備のできていない人を助けない」という言葉を残しました。不条理や理不尽やチャンスや偶然は制御できません。私たちにできることは準備です。しかし、どんなに準備したとしても必ず偶然が訪れるとは限りません。だからといって準備することが無駄だということにはなりません。偶然の訪れに気づいてそれを生かすにはやはり、準備が肝要です。本書の第6章から第8章にかけての焦点は総じて「如何にして準備するか」です。個別のテクニックやノウハウではありません。不条理や理不尽を生き抜くには、防災意識や動機づけなどのような都合のよい因果律を安易に持ち出したところで何も解決しません。論点となるのは、如何にして防災を私たちの身体にしみ込ませておけるか、です。

なお、本書の第5章の題目である「避難情報廃止論」から受ける印象によっては、忌避感を抱いた方もおられることと想像します。しかし、第5章の本意はその真逆で、二次情報としての避難情報を「私たちのツール」として大切にしていきたい、というものです。その議論は同時に、この議論（思考実験）を契機としてより多くの人々に一次情報としての防災気象情報へ関心を持っていただくことにもつながればとの思いを発端とするものでもあります。

これまでにも先人たちは、幾多の災害を経験し、それをなんとか乗り越えてもきました。本書の第3章は、そのような過去にすがるだけでもなく、あるいは過去をすべて切り捨てるのでもない、過去と未来の両方を見据えながらの「諦観」という姿勢のあり方に言及するものです。これから少し時間が経過して、未来の姿をどう描いていくかについての議論が必要になったときに、本書の論点が幾ばくかの勇気と覚悟を身に纏《まと》う契機となれたなら、それは望外の幸せです。

このたびの震災で犠牲となった方々のご冥福をお祈り申し上げます。被害に遭われた方々には心よりお見舞い申し上げるとともに、一日でも早く日常を取り戻すことができるようお祈り申し上げます。救援救助などの任務にあたっている消防・警察・自衛隊および防災行政担当者の皆さん、交通網や通信網および上下水道などのインフラの復旧作業に従事されている方々、種々の支援活動に従事されているすべての方々に、深く敬意を表します。また、被害を受けていない地に暮らす者が現地の状況を知る重要な手段の一つである報道に従事されている方々の活躍にも、心から感謝申し上げます。

第1章　防災探究の準備

——災害社会工学の視座

1　わからないことだらけの災害

いまもなお災害はわからないことだらけです。どんなにがんばってもそこに潜む不確実性や偶然性を完全に排除することはできません。根源的にこのような特徴を持つ災害に対し、防災研究の第一義的な目標は、非常に大雑把にいえば「災害へのよりよい対処方法を探求すること」であるといえます。ひとくちに防災研究といっても、そのアプローチは一つではありません。極めて多様なアプローチによる防災研究が存在します。筆者は防災研究という分野の末席を汚す一人の研究者に過ぎませんが、「専門分野は何ですか?」と聞かれたときには「災害社会工学です」と答えるようにしています。第1章ではまず、防災研究における代表的なアプローチのいくつかを概観し、この災害社会工学とはいったいどのような内容や領域を指すものなのかという点について、その視座の輪郭を素描します。そのうえで、第1章の末尾で、本書の試みの概要を述べたいと思います。

2　純粋科学としての現象解明研究

災害を自然現象と社会現象とに分けてとらえたとき、前者の自然現象に注目したアプローチとしてまず挙げられるのが、純粋科学としての現象解明研究です。地震や津波や洪水などの自然現象(主として物理現象)のメカニズムを解明しようとする研究などがこれにあたります。これがもしも完璧に解明され尽くしさえすれば、いつ、どこで、どれくらいの災害が起こるのか、という予知もきっと完璧に行われることになるでしょう。もしもそんな世界がやってくるならば、それは大変に喜ばしいことです。そして、それを目指した研究の努力も、絶え間なく精力的に続けられるべきです。大変に意義の大きい研究アプローチであることに違いありません。

しかしながら、そんな純粋科学としての現象解明研究ではありますが、現状においてもまだわからないことがたくさんあります。すべてを解明し尽くすには至っていません。現状でもそうなのに、ましてや、もっと昔においては、さらにわからないことだらけだったことでしょう。たとえば、土石流が発生したとすれば、それは「山の神様がお怒りになった」という解釈がなされ、山の神様の怒りを鎮めるために村の住民の一人を人柱としてささげるなどの非科学的な事態も、かつてならばあったことでしょう。災害によって大切な人や貴重な財産を失った人々は、深い悲しみのなかで、なぜ自分がこのような悲劇に見舞われなければならないのか、なぜ彼ら彼女らは死ななければならなかったのか、これからどう生きていけばよいのか、その理由や心の拠り所を考えざるを得なかったものと思われます。昔の科学では、わからないことがあり過ぎるのです。災害という「科学的によくわからない物理現象」に対して、人々が一定の納得を得るためには、そこにそれなりの「意味」をつくり上げて付与する必要があったのです。「目前の惨状」と「自身の悲しみや不安」との間に横たわる大きなギャップを、「意味」によって埋める必要があったのです。往々にしてそれは、その時代その社会に通底する倫理観や宗教観と密接な関係を保ちながら創作されます。創作とはいっても、それは悪意に基づく捏造というニュアンスというよりはむしろ、目の前の惨状をいったん受け止めて復興への第一歩を踏み出すために、そう考えざるを得ない、そう考えたほうがよい、という切実な心情を反映したものであったといえるでしょう。

１９２３（大正12）年9月に発生した関東大震災の直後には、「天が人間を罰するために災害を引き起こした」とする天譴論という思想が、まことしやかに飛び交ったといわれています[1]。現代の感覚からすると「そんな非科学的な説を信じてしまうような、そんな馬鹿げた時代もあったのですね」などと失笑してしまう人も少なくないと思います。しかし、新型コロナウイルス蔓延をめぐる多数の流言飛語のことを思い返せば、それはけっして過去の話などではなく、現代にも十分通じる共通の課題であることにすぐ気づくことでしょう。

とはいえ現在では、そのころよりはるかにわかることが増えました。土石流は山の神様がお怒りになって発生するものではないということは科学的に解明されていますし、雷の仕組みもある程度はわかっています。しかしながら、そんな現在であってもなお、わからないことはたくさんあります。2011年3月に発生した東日本大震災について、それがいつ、どこで、どれくらいの規模で発生するのかを、事前にズバリ予測することはできませんでした。毎年発生する台風の予想進路ですら、その精度はかつてに比べれば飛躍的に進展はしていますが、大きく外れる場合もあります。今後、発生が予想されている首都直下地震や南海トラフ地震についても、それがいつ、どこで、どれくらいの規模で発生するのかを正確に予測することは、現状の科学力をもってしても残念ながら不可能なのです。

3　防災工学（ハード対策とソフト対策）

では、わからないからといって、諦めてしまってよいのでしょうか。いや、まだまだやれることはたくさんあります。いつかは大きな地殻変動や異常気象が起こってしまうのは仕方がないとしても、それによる被害をできるだけ少なくするための方法は、まだまだ努力や工夫の余地があります。ならば私たち人類は、それをやるべきでしょう。やらないという手はあり得ません。その努力や工夫の総称として、ここではそれらを「防災工学」と括ることにします。その防災工学も、そのアプローチの違いから、大きく二つに分けることができます。

その一つが「ハード対策」です。ハード対策とは、危害をもたらす現象そのものを、土木構造物などによってなんとかコントロールしようとするアプローチです。豪雨災害を例にとれば、それに対するハード対策といえばダムや堤防などがその代表的なものです。

そんなハード対策ですが、その大前提として、計画規模という概念が必ずつきまといます。計画規模とは、これくらいの現象に対する安全性を確保します、というようないわば目標値のようなものです。しかしながら、その計画規模は、逆にいえば、「計画規模を超える現象には対応できません」と、はなから宣言しているようなものである、ということを、私たちは肝に銘じておく必要があります。風呂の浴槽を考えてみれば、至極当たり前の話であることが容易に想像されると思います。浴槽にため込むことのできる最大の水量は「これくらい」と決まっています。この「これくらい」が計画規模です。それ以上の水を入れれば、溢れます。つまり、ハード対策は万全ではけっして「ない」のです。万全なハード対策など理論上はあり得ないのです。

では、ハード対策に限界があるのであれば、それを超える現象に対して私たちは、諦めるしかないのでしょうか。

いや、まだまだできることはたくさんあります。発生すること（ハード対策には限界があること、計画規模を超えること）は当然あり得るという前提に立つとき、それでもなお、災害に対峙する「個人」「地域」「社会」の備えや対応がもしも十分に最適化されていたとするならば、物的被害や人的被害を最小にすることは可能なはずだ、と考えることが可能です。人や社会が存在しないジャングルの山奥で大洪水が起こって水浸しになったとしても、私たちはそれを災害とは呼びません。それは災害ではなく単なる自然現象です。極論すれば、被害が及ぶ地域から住民があらかじめ避難していて、たとえ一時的にでもそこに誰もいなければ、ある程度の物的被害は避けることができないとしても、少なくとも災害で人が命を落とすという事態は避けることが可能なはずです。そのための方法を考えることを総称して、ここでは「ソフト対策」と括ろうと思います。

つまり、ソフト対策が対象とするものは「人」であり「地域」であり「社会」である、ということです。また、そのソフト対策のキーワードとしては、たとえば、避難行動、災害情報、防災意識、ハザードマップ、防災教育などが挙げられます。

以上のように、防災という研究分野における代表的なアプローチは、「純粋科学としての現象解明研究」と「防災工学」、そしてその防災工学を構成する「ハード対策」と「ソフト対策」、というように（ややラフでざっくりですが）区分けできそうだ、という主旨のことを述べました。

4　総合科学としての防災

しかし、ここで注意してほしいのは、これら区分けされたそれぞれのアプローチは、互いに排他的で無関係ということではけっしてないということです。それどころか、互いに深く関係することばかりといってよいと思います。「純粋科学としての現象解明研究」の成果をまったく無視するような「防災工学」などあり得ませんし、また、「純粋科学としての現象解明研究」の成果や「ハード対策」の状況をまったく無視するような「ソフト対策」などもあり得ません。

また、どのアプローチの優先度が高いか低いかなどという議論がもしもあるとするならば、それはまったくの不毛な議論というべきでしょう。皆さんのなかには「『純粋科学としての現象解明研究』がパーフェクトに達成されさえすれば、ほかのアプローチなど不要だ。だから『純粋科学としての現象解明研究』が根源的に最も重要なアプローチだ」と信じたくなる人も、もしかするといるかもしれません。あるいは、「『純粋科学としての現象解明研究』は無理だとしても、『ハード対策』がパーフェクトに達成されさえすれば『ソフト対策』など不要だ。だから『ハード対策』を『ソフト対策』よりも優先すべきだ」と考えたくなる人も、もしかするといるかもしれません。しかし、そのような考え方は、けっして実現されることのない妄想に過ぎないということは、すでに述べたとおりです。どのアプローチにも固有の役割があり、そこに優劣をつけようとする議論は不毛です。すべてが大事です。

だとするなら私たちは、それぞれの専門領域に特化した防災の要素技術の開発や知見の探究が重要であるということはもちろんですが、それと同時に、「総合科学としての『防災』」という広い視野をあわせ持っておくということが非常に重要なのではないかと思うのです。逆にいえば、「総合科学としての『防災』」という視野を欠いた個別の技術や知識であるならば、それはいったいどのような社会を目指していこうとしているのかが不明となってしまい、いわば道に迷った状態、場合によっては「害悪」ですらあるともいえるでしょう。極端な例を挙げれば、海岸に高さ50ｍの巨大防潮堤を建設するという「ハード対策」を施せば、高さ50ｍ以内の津波や高潮や波浪を防ぐことは確かにできるかもしれませんが、市街地から海や空の風景を巨大な土木構造物によって完全に遮断するような対策をよしとするのか否かという問題は、その社会のありよう（文脈、文化、価値観、倫理観など）によって大きく異なるということは容易に想像されます。社会のありようによっては、ハード対策としては相対的に明らかに脆弱化するにもかかわらず、防潮堤の高さを50ｍではなく10ｍにとどめるという判断や、防潮堤を建設しないという判断なども、十分にあり得ることです。しかしながら、実社会によるそれらの判断を「非合理的だ」としてただ頑なに退けるような論調がもしも存在するならば、それはまさに「総合科学としての『防災』」という視野の欠如がもたらした「害悪」そのものだといわざるを得ないでしょう。

5 災害社会工学

冒頭で「専門分野は何ですか？」と聞かれたときに、筆者は「災害社会工学です」と答えるようにしていますと述べましたが、この「災害社会工学」という名称をはじめて使った片田敏孝氏は当時、群馬大学工学部建設工学科の専任講師でした。そして、筆者はその当時、片田研究室所属の学生でした。自分たちの専門分野とはいったい何なのかという自問自答のなかで、ある専門領域に特化した要素技術や知見の探究を志向した研究活動を連想させる「ソフト対策」という呼称では不十分であることには自覚的であったと思います。片田氏が第一義的に目指すべきとしたことは「人が死なない防災」[2]です。「人が死なない防災」を目指す研究領域の呼称には、「ソフト対策」というような領域限定的な呼称ではなく、「総合科学としての『防災』」のあるべき姿を探求する志向性を体現する呼称が相応しいのではないか、と話し合ったと記憶しています。その話し合いで最終的にたどり着いた呼称が「災害社会工学」でした。

災害社会工学という研究領域について片田氏は、２０１２年に著書『命を守る教育――３・11釜石からの教訓』[3]で次のように述べています。

《私のもともとの専門分野は土木工学です。しかし現在は、津波などの自然災害による人的被害を出さないために、地域社会や住民の対応力をいかにして高めるかという研究をしています。学問の分野でいうと、「災害社会工学」です。「工学」とつくと、どうしても理系の「ものづくり」を連想してしまうかもしれませんが、同じ「つくる」でも、災害に強い街をつくる、災害に強い社会をつくることが研究の目的です》[2]

また、片田氏は２０２０年の著書『人に寄り添う防災』[4]では、20年以上にわたる防災研究活動を振り返り、次のように語ります。

《この間、防災研究者としての役割を自らに問い続けてきたが、その答えは変わらず「人が死なない防災」を目指すことであった。毎年のように起こる大規模な災害で多くの犠牲者が出続ける状況を前にして、防災が実学であるなら、その目指すところは「人が死なない防災」の実現に貢献すること――その思いに迷いはなかった。とりわけ、長年取り組んだ現場で多くの犠牲者を出してしまった東日本大震災を経て、その思いは私にとって揺るぎない信念となった》[4]

片田氏によるこれらの言及（宣言と呼ぶべきかもしれません）からも、「『災害社会工学』という研究領域が目指す第一義的な目標は『人が死なない防災』である」という旨は、はっきりとわかると思います。

筆者は防災研究分野の末席を汚す一人の研究者に過ぎませんが、災害社会工学という研究領域の末席を汚す研究者でもありたいと考えています。ただ、そのためには、災害社会工学という研究領域に対する筆者なりの再解釈の試みも必要であると自覚しています。本書にはそのささやかな試みの一環という意味合いも込められています。

6　ファースト・プライオリティは「人が死なない防災」

2011年3月11日に発生した東日本大震災は、この時代を生きる誰にとっても忘れることのできない大きな出来事であったと思いますが、とりわけ災害社会工学という研究領域から防災を考えるうえでも、けっして忘れることのできない非常に大きな出来事であったことは間違いありません。

発生からすでに幾年もの時を経ていますが、とりわけ直後においては、被災者をどうにかして精一杯支援したいという動きが広まりました。たしかに、生き残った人々、困っている人々、苦しんでいる人々を、なんとかして支援しようという動きは、非常に大事であり尊いものです。このことはけっして否定されるべきものではありません。非常に尊く大事な活動であることに微塵の揺るぎもありません。しかしながら、いちばん悔しい思いをしているのは、2万人にもおよぶ亡くなった人々であるということを、私たちはけっして忘れてはなりません。ともすると私たちは、復興支援（生き残った被災者を支援すること）に邁進するあまり、そのことで、私たちの弔いの心までをも満たそうとしてしまっているのかもしれません。繰り返しますが、このような復興支援が大事なことであるという事実は、けっして否定されるべきではありません。大事なことであり尊いことです。

しかし、防災を考えるうえで一番大事なことは「人が死なないこと」のはずです。これが一番大事なことです。災害で人が死ななくてすむ社会を目指さねばならないのです。ですので、復興支援は確かに極めて意義の大きい営みであることに違いないのですが、しかしそれは二次的に大事なことなのであって、それよりももっと大事なこと、第一義的に最も優先されるべきことは、あくまでも「人が死なない防災」を考えることである、という視座を私たちは絶対に忘れてはなりませんし、強調しても強調し過ぎることはないと思います。

「災害社会工学」が第一義的に目指すことは、このような「人が死なない防災」なのです。

7　3種類の避難

前述のとおり、たとえ大洪水や大津波などが発生したとしても、そこに住む人々の避難があらかじめ完了してさえいれば、人的被害を防ぐことができます。つまり、「人が死なない防災」の実践において非常に重要なキーワードとなってくるものが「避難」です。

ところで、ひとことで「避難」といっても、厳密には少なくとも三つの異なる「避難」の形態が存在するといえます。日本語で単に「避難」という場合には、表現は同じ「避難」であっても、実はその前後の文脈に沿って三つの避難の意味を巧みに使い分けていることがわかります。この三つの意味の避難の使い分けについて、以下では「防空壕に入る」という行動を例にして説明します。

一つ目の避難は「①緊急避難」です。英語ではEvacuationに相当します。災害進展過程において、身に迫る危険から命を守るために行う、いわば「命からがら避難」です。防空壕の例でいえば、空襲警報が発令されたので防空壕に「入る」という行動が、それにあたります。

二つ目の避難は「②退避避難」です。英語ではShelteringに相当します。現象がおさまるまでの間、安全な場所で身を守るために待機している状態のことを指します。日本語ではこの行動のことも「避難」

という同じ表現を用います。防空壕の例でいえば、空襲がおさまるまで防空壕のなかで待機している状態が、それにあたります。現代においては「広域避難場所」に一時的に避難しているというイメージが近いと思います。

三つ目の避難は「③難民避難」です。英語ではRefugeに相当します。現象がおさまったあと、被害が甚大で被災前のような日常生活を送ることが困難になった人が、いままでの自宅とは別の場所において仮の生活をしている状態です。日本語ではこの行動のことも「避難」という同じ表現を用います。防空壕の例でいえば、空襲が終わったので防空壕から出てみたら自宅の被害がひどく、そこではいままでどおりの生活を送ることができないので、別の場所で仮の生活をしはじめる、というシチュエーションが、それにあたります。現代においても、災害で住む家を失った人が「避難所」などのような自宅とは別の場所で一時的に仮の生活を送るというイメージが近いと思います。

このように、日本語でいうところの「避難」には、少なくとも前述のような三つの異なる形態が含まれていることに気づきます。しかし、「人が死なない防災」の実践において最も重要な避難は、前述の一つ目の「①緊急避難（Evacuation）」です。なぜならば、「①緊急避難（Evacuation）」がうまく行われずに命を落としてしまったならば、もはや「②退避避難（Sheltering）」も「③難民避難（Refuge）」も実施できなくなってしまうからです。逆にいえば、「②退避避難（Sheltering）」や「③難民避難（Refuge）」を実施するには「死なずに生きていること」が確実に行われていることが絶対に必須で、そのためには「①緊急避難（Evacuation）」が確実に行われるか否かという点が最も大事な鍵となります。「人が死なない防災」を第一義的な目標に掲げる災害社会工学も、この点を最も重視します。

8　想定外

東日本大震災もそうでしたが、それ以外でも、大きな災害のたびに繰り返される言葉として「想定外」というものがあります。きっと皆さんも一度は耳にしたことはあるでしょう。今後の災害に備えるために、私たちはこの「想定外」というものにどのように向き合っていけばよいのでしょうか。想定外がなくなるように、あらかじめできるだけ「想定」を上げておけばそれで万事うまくいくのでしょうか。

無論、想定を上げておくことで得られるメリット（功）があることはいうまでもありません。ただし、それと同時に考えなければならないことは、デメリット（罪）の面もある、ということです。両方を考えなくてはなりません。そうでなければ実行性が乏し過ぎます。

たとえば、関東平野はどのようにしてできたのかを考えてみましょう。利根川をはじめとした大河川の度重なる大きな洪水によって運ばれてきた土砂の堆積によって関東平野は形作られたとされています。私たちは、そのような大規模の洪水を防ぐことができるまでに「想定」を上げておく必要があるのでしょうか。もっと極論すれば、隕石が落下する可能性だってあるわけで、そのような事態に備えるべく、私たちの住む町の社会基盤施設すべてを隕石落下対応型にしてまで想定を上げておく必要があるのでしょうか。

一般に、リスクとはその「発生確率」とそれが発生したときにもたらされる「被害の規模」の二つの関係のもとでとらえられます。そして、大規模な災害の発生確率は一般には小さく、逆に、小規模の災害の発生確率は一般に大きくなります。横軸に「被害の規模」をとり、縦軸に「発生確率」をとったグラフでの描画を想定してみますと、左上の領域には「発生頻度が高いが小規模な災害」がプロットされ、右下にいくほどに「ごく稀にしか発生しないが、ひとたび発生すると致命的な規模の被害をもたらす災

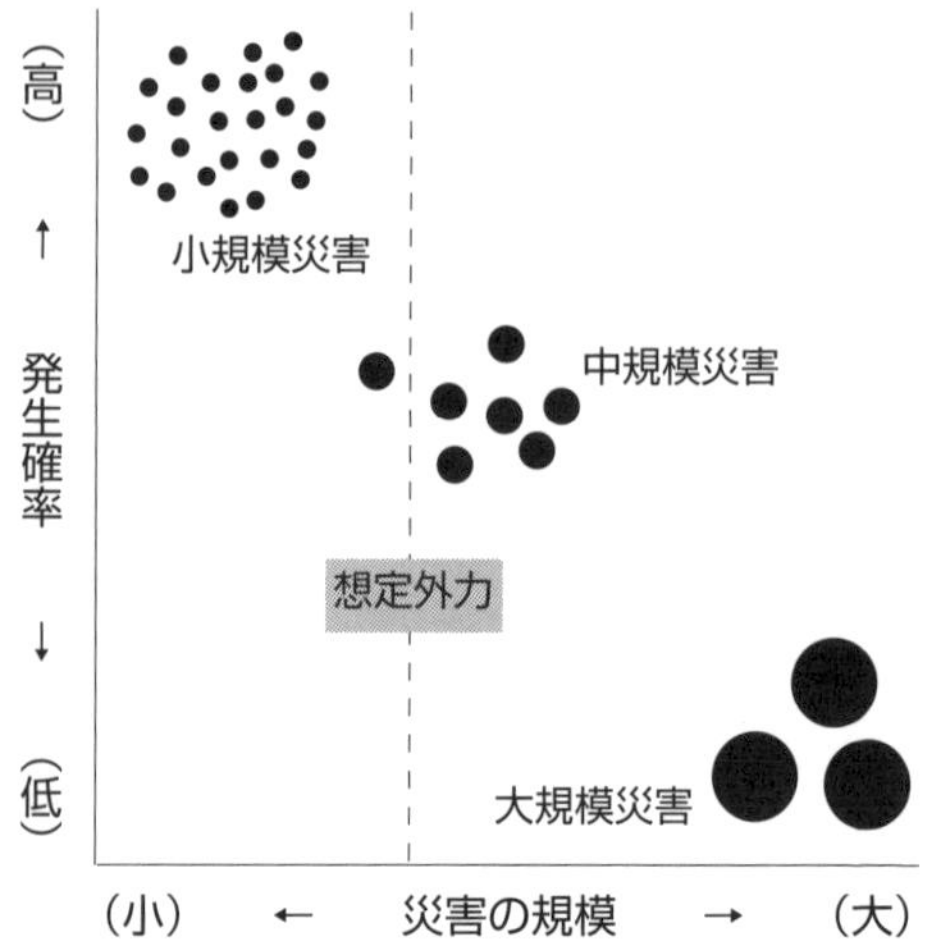

図 1-1　災害の規模と発生確率の概念

害」がプロットされます（図1―1）。そのなかで、「関東平野を形成した大洪水」や「東日本大震災」や「隕石の落下」、などのようなクラスの災害は、図1―1のなかの右下付近に位置づけられることになります。こういう「めったに起こらないが、ひとたび起こると甚大な被害をもたらす災害」を防ぐために、ハード対策を考えようとしたときに、無尽蔵に膨大で大規模な配備を行うことは、確かにそれによってより多くの災害をカバーできることにはなりますが、しかし、非常に不経済です。いくら予算があっても足りません。そこで、「せめてこれくらいの規模の災害はハード対策で排除しておきましょう」というかたちで横軸上に設けた境界の点が、すなわち「想定外力」ということになります。

9　二つの想定

ところで、「想定」という言葉に対しては、少なくとも二つのとらえ方があるといえます。

一つ目のとらえ方は「①あり得ることとしての『想定』」です。相手は自然ですので、どんなことでも起こりえます。いつの日か、富士山も噴火しますし、隕石も落ちてきます。「そんなこと、わざわざいわれなくとも頭ではわかっている！」という怒りの声が聞こえてきそうですが、それはまさにそのとおりで、この意味においては「あらゆる自然災害はすべて『想定内』」ということになります。「想定外の災害」などというものは理論上、存在し得ないことになります。とにかくすべての自然災害が想定内ということになります。

一方、二つ目のとらえ方は「②防御目標としての『想定』」です。ここでいう「防御目標」とは、たとえば「これくらいまでの規模までは大丈夫なはずだ」や「これくらいの規模まではハード対策で除去しておこう」、などというかたちで言及されるときの「これくらいの規模」にあたるものです。前述の表現を用いれば、それはそのまま「想定外力」に相当します。この意味において「想定」という言葉を用いるならば、たとえ極めて甚大な現象であったとしても、それが想定の範囲内にとどまる現象であるかぎり、災害として姿を現すことはありませんので、それを災害と呼ぶこともありません。想定内の災害というものはない、ということになります。現象が想定を超えたときにのみ、災害として姿を現すのであり、したがって、そのような場合においてのみ災害という呼称が用いられることになります。つまり、災害として顕在化した現象はすべて想定外です。この意味においては「あらゆる自然災害はすべて『想定外』」ということになります。

「②防御目標としての『想定』」というとらえ方は、どちらかというと政策的あるいは政治的な使われ方である、といえるかもしれません。世間一般で「想定外」という言葉が多用される場合、その多くではおそらく「②防御目標としての『想定』」に強くとらわれ過ぎて、ともすると「①あり得ることとしての『想定』」というとらえ方を頭の外へ追いやってしまっているのかもしれません。望むべくは、そのようなバランスを欠いたスタンスではなく、「①あり得ることとしての『想定』」というとらえ方を基軸としつつ、政策的判断としての「②防御目標としての『想定』」をどこに設定するのかを考える、という両構えのスタンスが大切なような気がします。

10 自然災害による死者・行方不明者の推移

図1―2は、横軸が年、縦軸がその年の自然災害による死者・行方不明者の数を表したものです。

これをみると、阪神淡路大震災（1995（平成7）年）と東日本大震災（2011（平成23）年）が如何に突出しているかが印象的ですが、この2か年を除いて全体を眺めてみると、伊勢湾台風（1959（昭和34）年）を境界にして、それ以前と以後では様相が大きく異なっていることに気づくと思います。それ以降では死者・行方不明者の数が激減しており、1000人以下でずっと推移していることがわかります。

この傾向は、たまたまの偶然なのでしょうか。それとも、この1959年付近で何か特別な出来事があったのでしょうか。

実は、伊勢湾台風から2年後の1961（昭和36）年には、防災を考えるうえで、決定的に重要な出来事がありました。

それは「災害対策基本法」の制定です。

この法律が制定される背景の一つとして、それまでの日本においては、自然災害によって命を落とす人々の数があまりにも多すぎるという大きな反省がありました。現に、1959年以前はほぼ毎年といってもよいくらい、死者・行方不明者の数が1000人を超えていました。このような事態は、社会シス

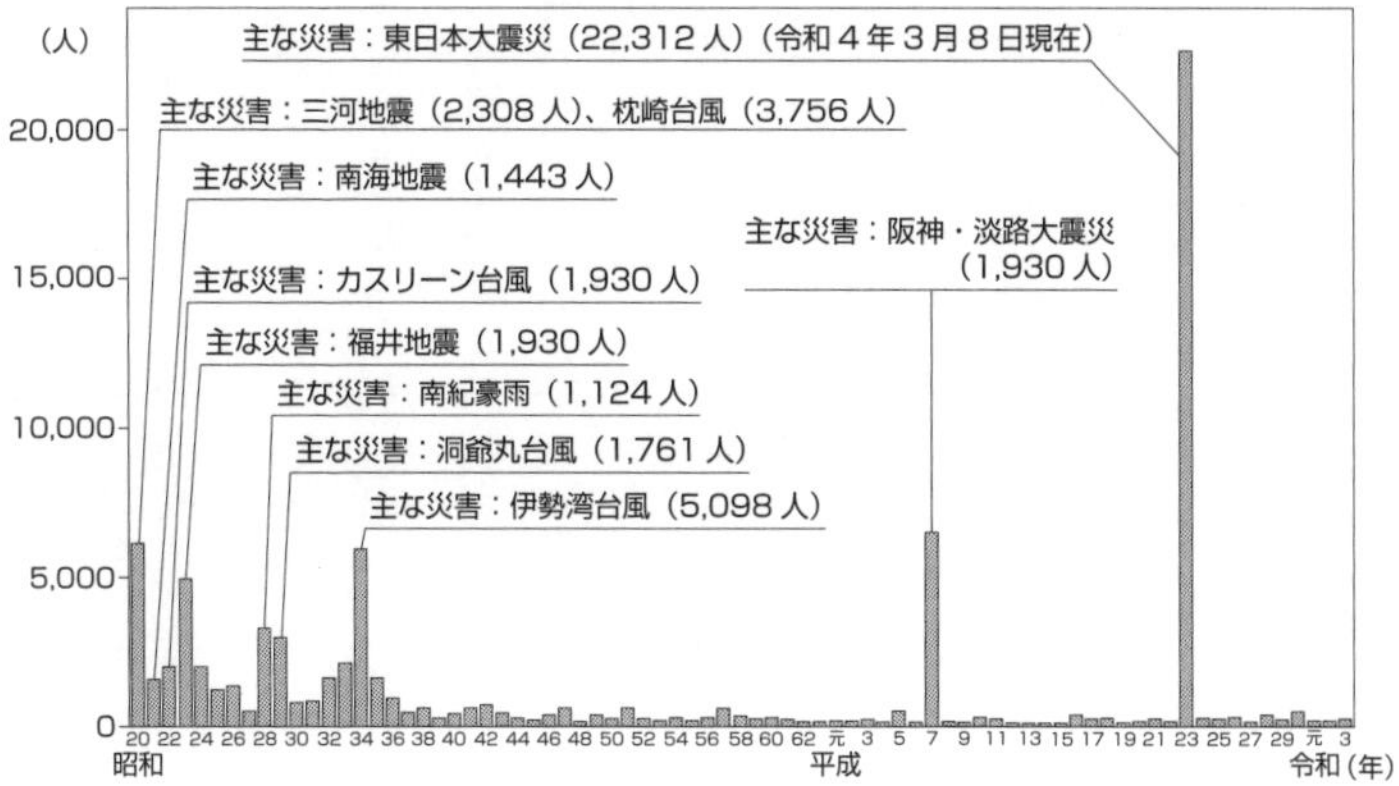

図1-2　自然災害による死者・行方不明者数（内閣府編「防災白書」（令和4年版）[5]より）
注）平成7年の死者のうち、阪神・淡路大震災の死者については、いわゆる関連死919人を含む（兵庫県資料）
　令和3年の死者・行方不明者は内閣府取りまとめによる速報値

テムとして明らかな「欠陥」の存在を示唆するものです。システム・エラーが存在するということです。このシステム・エラーをまず取り除かなければ、人的被害の数は減らない、という大きな反省です。

そこで、システム・エラーの除去、すなわち、必要最低限のハード対策を行うことを、まずは行政主導で先決的に行っていくということを、この法律で宣言したわけです。

その後の防災行政の並々ならぬ努力のおかげで、ある程度のシステム・エラーが除去され、図1―2に示されているように、人的被害の数は劇的に減ることになったのです。近年ではその数は、(二つの大災害を除けば) おおむね数百人規模で推移している様子がわかります。

たとえ数百人に減ったとしても、「人が死なない防災」の視座から個別の一人ひとりの命を考えるとき、人数の問題として表現することはけっして本意ではありません。ただ、この数百人規模の人的被害をゼロにすることを考えるとき、その素因をシステム・エラーに求めることはもうできません。極めて個別的な要件の解決が求められる、ということになります。

では、この個別的な要件とは、いったいどのようなことなのでしょう。

11 住民の主体性の変化（災害対策基本法の前後で）

災害対策基本法の制定よりもはるか昔の社会においては、そもそも防災にかかわる社会システムが完備されていないので、防災行政による防災力というものは心もとない貧弱なものであったと類推されます。そんな防災行政をあてにしたところでどうにかなるような類《たぐい》の問題ではないということは、多くの住民の心情として広く共有されていたのではないかと想像されます。そんな状況のなか、自分の身を災害から守ることができるのか否かは、まずもって自分自身の「主体性」の如何にかかっているという自覚は、現代の私たちの感覚と比べておそらくはるかに大きかった（大きくあらざるを得なかった）と思われます。現代市民の防災の感覚において「行政依存意識」なるものがあるとすれば、災害対策基本法の制定以前の社会では、「行政存在意義」は極めて小さいものであらざるを得なかったと思われます。

しかしながら、災害対策基本法の制定以後においては、防災行政の能力も一定以上に備わってきましたので、そんな防災行政に対する「依存意識」なるものがどんどん肥大化し、いつのまにか「主体性」というものがどんどん萎んでいってしまっているのが現状といえるかもしれません。

だとするならば、現代的な防災の課題は、国民一人ひとりの主体性の回復である、といえるのではないでしょうか。システム・エラーはすでにおおむね除去されているとするならば、そんな現状における数百人規模の人的被害をゼロにするには、一人ひとりの「主体性の回復」という課題が、現代においてはとりわけ必要となっていると思われるのです。

この問題は、防災をめぐる行政と住民との「関係性のエラー」と換言することもできます。現代社会における、防災をめぐる行政と住民のコミュニケーションのあり方がいま、問われています。

12　災害社会工学は命を救えるか？

この「『災害社会工学』は命を救えるか？」という問いに対する答えは、「Yes」であると断言できます。少なくともこのことは、以下のような言及などが端的に示しているといえます。

たとえば、経営学者で組織論研究の第一人者である野中郁次郎・勝見明の両氏は、著書『全員経営──自律分散イノベーション企業成功の本質』[6]において、災害社会工学の視座がもたらした出来事を次のように要約・引用し賞賛しています。

《それは「釜石の奇跡」と呼ばれる。東日本大震災により釜石市も甚大な被害を受けたが、市内の小中学生2921人の命は救われ、生存率は99・8％に達した。学校管理下にあった生徒に限れば、全員無事だった。

象徴的だったのは、隣接する釜石東中学校と鵜住居小学校の生徒約570人の避難行動だ。中学生たちは先生の指示を待たず、自分たちの判断で避難を開始し、小学生の手を引き、指定された避難場所へ全力で走った。そこに危険が及ぶのを察知すると、すかさず高台へ移動。さらに咄嗟の判断でより高台へと逃れた。

（中略）

釜石の高い生存率は実は奇跡というより、ある意味、〝必然〟であり、それは一人の防災学者が8年にわたって釜石へ通い、子どもたちのなかに根づかせた津波防災教育の成果だった。

「当日、たまたま学校にいなかった5人の子どもは犠牲になっているのでけっして成功とはいえません。ただ、生き残った約3000人の子どもたちはいくらほめてもほめ足りない。彼らの行動は本当に見事でした」

群馬大学広域首都圏防災研究センター長の片田敏孝教授はそういって、1枚の写真を示した。中学生が小学生を助けながら走り、その様子を見た地域の人々も避難を始めた光景だ。

生きるとはどういうことか。人間の本質を掘り下げ、子どもたちの自律的な判断と行動を引き出した独自の防災教育の軌跡を振り返りたい》[6]

このように要約したうえで野中・勝見の両氏は、この取り組みを「客観的なルール化より、自分はいかに生きるのかという生き方を問う」津波防災教育、「サイエンスとしての形式知の防災教育以上に、暗黙知の世界で共振・共感・共鳴するアートとしての防災教育」であるとして高く評価しています。

また、危機管理学やリスクコミュニケーションを専門とする福田充氏も、著書『リスクコミュニケーション』において、この（いわゆる）「釜石の奇跡」を「稲むらの火」とあわせて「地域の歴史、伝統、文化に根づいた自然災害の伝承と学校教育によるリスクコミュニケーションである」と評し、その取り組みの意義を高く評価しています[7]。

このほかにも、数多くのマスメディアや書籍や論文などでこの（いわゆる）「釜石の奇跡」が参照・引用されていますが、この経緯の詳細などについては、前掲の片田氏による著書などを直接に参照いただきたいと思います。また、続く第2章においてもさまざまな見解や解釈とあわせてこの件をさらに掘り下げたいと思います。

ただ、この段階で明確に確認し強調しておきたいことがあります。それは以下のような事実です。東日本大震災による犠牲者・行方不明者は膨大な数に上ってしまいましたが、しかし、そのなかにおいても、たとえば釜石での事例などが示すように、そこで生き延びた人々がいました。「純粋科学としての現象解明研究」は、この大災害の発生を正確に予測することはできませんでした。「ハード対策」は、その想定外力を大幅に超えて迫り来る津波を防ぐことはできませんでした。

そこで生き延びた人々において、その生死を決定づけたものとはいったい何だったのか、という視点で考えてみますと、それは「純粋科学としての現象解明研究」ではなかったという事実です。また、それは「ハード対策」でもなかったという事実です。しかし、「災害社会工学」は、それであり得たという事実です。

先に「どのアプローチの優先度が高いか低いかなどという議論がもしもあるとするならば、それはまったくの不毛な議論というべきでしょう」と述べましたが、ここで訂正しなければならないと思います。より正確を期すならば、次のように書き改めるべきと思われます。

すなわち、「どのアプローチの優先度が高いか低いかなどという議論はもとより不毛ですが、そこであえてそのような議論をしなければならないとするならば、少なくとも、『人が死なない防災』の視点から第一義的に優先すべき最も根源的で重要なアプローチは、『純粋科学としての現象解明研究』でも『ハード対策』でもなく、それは『災害社会工学』である、といわねばならないでしょう」と書き改めたいと思います。

なぜならば、災害社会工学は命を救えるからです。

13 研究と実践

ところで、前掲の引用箇所の続きで片田氏は、災害社会工学という視座から「人が死なない防災」を目指すことに関する苦悩を、研究者と実践家との対比のもとで、次のように吐露しています。

《しかし、その一方で、研究者としての防災への貢献の仕方について迷い続け、いまに至ってもその迷いは続いている。防災評論家でもない、防災活動家でもない、防災研究者としての貢献のあり方とは何か。その答えを出さぬまま、「人が死なない防災」を目指して地域の皆さんに〝あるべき論〟を語り、現場を走り回る自分に、内心、嫌気がさすこともあった。おそらくその嫌気の源泉には、研究者として学理に貢献することへの執着があり、研究室の机を離れて現場を走り回るばかりで、学理の片鱗すら見出せない自分に対する苛立ちがあるのだろうと思う。

本書をまとめることは、これまでの実学として取り組んできた防災の実践を振り返る機会となった。現場に向かい合うそのときを振り返ると、「人が死なない防災」に対して実効性のある防災のあり方を模索し続けた実践家としての自分はいても、研究者としての自分はいなかった。現場の住民や行政担当者を前にするときには、研究者である自覚はなかったし、研究者として現場に向かい合うならば、「人が死なない防災」の実効性の追求はできなかったようにも思う。

自分がいま向かい合っている住民の心の在りどころを探り、私の思いに共感を得て、自らの意思で避難しようと思う心をどのように導くのか。相手が子どもならば子どもなりの、お年寄りならばお年寄りなりの、親であれば親なりの心の在りどころがあり、それを感じ取りながら災害に向かい合う姿勢を導くコミュニケーションのありようを、その場その場で模索することに集中した。そこに、研究者の立場は不要というより邪魔ですらあった》[4]

研究と実践とのあいだに介在するこのような葛藤は、程度の差はあるかもしれませんが、防災研究を生業にする者であればどのような立場にある人であっても少なからず感じるものだと思います。ただ、片田氏はそれを、迷い、嫌気、苛立ちなどのような強い言葉遣いで表現します。研究と実践との両立は、それほどに実現困難な夢物語なのでしょうか。

他方、災害情報研究の第一人者である廣井脩氏は、その著書『新版 災害と日本人——巨大災害の社会心理』[1]において、防災研究における問題意識をほぼ同様の構図にて表明しています。片田氏のそれよりも34年前のことです。

《ところで、他のほとんどの学問領域の研究者と同様に、社会心理学者も理論的な関心と実践的な関心を二つながらもっている。本書もこの二つの関心によって書かれたものであるが、どちらかといえば第一部は理論的な関心が強く、逆に第二部は実践的な関心に導かれたものといえよう。

しかし、これら二つのテーマはともに、わが国の社会的現実のなかに解明を必要とする問題が現にそこに存在している、という認識から出発している点では共通している。そしてそこには、従来の社会心理学的研究の多くが外国の（とくにアメリカの）研究のほとんど直接的な輸入であった、という反省があったことも事実である。このような輸入研究は、すでに出来合いの理論やモデルからスタートしそれによって現実をみようとするから、非常にスマートであるが、なぜそうした問題が重要なのかわからないといった問題意識に欠けるものも少なくなかった。もちろん、こうした研究がまったく意味がないとはいわないが、日本の社会的現実から出発し、これをどう理解するか、あるいは場合によってはそうした現実をどう改善すればよいか、といったたぐいの研究がもっと必要ではないか、とかねてからわたしは考えていた。もちろん、本書がこうした目的を実現していると思うほど楽観的ではないが、本書を執筆した意図の一つはそんなところにもあった、ということをここに記しておきたい》[1]

ここでは、廣井氏の問題意識は「理論的な関心」と「実践的な関心」という言葉遣いで表現されます。この構図は、片田氏の「研究」と「実践」とのあいだにある葛藤の構図と、図らずも同じようにみえます。ただし、廣井氏は、自身の仕事においてこの二つは矛盾し対立し葛藤を生むようなものではなく、「わが国の社会的現実のなかに解明を必要とする問題が現にそこに存在している、という認識から出発している点では共通」するものだ、と説きます。その意味において、両氏の問題意識および葛藤は、異なるニュアンスを持つもののように思われます。

だとするならば、この問題について、廣井氏はすでに解消ずみで、片田氏はいまだ解消できていない、と解するべきなのでしょうか。

筆者にはそうは思えません。なぜならば、前掲の引用箇所に続く箇所において片田氏は、自身の仕事内容を括るかたちで以下のように自己言及しているからです。

《「人が死なない防災」の実践は、相手の心の在りどころを理解し、災害に自ら向かい合う人に導くコミュニケーションそのものだと言える。これを、学理への貢献に未練を残すものとして言い換えるなら、「防災は人の科学であり、災害対応を対象としたコミュニケーション・デザインである」と言いたい。そのように言ったところで、私自身が模索の途上であるため、ここで勝手に定義づけた学理にすら十分な貢献はできていないのも事実である。本書は、その道半ばでの中間とりまとめと位置づけ、引き続き模索を続けたい》[4]

片田氏は自身の仕事を「相手の心の在りどころを理解し、災害に自ら向かい合う人に導くコミュニケーションそのもの」あるいは「防災は人の科学であり、災害対応を対象としたコミュニケーション・デザインである」と自己言及します。つまり、「現実の理解」と「現実の改善」を志向するという点において片田氏と廣井氏の双方は共通しており、それでいて、そのやり方はそれぞれ独自でユニークである、と解することができるように思われるのです。

そして、片田氏による自身の仕事に関する自己言及の内容が、廣井氏が34年前に「もっと必要」だと訴えていた「日本の社会的現実から出発し、これをどう理解するか、あるいは場合によってはそうした現実をどう改善すればよいか、といったたぐいの研究」そのもの、というよりはむしろ、それに対する、34年の月日を経たうえでの片田氏流の独特のやり方による「アップデート版」あるいは「再解釈版」として正当に読み解かれ位置づけられることが、筆者を含めた後進の者たちにとって非常に重要な意味を持つと思われるのです。

当人たちからは「そんな再解釈など余計なお世話だ」などと失笑されてしまうかもしれません。しかし、防災研究を生業とする後進の者にとっては一定以上の意義はあると思うのです。片田氏が34年の月日を経てそうしたように、あるいはここに記そうとしてもしきれない諸先輩たちがそうしたように、防災研究という分野の後進の者たちも、「日本の（あるいは世界中の）社会的現実から出発し、これをどう理解するか、あるいは場合によってはそうした現実をどう改善すればよいか、といったたぐいの研究」について、あるいは「災害対応を対象としたコミュニケーション・デザイン」について、後進の者たちそれぞれ独自のやり方で「アップデート」「再解釈」していこうとする問題意識を持っておくことは、非常に大切なことだと思うのです。

　そう思わせるほど、両氏の内容は本質的で普遍性を持つもののようにみえます。さらにいえば、どのような再解釈をも許容し得るような波及可能性を秘めたもののように筆者にはみえます。

　研究と実践のブレンド比率が必ず「5：5」でなければならないなどという制約はないと思います。それぞれが独自のやり方で真摯に模索を続ける限り、その比率はあまり気にしなくてよいのではないかとも思います。

　以降に続く各章は、災害社会工学という研究領域に対する筆者なりのささやかな「再解釈」の試みの一部を記すものです。もちろん、それらが十分に「再解釈」の試みたり得ているなどと思いあがるほどに筆者も「楽観的ではない」つもりですし、いずれも「道半ば」であることに違いありません。ひとまず、一人の末端研究者による思考的冒険の記録読み物としてご笑覧いただければ幸いです。

14　本書の試み

　前述のとおり、さしあたっての防災をめぐる喫緊の課題は、住民の「主体性の回復」と「依存意識の払拭」ということになると思います。本書もこれらの課題について焦点を当てます。これらの課題を検討するということは、総じて、防災をめぐる行政と住民のコミュニケーションのあり方を考えるという作業にほぼ等しくなるものと思います。ここで一貫して重視したいのは、防災に関する社会一般の「通念」について、それらをそのまま過信したり鵜呑みにしたりすることを可能な限り避けて、あらためてそれらをいったん「懐疑（問い）」のまなざしにさらして突き詰めてみるというスタンスです。

では、住民の「主体性の回復」と「依存意識の払拭」という課題に関する社会一般の「通念」とはいったい、どんなものだったでしょうか。一般に「主体的」であるということは、「自分で判断できること、確固とした自分があること、自立していること、能動的であること」というイメージと親和性が高いということは少なくともいえるでしょう。このイメージの表記がやや長いので、これをひとまず「能動的」と表現することにしましょう。「主体的」≒「能動的」という理解です。繰り返しますが、いままでの社会一般の通念に従うならば、高い防災意識に裏打ちされて、能動的に防災行動を実施する姿こそ、いわゆる主体的であるという理解が一般的であったと思われます。また、一方の「依存的」であるということは、「主体的」であることの反対側に位置づけられるもの、要は主体的でないこと、という共通理解があるように思われます。つまり、主体的であれば非依存的であり、非主体的であれば依存的である、というように、それぞれの概念は対極に位置づけられ、対比される概念であるといえます。だとすれば、片方の課題を解決すれば、もう片方の課題も半自動的に解決されそうです。課題は二つではなく、一つである、ということになります。住民の「主体性の回復」が達成されれば、半自動的に「依存意識の払拭」も達成される、ということです。しかし、本当にそうなのでしょうか。

フランスの政治思想家トクヴィルはかつて、能動的な個人であればあるほど「遠くにある一般的な形式をとる何か」への依存心はむしろ強くなってしまうことを指摘していました[8]。このような逆説を政治学者の宇野重規氏は「依存のパラドクス」と呼称して紹介しています[9]。これらによれば、前述の意味での主体性（≠能動性）を完璧かつ究極的に備えた状態の個人を想定してみるならば、そのような個人は誰にも依存することがないので、社会的なつながりなどという面倒な作業は自ら放棄し、切り離され、一人でいることを好み、殻に閉じこもり、周囲の人々と力を合わせて協力するなどということは無用の長物となる、といいます。とはいえ、そのようなスタンスでは万事がうまくいくとは限りません。たとえば自然災害もそうですが、自分だけではうまく対処しきれない不遇の事態の到来を自分ひとりのちからで避けることなどできるわけがありません。そのような事態に遭遇した際には、周囲の人々と力を合わせて事態をなんとか切り抜けるという技量はすでに退化してしまっているため、結局は「遠くにある一般的な形式をとる何か」に依存することになる、とトクヴィルは指摘するのです。

ところで、この「遠くにある一般的な形式をとる何か」とはいったいどんなものなのでしょうか。防災の文脈において本書では、このことについて、いくつかの観点から議論を展開していきます。

第2章では「津波てんでんこ」という「『ルール』への依存」という観点に焦点を当てた議論を紹介します。そのルールは本当に正しいのか、もし正しいとするならばそのルールに常に従わなければならないのか、という「懐疑（問い）」のまなざしにさらされた議論から抽出される結論の要は、「姿勢の防災」です。

続く第3章では、「『過去』への依存」という観点からの議論を紹介します。一般的な「通念」として、「過去の災害を忘れない」ということは「よいこと」とされがちです。しかし、無限にすべての災害を覚えておくことなど到底不可能です。ならば、どのようなスタンスで災害履歴というものに向き合えばよいのかということについて、先進国と非先進国との対比のもとで論考を深めます。ここで行き着くのは「諦観」という心構えの重要性です。

第4章で着目するのは、災害の進展状況を伝えることを一義的な役割とする種々の災害情報に対して、その無謬性に対する社会「通念」としての過度な期待がもたらす弊害に関する議論です。つまり、私たちは災害情報（とりわけ状況通達型情報）に「依存」することは可能なのか否か、という議論です。ここでは、詳細な災害情報と曖昧な災害情報とを対比させ、そのどちらが防災上の意義が深いかに関する議論が展開されます。一般的な「通念」として「詳細な災害情報を望む」という姿はごく自然なものとして認識されていることでしょう。しかし、そのような「通念」がまかり通っていたことが、かえって東日本大震災での甚大な人的被害につながってしまった可能性の存在を指摘するとともに、それに対する防災上の工夫として、あえて曖昧な災害情報を報じることの防災上の意義について指摘します。要するに、ここでの示唆は「脱・災害制御可能感」ということになります。

第5章は、引き続き災害情報に関する議論ですが、とりわけここでは行動指南型情報としての災害情報の代表例として「避難情報」を取り上げ、「避難情報廃止論」という思考実験について論じます。つまり、避難情報に「依存」するという姿勢は妥当なのか否か、という議論です。一般的な「通念」として、「避難情報を廃止するとは何事だ。ふざけるな」といった反発が予想されます。しかし、実はその是非は、住民の避難判断の意志決定材料としての意義とは別の論理、すなわち「連携・つながり」（その人の準拠社会における住民と自治体との関係性）についての認識の如何によって大きく異なる可能性がある、ということを提起するに至ります。実のところ、表題とは裏腹に「避難情報は廃止したくない。避難情報を必要とするようなコミュニティを望みたい」というのがここでの主旨です。

本書では、以上のように「遠くにある一般的な形式をとる何か」の事例として、「ルール」「過去」「防災情報（状況通達型情報）」「避難情報（行動指南型情報）」という四つの事例への「依存」に着目した議論を紹介します。これらの議論はいずれも、総じて「遠くにある一般的な形式をとる」ものに対する「無謬性」への過剰な依存（期待）がもたらす弊害についての指摘であると括ることもできます。その弊害を乗り越えるために必要とされるカウンターとして浮かび上がるスタンスは、いうならば「大いなる自然の部分に過ぎない人間社会にとって、自然をすべて制御できて予測できるなどという無謀で横柄な考え方（無謬性への過信）を捨てるとともに、とはいえ最善を尽くすことを忘れず、しかし常にうまくいくとは限らないかもしれないという諦観の姿勢のなかで、周囲と連帯してつながりながら、なんとかうまくやっていくという気概を持ちながらやっていくしかない」といったところでしょうか。このように表現したとして、なんともぼんやりした表現だなと、我ながら思います。

しかし、そこで一つだけいえることは、能動性（前述のような意味での主体性）をどれだけ突き詰めたとしても、ここで表現したようなスタンスにたどり着くことができる可能性は高まらない、ということです。むしろ逆です。前述のような意味での主体性ならば、それを希釈すること、能動的であることを希釈することのほうがむしろ、「遠くにある一般的な形式をとる何か」への「依存」からは解放されやすくなるのではないか、という新たな「懐疑（問い）」の析出に、私たちは出くわすことになります。私たちのこの「懐疑（問い）」は、前掲の宇野氏およびトクヴィルによる指摘にも矛盾しません。

新たな「懐疑（問い）」の一つの解決の道筋として、私たちはおそらく、社会一般の「通念」として持っていたところの「主体性」の概念、すなわち「主体的」≒「能動性」というイメージを大幅に改訂する作業の必要性に迫られているものと思うのです。つまり「主体性」≒「能動性」とは限らない、という見立てへの転換です。

その見通しの妥当性を探るべく、第6章では、防災の文脈のうえでの能動性なるものの推進エンジンともいえる、いわゆる「防災意識」について「懐疑（問い）」のまなざしを照射します。防災行動の喚起には、この「防災意識」は高いことが必須であるかのように一般的には思われます。しかし、ここでの議論では、そのような一般的な「通念」は覆されます。社会一般にいわれるところの「防災意識」の高低は、防災行動の喚起には必須ではなさそうだ、という見通しがひとまずここで示されることになります。

だとするなら、私たちは「主体性」という概念をいったいどうとらえたらよいのか、ということになるわけです。前述のとおり、私たちは一般に「主体的」であるということを、能動的であるということとほぼ同義なものとしてとらえていました。繰り返しますが、いままでの社会一般の通念に従うならば、高い防災意識に裏打ちされて、能動的に防災行動を実施することが、いわゆる主体的であるということである、と思い込んでいたわけです。しかし、そうではないかもしれないとなると、主体的であるとはいったい、どのような状態をさすものなのかという疑問が湧いてきます。能動的ではないとなると、受動的な状態がそれであるとでもいうのでしょうか。

いいえ、そうではありません。その疑問に対する有力な代替案の一つとして、第7章では「中動態的防災」に焦点を当てます。詳細は本文をご覧いただくとして、ここでは、主体的防災の醸成と実践には、主体的防災を能動的防災としてとらえるのみでは不十分であり、それを中動的防災としてとらえてこそ大きな可能性が開かれること、そして、そこにかかわるすべての人々の主体性それ自体が改訂の可能性に十分に開かれていることが根源的に重要である、ということを指摘します。

これらの論考は、ここでの議論を介することで、防災の主体性に関する皆さんの通念に大きな転換が訪れること、より大きくいえば、そこにパラダイム・シフトが訪れることを期待するものです。どのようなパラダイム・シフトを期待するのかについては、各章の論考を介したあとの第8章で述べたいと思います。

それぞれの論考でたどり着くそれぞれの結論は、一見して、通常の社会通念とは相反するようなものばかりにみえると思いますが、しかし一方で、胸に手をあてながら自分自身に真摯に向き合って考えてみると、それらの結論はむしろ至極当然のことをあらためて言語化しただけのようなものばかりとさえ言い得るのではないかと思っています。あらためて各論を俯瞰してみますと、徹底的な性善説とでもいいましょうか、あるいは、人間を「やればできる」と信じることを最後まで諦めないとでもいいましょうか、より端的にいえば「人間なめんな」というスタンスがそこに一貫しているようにも思えてきます。馬鹿みたいに思われるかもしれませんが、ならば筆者は「徹底的に馬鹿になってやろうじゃないか（＝徹底的に人間を信じてみようじゃないか）」というスタンスをあえて採ろうとしているのかもしれません。悲観的に諦めてしまうのはそのあとでも遅くはない、という思いでそれぞれの論考は綴られています。

各章のスタンスはおそらく、これまでの防災研究や災害社会工学のスタンスとは必ずしもすべてが一致するものではないと思います。だとするなら、その不一致な部分こそ、筆者なりのささやかな「再解釈」の試みたりえる部分なのかもしれません。

また、副次的に本書は、以下のような示唆を、行政や企業の担当者、そしてとりわけこれから防災研究なるものに足を踏み入れようとしている大学生や院生などの若い研究者の皆さんにお示しできるのではないかとも期待しています。自分なりの研究活動とは何かという問いに自問自答し続ける苦悩の日々の経験は、筆者も強く共有するものであるからです。

もちろん、苦悩の中身は千差万別ですし、そもそも苦悩などしていないという人もいるかと思います。そのため一概にはいえませんが、本書に一貫して通底する「防災に関する通念（思い込み）への『懐疑

〈問い〉』の姿勢」というものは、研究者としての主体性の形成プロセスにおいては非常に重要な役割を担うものだと思うのです。少なくとも筆者は、とりわけ東日本大震災以降の年月においては特に、このような思いで試行錯誤を続けてきたような気がします。本書はこの試行錯誤の軌跡の一部を思考的冒険と呼称して収録するものです。このような意味でも皆さんには、本書を批判的に参照いただき、皆さんの知的探究活動の活性化、ひいては皆さんの主体性の形成にわずかでも資することができるとするならば、それは望外の喜びです。

第１章　参考文献

1　廣井脩（１９９５）：新版 災害と日本人――巨大災害の社会心理，時事通信社．
2　片田敏孝（２０１２a）：人が死なない防災，集英社新書．
3　片田敏孝（２０１２b）：命を守る教育，ＰＨＰ新書．
4　片田敏孝（２０２０）：人に寄り添う防災，集英社新書．
5　内閣府（２０２０）：令和4年版 防災白書．
6　野中郁次郎・勝見明（２０１５）：「釜石の奇跡」・津波防災教育―小中学生の生存率99・８％！奇跡を可能にした「津波３原則」，全員経営――自律分散イノベーション企業成功の本質，pp.159-178.
7　福田充（２０２２）：リスクコミュニケーション――多様化する危機を乗り越える――，平凡社新書．

8　トクヴィル（1840）：松本礼二訳（2015）：アメリカのデモクラシー 第二巻（下），岩波書店．
9　宇野重規（2013）：民主主義のつくり方，筑摩書房．

第2章　「津波てんでんこ」で命を救えるか？

1 「津波てんでんこ」は利己的で薄情？

「津波てんでんこ」という言葉が備え持つ津波避難時における本質的な意味・機能の重要性は、この言葉が流布するきっかけをつくったとされる山下文男氏[1、2、3]、のちに（いわゆる）「釜石の奇跡」として語られることになる津波防災教育を実践してきた片田敏孝氏[4]（補注1）、それらを踏まえて『津波てんでんこ』の4つの意味」として再解釈・再整理した矢守克也氏[5]、などの多くの研究者・メディアなどによってこれまで繰り返し言及され強調されてきました。総じて、津波災害時における共倒れや一家全滅という最悪の事態を回避するための苦渋の（そして現状ではおそらく唯一の）行動理念であることが強調されます。

ここであらためて「津波てんでんこ」とはどのような概念なのかについての要点を山下氏の記述から引用します。

《誰一人として予想していなかった大津波の不意打ちによって集落は阿鼻叫喚、大混乱に陥ってしまった。だが、そうした混乱のなかでも、人間としての美しい本能がはたらき、親が子を助け、子が親を助けようとする。兄弟・姉妹が助け合おうとする。そのため、結局は共倒れになるケースが非常に多く、これも、死者数を増幅させる結果になった。共倒れ現象というのは、大なり小なり全ての自然災害につきもので、別に津波に限ったことではないが、一般的にいって津波災害ではその記録が非常に多く、明治三陸大津波の際には目立って共倒れ現象が多かった。

最近、津波防災と関連してよくいわれるようになった「津波てんでんこ」という言葉は、こうした体験を踏まえた明治三陸津波の重要な教訓なのである。

要するに、凄まじいスピードと破壊力の塊である津波から逃れて助かるためには、薄情なようではあっても、親でも子でも兄弟でも、人のことなどはかまわずに、てんでばらばらに、分、秒を争うようにして素早く、しかも急いで速く逃げなさい、これが一人でも多くの人々が津波から身を守り、犠牲者を少なくする方法です、という哀しい教えが「津波てんでんこ」という言葉になった。突き詰めると、自分の命は自分で守れ！　共倒れの悲劇を防げ！　ということであり、津波とは、それほど速いものだという教えでもある》[3]

一方、この言葉が適切な解説・解釈がなされないままに注目されたため、言葉のみが一人歩きをし、誤解や誤用に対する〝懸念〟が持たれています。

たとえば「津波のときは、親でも子でも人のことなどは構わず、銘々ばらばらに一時も早く逃げなさい」[3]という一義的・表面的な〝原義〟だけが「自分だけが助かればよい」という意として一般の人々に理解され、『津波てんでんこ』は利己的で薄情すぎる」という批判につながる事態があるとすれば、それはその懸念の際たる例であるといえるでしょう。

はたして、「津波てんでんこ」というルールに従っておきさえすれば、人は主体的に避難できるようになるのでしょうか。あるいは、「津波てんでんこ」なるルールは薄情にすぎるという理由で退けておけばよいのでしょうか。はたまた、それらとはまた別のスタンスというものがあり得るのでしょうか。

第２章では、防災の専門家ではない一般市民が「津波てんでんこ」に代表される「正しいとされるルールや規範」を信じて、すがり、それを遵守することだけが、はたして自然災害時にうまく対処するための唯一の術《すべ》なのか否か、あるいはそれとはまた別の術があり得るのか、という観点から、主体的な避難とは如何なるものなのかを考えてみたいと思います。

そこで、次節以降に進む前に、皆さんには、次のような三つの考え方があるとして、それらに対し、自分はどのような印象や思惑を持つかについて、まずは考えてみていただきたいと思います。

A1：「津波てんでんこ」の内容は利己的で薄情すぎるので、津波避難の際の指針としては相応しくない。私ならそれには従えない。

A2：「津波てんでんこ」は津波避難の際の行動ルールとして正しい。なので、そのルールに背く行為は望ましくない。たとえどんなことがあろうとも従うべきである。

A3：「津波てんでんこ」は津波避難の際の行動ルールとして正しい。しかし、そのルールに従う行為も、そのルールに背く行為も、両方とも認められるべきだと思う。

最初のA1は、完全なる「津波てんでんこ」の反対派の意見です。前述のような懸念をそのまま体現するような考え方です。

次のA2は、それとは正反対に、完全なる「津波てんでんこ」の賛成派の意見です。前述のような懸念を完全に払拭したとしたときの「究極的なゴール」としての意見のようにもみえます。

最後のA3は、それらのどちらでもない、中途半端な煮え切らない意見のようにもみえます。

さて、皆さんは、この問いに対してどのように答えるでしょうか。

２　二つの視点からの批判

前述の懸念について山下氏は当初より、「今日の防災思想に照らして誤解を招きかねない側面もある」ため「言葉だけが先走りすることのないよう戒めなければならない」と繰り返し述べていました[2]。その後、とりわけ東日本大震災の直後に、このような懸念を奇しくも具現化するような言及が散見されるようになりました。たとえば、「『津波てんでんこ』の教訓」と題する２０１１年9月23日付の毎日新聞の記事[6]の冒頭は、

《東日本大震災が起きた3月、私（＝記事の執筆者）は科学環境部で地震関係の記事を担当していた。かつてない規模の地震と津波に驚愕しながらも、警察官や消防団員など、責任感から職務を全うしようとした多くの人が逃げ遅れて、津波の犠牲になったことに心が痛む。一方で、三陸地方には、『責任感』とはまるで正反対のような『津波てんでんこ』という教訓が伝わる。これをどう理解すればいいのか》

という書出しで始まっています。続いて「津波てんでんこ」の〝原義〟が説明されたあとには、

《そうはいっても、実際に目の前の高齢者や子どもを見捨てて逃げることができるだろうか。私には小学生と幼稚園の子がいる。たとえ自分が死んでも子どもたちを助けたいと思うし、もしも自分だけが生き延びたら、どれほど耐え難いか想像もできない》[6]

と続きます。この記事のこの箇所に書かれている内容を文字通り受け止めるならば、総じて前述の「『津

波てんでんこ』は利己的で薄情すぎるのではないか」という主旨そのものであると解されます。加えて、一義的・表面的な「原義」をただ単に説明したり提示したりするだけでは、この類の批判や疑問は払拭されず、それこそ山下氏が再三に懸念した「言葉だけが先走り」してしまいかねないことの一端を暗に示すものとも解釈されます（補注2）。このような言及はここで例に挙げた記事のみに固有のものではけっしてなく、ほかにも多数見受けられました。

このような状況に対して、倫理学者の児玉聡氏[7,8]は、少なくとも以下のような二つの視点からの批判が一般的に挙げられやすいとして、倫理学の観点から精緻に整理・考察しています。

その一つ目の視点は、「非常に利己的なものではないか。自分さえ助かればよいという考え方なのではないか」という類の批判であり、「倫理に反する」という視点からの批判であると括っています。これは、前述の「『津波てんでんこ』は利己的で薄情すぎる」という表現の「利己的すぎる」の部分に相当するといえるでしょう。

もう一つの視点は、「仮に倫理的に正しいとしても、それに従うことは、助けを必要とする人の命がかかわっているときには心理的に困難であるか、事実上無理。人間としてこんなルールには従えない」という類の批判であり、「心理に反する」という視点からの批判であると括っています。これは、前述の「『津波てんでんこ』は利己的で薄情すぎる」という表現の「薄情すぎる」の部分に相当するといえるでしょう。

人間の生き方として、人を救うため自己犠牲もいとわない利他主義を美徳とする面があることを踏まえれば、このような「津波てんでんこ」に対する二つの視点からの批判や疑問は、ともすると「至極当然」のようにも思えます。ならば、これら二つの視点からの批判や疑問は「至極当然」としてそのまま温存しておいてよいものでしょうか。それとも、それらは払拭されるべきものなのでしょうか。この点を議論するために如何なる理解や要件が求められるのかについて、以下では既往の知見をたどりつつ、さらに整理してみたいと思います。

①「倫理的な正しさ」への理解に向けて

まず、一つめの「倫理に反する」という視点からの批判、すなわち「非常に利己的なものではないか。自分さえ助かればよいという考え方なのではないか」という類の批判について考えてみましょう。

この類の批判について前述の児玉氏は「あたらない」として[7]、「最大多数の最大幸福（たくさんの人を助ける）という功利主義の発想に非常にかなった発想」であり「（利己的な人も従えるルールではあるが）必ずしも利己的ではない」と結論づけています。

そのほかにも、たとえば「てんでんこのジレンマとどう向き合うか」と題する２０１１年9月25日付の毎日新聞[9]では、その後半部で、

《これを聞いて、「津波てんでんこ」の持つ本来の意味が、鮮やかに浮かんだ。一人一人が勝手に逃げるというだけの話ではない。家族同士の信頼のもとに、主体的に自分の命を守るという重要な哲学が潜んでいる》[9]

と言及しています。この部分を文字通りにとらえれば、「倫理に反する（利己的すぎる）」という疑問や批判が、この引用箇所冒頭の「これ」によって払拭・低減される可能性の存在を読み取ることができるのではないでしょうか。

なお、この記事における「これ」に該当する内容は、片田氏が継続的に実施してきた「避難の３原則

（第1原則：想定にとらわれるな、第2原則：最善を尽くせ、第3原則：率先避難者たれ）」に代表される津波防災教育のトピック（いわゆる）釜石の奇跡）のことでした[4]。この件について、あらためてもう少し深く考えてみましょう。

「第1原則：想定にとらわれるな」と「第2原則：最善を尽くせ」に関しては、たとえ「一人ひとりが勝手に逃げる（利己的に逃げる）」ことだけに限定したとしても、実はそのこと自体が非常に難しいことであり、その難しさを自ら意図的・主体的に克服するためにあるべき姿勢を、わかりやすく標語的に表現したものであるといえます。すなわち、逆にいえば、この二つの原則の範囲内においては、あくまでも「倫理に反する（利己的すぎる）」という批判は払拭され得ない、ということになります。

一方、「第3原則：率先避難者たれ」は、「我先に避難する姿が、他人の避難を誘発することになり、結果的に皆が助かるための共助としての機能をも持つことになる」ことを述べたものです。この部分が「倫理に反する（利己的すぎる）」という批判の低減に一役を担う可能性を持つことは明白でしょう。

加えて、ここでの一連の津波防災教育において重要な点は、これら三つの原則の前提として、自分のみならず、自分にとって大切な他者にも実行可能とさせるための仕組み、すなわち「信頼関係の構築」に重点が置かれます[4]。このことに関する箇所を前述の新聞記事[9]から引用すると、防災教育において子どもたちに向けた片田氏の発言として「うちに帰ったら、『僕たちはぜったいに逃げる。だからお母さんも逃げて』と何度も言って」、ならびに防災教育にて保護者たちに向けた片田氏の発言として「子どもたちが『お母さん逃げて』と一生懸命言うだろう。その願いをしっかり受け止め、うちの子は絶対逃げるという確信を持つまで話し合って」という言及があります。

つまり、「信頼関係の構築」は、自分のみならず、自分にとって大切な他者の避難行動をも円滑にさせることに大きな役割を持ち得るのです。「津波てんでんこ」における「共倒れを防ぎ、一人でも多くの命を助けるためのルール」としての機能は、関係する人々や地域のなかでの信頼関係をともなうことによって、さらに強化されることになるわけです。

このような状況について、野中郁次郎・勝見明の両氏は「人にかまわず、避難するという〝反倫理的〟にみえる行動が逆に人の命を救う利他主義に結びつく」と表現しており[10,11]、児玉氏は「間接的な利他主義」と表現しています[7,8]。これらのことからも明らかなように、これら一連の津波防災教育のトピックを、ある一つの個別地域における一事例としてではなく、「津波てんでんこ」の〝倫理的な正しさ〟を理解するために必要となる普遍的な要点を多分に含むトピックとしてとらえることは十分に可能であると思われるのです。

②「心理的な障壁」の低減に向けて

続いて、二つめの「心理に反する（薄情すぎる）」という視点からの批判、すなわち「仮に倫理的に正しいとしても、それに従うことは、助けを必要とする人の命がかかわっているときには心理的に困難であるか、事実上無理。人間としてこんなルールには従えない」という類の批判について考えてみましょう。なお、こちらの視点からの批判に対しても児玉氏は、「心理的に困難かもしれないが、心理的に困難というのは決定的な批判ではない」と言及しています[7,8]。

いうまでもなく、助けを必要とする人がいる場合、自身の避難をいったん取り止めて、その人たちの救助・介助に手を尽くすことによって、その人も自身も双方ともに救われることが確実なのであれば、そのような行動をとればよいことは自明であり、「心理的な障壁」は生じようがありません。それが確実ではない状況で、双方が共倒れという最悪の事態に陥ってしまう可能性が存在するクリティカルな場面において、せめてそのような最悪の事態だけでも回避すべく、その人たちのことを構わずに（見捨てて）避難することを、「津波てんでんこ」は要請しているようにみえるのです。ここにおいて、その人たちを救えないことに対して罪悪感や自責感を持つこと、そしてそれが自分の「津波てんでんこ」の実践に対して「心理的な障壁」となることは、むしろ「人間として」は当然の感情ともいえるのではないでしょうか。こう考えると、ここでの「心理に反する（薄情すぎる）」という視点からの批判は、払拭しようにも払拭できないものである、ということになってしまうのでしょうか。

「津波てんでんこ」を実践しようとすると「心理的な障壁」が増大し、その増大した「心理的な障壁」が逆に「津波てんでんこ」の実践を阻害してしまいます。この苦悩・矛盾・葛藤の悪循環は、共倒れという最悪の事態に直結しかねません。この悪循環を抜け出すことはできないのでしょうか。

そのための一つのヒントとして、たとえば「生存者の自責感　慰める」と題した清水哲郎氏（臨床死生学）による読売新聞の2011年11月24日付における次のような言及が示唆深いと思われます[12]。

《知り合いを助けに行って逃げ遅れることが多くあり、逆に、声をかけなかった知り合いが亡くなったことで、自責の念を抱く人も多い。「てんでんこ」は、群れのためにまず自らを守れという教訓であり、助かった人が感じる後ろめたさを慰める言葉でもある。弱い人を助けようとする人たちの行為や気持ちは尊い。しかし、てんでに逃げた人が間違っているわけではない。生き残った人には「あなたは正しかった。津波てんでんこだよ。」と言い続けるしかない》[12]（補注3）

これは、後述の「4つの意味」[5]の第四の意味に相当する指摘であり、また、同様の指摘は前述の

２０１１年9月23日付の毎日新聞[9]にもみられます。総じて、生き残ったあとで抱《いだ》くこのような罪悪感や自責感は、ともすると「津波てんでんこ」という理念を共有すること（「津波てんでんこ」という理念の〝せい〟にすること）で幾ばくかでも軽減されるかもしれない、という指摘でもあります。このことに立脚するならば、これは事後的な効用（過去の自分を許すという効用）にとどまらず、さらには、避難するか否かの一刻を争う場面においても、罪悪感や自責感を未然に低減することで自身の円滑な避難を可能とすること（前述の悪循環からの脱出）にもつながる、と解釈することもできるのではないでしょうか。

ただし、仮にそうだとしても、なお、助けを必要とする目前の人たちを現実に救えるか否かという観点においては、「津波てんでんこ」という行動ルール自体は無力です。しかし、だからといって「『津波てんでんこ』の持っている本来の意味が薄められたり軽視されたりしてはならない」ということは、山下、片田、矢守、児玉の各氏らによっても共通して繰り返し言及されてきたことです。

「津波てんでんこ」は私たちに、「津波てんでんこ」で救いきれない人たちと自身との間に生じる苦悩・矛盾・葛藤に基づく「心理的な障壁」との対峙を、むしろ要請してくるようにみえます。「目を背けてはいけない。人として『心理的な障壁』をなかったことにしてはいけない。むしろこの『心理的な障壁』を全身全霊で受け止めていきなさい」と、私たちに訴えかけてくるようにみえるのです。

ただし、そんななかにあったとしても、それと同時に〝ある条件下〟を具備する場合においては、この「心理的な障壁」を幾ばくか低減してくれるという役割をも「津波てんでんこ」には見出し得ると解釈すべきなのだろう、と思うのです。

前述の津波防災教育で片田氏が強調したもう一つの柱として「〝救われる立場から救う立場へ〟の意識転換」というものがありました[4]。この理念は、前述の「『津波てんでんこ』なのだから、助けを必要とする人のことは構わずに（見捨てて）避難すべき」という内容に逆行するともいえます。ただ、東日本大震災の直後、片田氏による津波防災教育を受けた釜石の小中学生たちの安否を確認できないなか、片田氏自身も「人を救うことを優先するがあまりに、逃げ遅れてしまったのではないか……」と心配の念をテレビ取材で漏らしていました[13]。当時の心境を著書でも次のように記しています[4]。

《結局この日は、そのまま八戸市に留まるしかなかったのですが、釜石市のことが、とりわけ子どもたちのことが心配で仕方がありません。

「ちゃんと避難できただろうか。逃げ延びただろうか。地震が起きたのは午後三時頃。学校の授業が終わる頃だが、子どもたちは下校途中だっただろうか……」

あれこれと考えてしまい、どうか無事であってくれと祈らずにはいられませんでした。

（中略）

繰り返し報道される津波の映像を私も目にしていました。

「過去のケースを超える津波は起こりえる」

常々そう訴え、津波防災教育の必要性を説いてきましたが、映像で見る津波の凄まじさに言葉を失ったほどです。

「子どもたちは逃げきれていないかもしれない」

正直いって弱気になっていました。

「親御さんにどう言ってお詫びしようか。釜石市の関係者、学校の先生方に会わせる顔がない」

と悩みながらも、津波防災教育にかかわってきた責任を感じ、震災後三日目に釜石市に入ったのです》[4]

しかし実際には、中学生たちは避難三原則を尽くして生き延びていました。しかも、中学生たちは、小学生の手を引きながら、そしてその途中で保育園の保育士たちが園児たちをおんぶしたり台車に乗せたりして避難している事態に出くわすと、その園児を抱えながら、台車を押しながら、さらには次々と合流してきた地域の高齢者の車椅子も押しながら、生き延びていたのです。

ここにおいて、「救われる立場から救う立場へ」を唯一の行動ルールとしてとらえるような姿勢は見受けられません。ましてや、「『津波てんでんこ』なのだから、助けを必要とする人のことは構わずに（見捨てて）避難すべき」を唯一の行動ルールとしてとらえるような姿勢も見受けられません。

ともすると私たちは「こういう状況においてはこう行動するように」と画一的にルール化を求めがちですが、災害発生時という不確実性の高い状況のなかで、時々刻々と変化する状況に応じて何が最善かを即興で判断することを可能とさせるのは、「画一的なルール」ではなく「生きることに真摯に向き合う主体的な姿勢」である、といえるでしょう[4]。

前述の津波防災教育の最も根底にあったものは、この「姿勢」の構築でした。この「姿勢」を前提としたとき、そのもとで最善を尽くした結果としてやむをえず「津波てんでんこ」で救えない人が生じてしまう場合においてのみ、そこでの罪悪感・自責感に基づく「心理的な障壁」が幾ばくか低減される可能性が「津波てんでんこ」によってもたらされ得る、と解釈すべきでしょう。

一方、この「姿勢」がないままに、最善を尽くさず画一的にすべてを「津波てんでんこ」の〝せい〟にするとき、「津波てんでんこ」は単なる〝利己的で薄情な言い訳〟に成り下がってしまいます。

前述の「ある条件下」とは、この「姿勢」、すなわち「生きることに真摯に向き合う主体的な姿勢」を備えた状況のことです。「〝生きることに真摯に向き合う主体的な姿勢〟を具備する場合においては、この『心理的な障壁』を幾ばくか低減してくれるという役割をも『津波てんでんこ』には見出し得る」ということです。

3 検証の手続き

① 検証の主旨

「『津波てんでんこ』は利己的で薄情すぎる」という批判や疑問は、ともすると正当性を帯びているかのごとく認識されやすいことも、また、実態でしょう。

このような批判や疑問は、「津波のときは、親でも子でも人のことなどは構わず、銘々ばらばらに一時も早く逃げなさい」という一義的・表面的な原義を知ること〝だけ〟では払拭されず、むしろそれが批判や疑問の発端となっているとすら理解できます。

このような批判や疑問を払拭するためには、まずは、前節で概観したような、おそらく当事者でしか直面し得ないような「津波てんでんこ」をめぐる苦悩・矛盾・葛藤などの背景に思いを馳せること、つまり、客観的現実としてではなく主観的現実のアクチュアリティとして感じ取る「思考作業」が要求されるように思われます（補注4）。

しかし、とりわけ直接の津波経験者ではない非当事者にとっては、この「思考作業」はともすると容易ではないのかもしれません。この「思考作業」の難しさが前述の批判や疑問を生む一因となっているとするならば、ある種の「わかりやすさ」をともなった「思考訓練」ともいうべき道具立てを工夫したり検討したりすることは、けっして無駄ではないはずです。

このような問題意識のもと、以降では、「津波てんでんこ」に関する「思考訓練」を仕掛けることで、「津波てんでんこ」に対する批判や疑問をどの程度払拭できるのか、その効果のほどを紹介したいと思います。

ここで、「思考訓練」に用いるコンテンツに求められる要件としては、前節のような議論のエッセンスを包含していることはもちろんのこと、非当事者であっても「津波てんでんこ」をめぐる苦悩・矛盾・葛藤などの背景について想像することを比較的容易に可能とするような、ある種の「わかりやすさ」をも合わせ持つことが望ましいと思われます。この点に関して第2章では、矢守氏によって整理・提示されている「『津波てんでんこ』の４つの意味」[5]に着目したいと思います。

「津波てんでんこ」の本質的な意味合いを「４つの意味」としてあらためて整理・提示することの意義について、日本自然災害学会は、「(『津波てんでんこ』が）矛盾や葛藤、対立や自責の念がつきまとう津波避難を象徴する言葉であることを示す」ものであると意義づけており[14]、また、矢守氏自身も「今日の用語でいう『自助』の原則で貫かれているようにみえる『津波てんでんこ』が、(実はそれだけではなく）より重層的かつ総合的な津波リスクマネジメントの意味・機能を担っていることを示す」ことを意図したと述べています。これらのことからも、この検証における「思考訓練」のコンテンツとして求められる要件は十分に満たしているものといえるでしょう。

以下では、この「４つの意味」について簡潔に確認しておきます。

②矢守氏による「『津波てんでんこ』の4つの意味」の要点

第一の意味は「自助原則の強調」です。これは「津波のときは、親でも子でも人のことなどは構わず、銘々ばらばらに一時も早く逃げなさい」という「津波てんでんこ」の一義的な原義[3]を、そのまま直接的に表現したものにみえます。しかし、この第一の意味「自助原則の強調」の意図はそれに留まるものではけっしてなく、ましてや自己責任の原則だけを強調するものでもない点には十分な注意が必要である、と矢守氏は述べています。そのうえで、「自分だけが助かる」ことを推奨しているのではなく「自分だけで助かる」ことの大切さを説くものである、との解釈を篠澤和久氏による表現[15]を引用しつつ展開しています。なお、この第一の意味における「迅速かつ円滑な『逃げる』」を実行可能とするための姿勢のあり方が、前述の片田氏[4]による「第1原則：想定にとらわれるな」と「第2原則：最善を尽くせ」の理念に対応するといえるでしょう。

第二の意味は「他者避難の促進」です。すなわち、避難する「当人」だけでなく、その避難する姿が周辺の人々に目撃されることにより、そのこと自体が目撃者にとっての避難トリガーとなり、結果的に「他者」の避難行動をも促すための「仕掛け」となっている点が重要である、としています。これは、前述の片田氏による「第3原則：率先避難者たれ」[4]の理念に相当するといえるでしょう。このような「仕掛け」について矢守氏は、「『逃げる』ための知恵にとどまらず、『逃がす』ための知恵、あるいは『共に逃げる』ための知恵でもある」と表現しています。

第三の意味は「相互信頼の事前醸成」です。すなわち、第一の意味と第二の意味での「津波てんでんこ」が実際の「災害時」で有効に機能するためには、それよりも遠い「事前（平常時）」において、ある前提条件が十分に醸成されている必要があるということを強調するものです。大切な人が逃げていないかもしれないという心配は、自分の避難の大きな障壁となることは想像に難くありません。「津波のときはてんでんこ」という行動規範を遂行可能とするような信頼関係を事前（平常時）から構築・共有しておくことで、この障壁を取り払っておくことが重要であるという点が、ここでいう前提条件のポイントです。これは、前述の片田氏による「信頼関係の構築」に相当する概念といえるでしょう[4]。このことは、特定個人間のみならず、家族・

隣近所・地域社会などの多方面において多段階で成立していることが重要であるとしています。

第四の意味は「生存者の自責感の低減」です。前述の第一～三の意味においてうまく避難に成功して生き延びた者であったとしても、なおも「事後」に、逃げ遅れて命を落としてしまった者に対して「自分だけ生き残ってしまって申し訳ない」とか「もっとこうしてあげればよかった」とか「助けられたはずだ」というような自責感・罪悪感・自罰的感情に苛まれてしまう事態というのは、想像に難くありません。しかしながら、大切な他者と「津波てんでんこ」を「事前」に約束しておくことができていれば、「約束だったのだから仕方がない」と、この約束（すなわち「津波てんでんこ」）が自責感・罪悪感・自罰的感情を（わずかながらでも）低減してくれるかもしれません。換言するならば、「過去」の自分を許すための拠り所としての機能が、第四の意味です。これは、前述の清水氏による言及「生存者の自責感を慰める役割」[12]などに相当するといえるでしょう。

以上、矢守氏によって再整理・再提示された『津波てんでんこ』の４つの意味」は、これまで述べた議論を広く包含していることが確認されると同時に、非当事者にあっても比較的容易に「津波てんでんこ」をめぐる苦悩・矛盾・葛藤などの背景を順序立てて想像することを可能とすることも期待できるでしょう。これらのことから、「津波てんでんこ」に対する批判や疑問の払拭においても、この「４つの意味」を題材とした「思考訓練」が一定の役割を果たすことが期待できそうです。

以降では、この点について行った検証の内容を紹介していきます。

③検証の手続き

前述の主旨に沿って検証を行ううえでは、まず、一般の人々が「津波てんでんこ」という語に対して

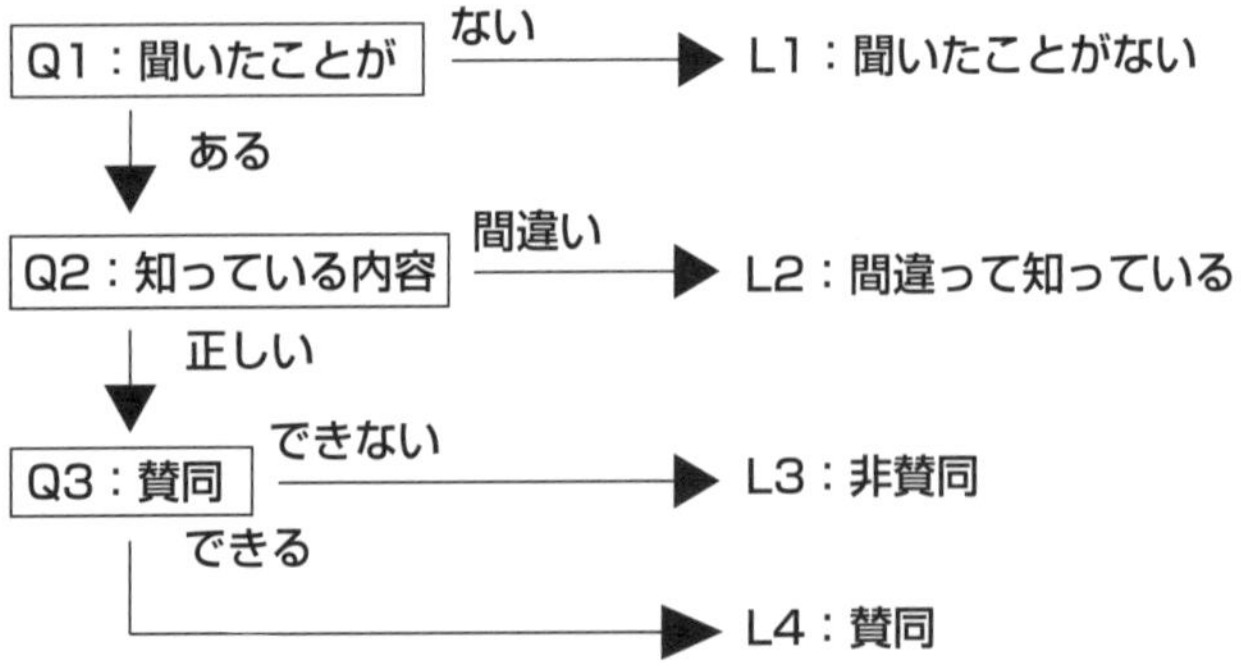

図 2-1　「津波てんでんこ」に対する認識パターン

取り得る態度について整理しておく必要があるものと考えられます。これについては、少なくとも図2―1に示すような四つのパターンを想定し得ます。ここでは、回答者をこの四つのパターンに分類できるようなデザインを施したアンケート調査の結果に基づき考察を行います。

アンケート調査は2014年11月19~26日にかけて、インターネット調査形式にて実施しました。調査対象者はインターネット調査会社が保有するモニターリストから年代・性別で均等割付にて抽出された767件です。

調査では、まず、「津波てんでんこ」という語を聞いたことがあるか否かを問うており、これにより回答者を「L1：聞いたことがない」と称して分類します。次いで、聞いたことはあるが内容を取り違えて誤って認識している者も想定し得ることから、これを「L2：間違って知っている」と呼称して分類します。回答者の認識の正誤判別には表2―1に示す質問を用いており、ここで正答できなかった回答者をL2としました。さらに、一義的・表面的な原義自体は正しく認識しているものの、前述のように「『津波てんでんこ』は利己的で薄情すぎる」として賛同できないとする意向を持つ回答者を「L3：非賛同」と呼称することにします。

表 2-1　Ｑ２の設問内容

“津波てんでんこ”という言葉の意味として「違うと思う」ものには×を、「適切だと思う」ものには○をつけてください
(1) 津波襲来の事実に気づいた住民が、その事実を周辺住民にいち早く知らせるため、太鼓をたたいて大きな音をたてたことで、多くの住民の命が救われたという過去の出来事に関する教訓的言い伝え【正解：×】
(2) 津波が来たら、自分ひとりだけで避難しようとせずに、避難が遅れた人たちの援助をしなさい、という意味【正解：×】
(3) 津波が来たら、親でも子でも兄弟でも、人のことはかまわずに、各自でバラバラに一人で高台へと急いで逃げろ、という意味【正解:○】
(4) 地震や遠雷あるいは大砲のような音、引潮などの津波の前兆現象に警戒せよ、という意味【正解：×】
(5) 津波がきたら、すでに 200 ～ 300m 沖にいる船舶は、港に帰るのではなく沖へ退避したほうがよい、という意味【正解：×】
(6) 津波を防ぐ防波堤のこと【正解：×】

最後に、この語の意図に賛同する回答者を「Ｌ４：賛同」と呼称することにします。「賛同／非賛同」の峻別は、表２―２に示す設問に対する回答の平均値が４未満の場合を「非賛同」、４以上の場合を「賛同」と扱うこととしました。以上の調査項目の集計により、回答者集団におけるＬ１～Ｌ４の構成比を把握することが可能となります。

ここでの論点の第一点目は、Ｌ３（「『津波てんでんこ』は利己的で薄情すぎる」という批判の状態にある回答者）の構成比は如何ほどを占めるのか、ということです。

第二点目は、前述のような批判の低減に対して、矢守氏による「『津波てんでんこ』の４つの意味」を題材とした「思考訓練」を介することが効果を発揮し得るのか、ということです。換言すれば、Ｌ３の状態にある回答者のうち、この「４つの意味」を理解することで、どれくらいの回答者がＬ４状態へと変容し得るのかを観察することです。このような観察を可能とすべく、調査では、Ｑ１～Ｑ

表2-2　Q３の設問内容

“津波てんでんこ”は直訳すると「津波は各自（めいめい）で」ということになりますが、これを防災教訓として解釈すると「津波が来たら、親でも子でも兄弟でも、人のことはかまわずに、各自でバラバラに一人で高台へと急いで逃げろ」という意味になるとされています。この解釈について、あなたはどのような印象を持ちましたか？以下の項目に「5：そう思う～1：そう思わない」でお答えください
(1) 自分だけ助かればよい、という考え方のようにみえる（逆転）
(2) 薄情で非情だと思う（逆転）
(3) 利己主義的な発想だと思う（逆転）
(4) このような考え方には賛同できない（逆転）
(5) 地域のみんなで助かろう、という考え方だと思う
(6) 親や子どもや兄弟などにこのような考え方を周知すべきだと思う
(7) 深く同意する

3の一連の設問の最後に矢守氏の「『津波てんでんこ』の4つの意味」の解説文を提示し、それへの理解度を問うたあとで、L3・L4の分類に用いるQ3を再び設けています。

4　検証結果

①全サンプル対象

まず、全サンプル（n = 767）を対象に四つの分類を試みた結果が図2―2の(1)です。ここでまず明確なことは、前述のような「懸念（＝L3）」の議論の以前に、ほとんどの回答者がそもそも「聞いたことがない（L1）」という事態です。

２０１１年の岩手日報社の調査では「『てんでんこ』認知97％」という数字とともに「ほぼ全国で認知されていることがわかった」旨の紹介がなされています[16]。しかし、これはあくまでも２０１６年上旬に岩手県を除く46都道府県の防災担当責任者を対象に行われたアンケート結果に基づくものであるため、一

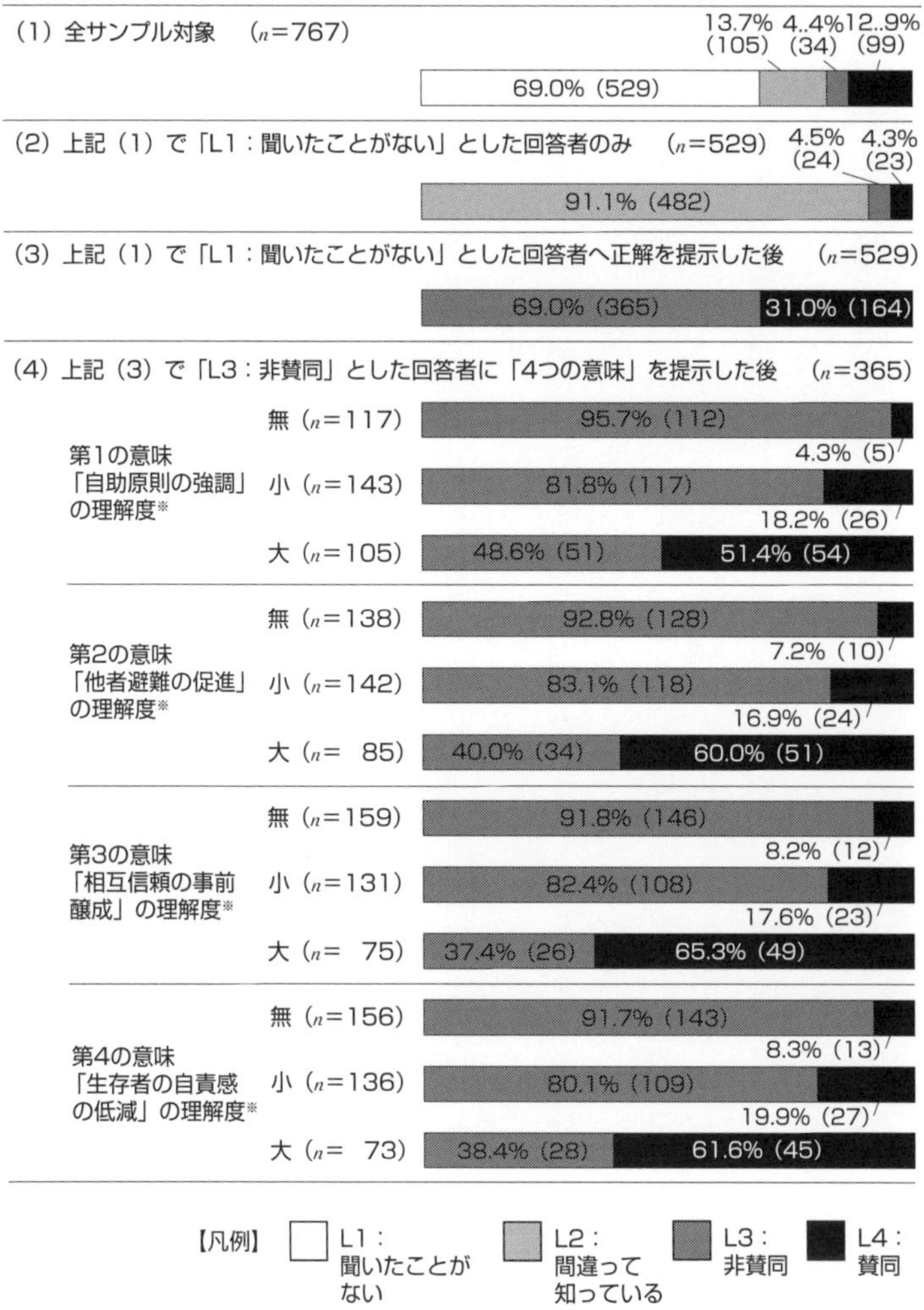

※矢守氏の「『津波てんでんこ』の4つの意味」に関する説明文に対する回答者の理解度（0：意味がわからない、1：私はそう思わない～5：私はそう思う）を、0～3を無、4を少、5を大として表示。

図 2-2 「津波てんでんこ」に対する認識パターン

般の人々の認知率を表すものではありません。本書の結果に基づくならば、インターネット調査という特殊性を鑑みたとしても、調査時点で大多数の人々は「聞いたことがない」状態にあったと考えるべきでしょう。すなわち、前述の「(この語に対する) 注目度やインパクトの高さ」などは、ともすると杞憂であった可能性すら否めない、といえるでしょう。

一つ目の論点に関していえば、「L3の割合は約4%とごくわずか」ということになりますが、その議論のまえに、まず、調査実施時点では「そもそもほとんどの人が聞いたことがない」という事実を私たちは認識すべきといえるでしょう。

②はじめて「津波てんでんこ」という語に触れたときの反応

こうした現状は、裏を返せば、529名の回答者は、この調査ではじめて「津波てんでんこ」という語に触れたということでもあります。

そこで、この529人のみに対象を絞り、あらためてL2・L3・L4の分類を試みた結果が図2―2の⑵です。これをみると、不正解 (＝L2) が91・1%を占めるに至っていることがわかります。

この時点で回答者には「『津波てんでんこ』の意味は『津波のときは、親でも子でも人のことなどは構わず、銘々ばらばらに一時も早く逃げなさい』である」という正解は明示されていません。そのため、結果的に大半の人が不正解 (＝L2) となるという事態は、ある意味では仕方のないこととして理解できるような気がします。なぜならば、やはり「津波てんでんこ」という語呂のみから正解を類推することは難しいと思われるからです。

③「津波てんでんこ」の正確な原義を踏まえたうえでの反応

そこで、この529人に対して前述の「正解」をアンケート画面上で提示して知らせたうえで、あらためてL３・L４の分類を試みた結果が図2―2の⑶です。

これによると、このような状況下において「津波てんでんこ」に賛同するとした回答者（L４）は529人のうちの約3割にあたる164人に留まり、賛同できないとする回答者（L３）は約7割を占めるに至っていることを見て取ることができます。

すなわち、「津波てんでんこ」の一義的・表面的な原義を正しく伝えるだけでは、山下、片田、矢守、児玉ら各氏の懸念の一つであった「『津波てんでんこ』は利己的で薄情すぎる」という批判（L３）を避けることはできず、多くの人々がそのような批判的な印象を持ってしまう可能性があることが示唆されたといえるでしょう。

④「『津波てんでんこ』の４つの意味」を踏まえたうえでの反応

前述のとおり、調査では一連の設問の最後に、矢守氏による「『津波てんでんこ』の４つの意味」を説明する文章を提示し、それへの理解度（０：意味がわからない、１：私はそう思わない～５：私もそう思う）を問うたあとで、再びL３・L４の分類に用いるQ３を設けています。この設問を用いて、前節で「L３：非賛同」であった365人について再度分類を試みた結果が図2―2の⑷です。ここでは、矢守氏の「４つの意味」それぞれの説明文章に対する理解度別にL３・L４の分類結果を示しています。

これによると、第一の意味に対する十分な理解が得られた場合（理解度が大の場合）には、その直前まで「L3：非賛同」であった回答者であるにもかかわらず、その半数以上の51・4％が「L4：賛同」へと変容した様子を見て取ることができます。第二の意味および第四の意味に対する理解度が大きい場合においても、その割合は60％および61・6％となっており、さらには、第三の意味に対する理解度が大きい場合においては65・3％に至っています。第2章の3の③で掲げた二つ目の論点は、矢守氏による『津波てんでんこ』の4つの意味」を題材とした「思考訓練」を介することは「『津波てんでんこ』は利己的で薄情すぎる」という批判の解消・低減に効果を発揮し得るのかというものでしたが、これに対する結論としては、総じて「効果を発揮し得る」といってよさそうです。

なお、ここにおける「理解度が大きい」のサンプル数をみてみると、第一の意味においては105、第二の意味においては85、第三の意味においては75、第四の意味においては73となっており、次第に減少していく様子もまた同時に見て取ることができます。すなわち、一義的な原義を直接的に表現する内容となっている第一の意味に比べて、さらに深層の内容に迫る第二～第四の意味に至っては、それに対する理解を得ることはやや容易ではないということも、また、見て取ることができるものとなっています。この点については、調査における説明文章を改善するなどの工夫が必要であるということもいえますが、しかしこれは、端的にいえば、矢守氏の原著[5]を直接に熟読することを勧めることで解決できる問題ともいえます。

いずれにおいても、『津波てんでんこ』の4つの意味」の真意が理解された場合には、前述のとおり、「L3：非賛同」から「L4：賛同」への変容が大きな割合で生じる可能性があることが確認されたといえるでしょう。

5　まとめ

「津波てんでんこ」という言葉の津波避難時における意味・機能の重要性は、これまで繰り返し言及されてきたことです。しかし、その原義だけが表層的に理解され、『津波てんでんこ』は利己的で薄情すぎる」という批判につながってしまう懸念についても、同時に言及されてきました。

第2章では、このような批判がどの程度生じ得るのかを把握すべく行った調査の結果を紹介するとともに、それを払拭するための方策について考察を加えました。その要点を再掲すると以下のようになります。

第一に、「津波てんでんこ」という語を「そもそも聞いたことがない」とする人が実はことのほか多い可能性があることが示されました。そういう意味においては、そもそも聞いたことがないのですから、前述のような懸念も生じようがない、ということになります。防災に関係する行政担当者や専門家は、一般の人々に比して防災に関する話題や課題に触れる機会が圧倒的に多いということはいうまでもなく当然であり、その結果として、「津波てんでんこ」はすでに一般に十分に広く知られている概念であるという思い込みに陥ってしまう事態もまた、想像に難くありません。現に筆者も当初、一般に多くの人々がすでにこの語を知っていることを前提とした「L3：非賛同」の比率に焦点を置いていましたが、そのような思い込みを崩す結果であり、専門家の認識と一般の人々の認識が必ずしも一致しない実状を冷静に受け止めたうえで議論を進めることが肝要であることを示す結果であるといえるでしょう。

第二に、「津波てんでんこ」という語をはじめて聞いた場合、その語呂のみから正しい意味を類推することは難しい可能性があることが示されました。この点に関しては、暗に、「津波てんでんこ」という単語のみが流布されるのでは意味は薄く、そこに何らかの適切な解説や解釈が付されてはじめて意味をなし得るという、いわば当たり前の内容をあらためて示した結果であるともいえます。なお、この段階においても、そもそも意味を知らないのですから、前述のような具体的な懸念も生じようがない、ということになります。

第三に、「一義的・表面的な原義」のみを正確に提示したとしても、多くの人々は「『津波てんでんこ』は利己的で薄情すぎる」と思ってしまう可能性がある、ということが示されたといえます。この段階に至ってはじめて、前述のような懸念はけっして山下、片田、矢守、児玉ら各氏のみの杞憂ではなく、現実の問題として存在し得ることが改めて確認されたといえます。

第四に、前述のような懸念の払拭には、適切な解説・解釈（たとえば、矢守氏による「『津波てんでんこ』の4つの意味」の提示など）がなされることが重要な役割をはたし得ることが確認されたといえるでしょう。

一方、以上のような知見に立脚するならば、ここで新たに以下のような懸念を意識しておく必要が生じるものと思われます。それはすなわち、「矢守氏による『津波てんでんこ』の4つの意味」さえ理解しておけばそれでよい、という類の短絡的な理解（新たな誤解）が生じることに対する懸念です。前述のとおり、仮に「津波てんでんこ」が倫理的に正しいとしても、そこで「生きることに真摯に向き合う主体的な姿勢」を欠いたまま、画一的にすべてを「津波てんでんこ」の〝せい〟にするならば、そこで「津波てんでんこ」は単なる「利己的で薄情な言い訳」に成り下がるだけでなく、同時に、皮肉にも（そして自虐的に）「『津波てんでんこ』は利己的で薄情すぎる」という批判や疑問を自己生成してしまう可能性を秘めているといえます。

このような事態を回避するには、「正しい原義」と「（「4つの意味」などに示されるような）本質的意味」をそのまま理解するだけでは不十分です。それを踏まえて、なお残る心理的な葛藤やジレンマに毅然と対峙するには、より根源的に「姿勢」が問われることになるといえるでしょう。この「姿勢」を前提としたときにはじめて、釜石の小中学生がそうであったように、部分的に「津波てんでんこ」に背きつつ最善を尽くして他人を助ける行為などの可能性が生じ得ることになります。これを野崎泰伸氏の表現を借りて換言するならば、「単にルールとしてそのように決まっているからということと、考えた末にルールに従ったり、場合によってはルールに背いたりするということとは、行為者の主体性や責任という位相において、まったく違う」ということです[17]。このことを私たちは、「津波てんでんこ」の「正しい原義」と「（「『津波てんでんこ』の４つの意味」などに示されるような）本質的意味」を理解したうえでなお、誤解なきよう肝に銘じておく必要があるのです。

しかし、いくつかのテクニカルな課題も残っているように思います。第2章では、「津波てんでんこ」に対する賛否の態度を、より簡便に表2―2で記載している設問を用いた一元尺度によって測定していました。しかし、より厳密には、そのような一元的尺度のもとでの議論ではなく、第2章の2で述べたとおり、「倫理に反する」という視点からの批判的態度と「心理に反する」という視点からの批判的態度に分けた検討が望まれるともいえます。そのことによって、たとえば、「矢守氏による『津波てんでんこ』の4つの意味」を理解することは、「倫理的な正しさ」の理解には十分に有効に機能し得るものの、「心理的な障壁・葛藤」の低減にはそれだけでは不十分かもしれません。そこにあわせた〝姿勢〟がともなったときにはじめて「心的な障壁・葛藤」が大きく低減され得るなどのような傾向が観察されるかもしれません。

そのほか、第2章での検証は調査実施時点（２０１４年）の一断面のみに留まるものですが、その後の時間経過とともに、『津波てんでんこ』は利己的で薄情すぎる」という批判や疑問を持つ人は減少していくのか、それとも増大していくのか、あるいは「Ｌ１：聞いたことがない」や「Ｌ２：間違って知っている」が台頭するのかなどの推移についても注意深く観察していくべき課題の一つであるといえるでしょう。

ここで、第2章の冒頭での問いかけを再掲します。

A1：「津波てんでんこ」の内容は利己的で薄情にすぎるので、津波避難の際の指針としては相応しくない。私ならそれには従えない。

A2：「津波てんでんこ」は津波避難の際の行動ルールとして正しい。なので、そのルールに背く行為は望ましくない。たとえどんなことがあろうとも従うべきである。

A3：「津波てんでんこ」は津波避難の際の行動ルールとして正しい。しかし、そのルールに従う行為も、そのルールに背く行為も、両方とも認められるべきだと思う。

ここまで読み進めていただいた読者の皆さんであれば、筆者の見解がどのようなものであるのかはすぐに類推いただけるものと思いますが、それでもA1のような意見を固持する方がおられるとすれば、それに対して筆者は明確に「それは誤解であるといいたい」ということです。すでに再三述べたとおり、「津波てんでんこ」は利己的で薄情なルールに終始するものではけっしてなく、利他的ですらあり得るものとして理解されるべきです。そして、そのもとで「従えない」という態度を固持するのではなく、少なくとも、「従う」という選択肢の可能性についても柔軟に考えはじめていただき、態度を軟化していただければと願う次第です。

また、A2のように、逆に「たとえどんなことがあろうとも従うべき」という態度についてもまた、それは行き過ぎた硬直状態あるいは思考停止の状態というべきです。少なくとも、「生きることに真摯に向き合う主体的な姿勢」を欠いたままであるならば、画一的にすべてを「津波てんでんこ」の〝せい〟にしてしまう事態も生じ兼ねず、そのような事態においては、「津波てんでんこ」は単なる「利己的で薄情な言い訳」に成り下がってしまうことを、第2章ではみてきました。

つまり、そこで「生きることに真摯に向き合う主体的な姿勢」を欠いたままであるならば、たとえ自分の目前で助けを求める人がいたとしても「すべては『津波てんでんこ』の〝せい〟なのだから」という短絡的な思考回路によって、心理的な葛藤や苦悩すらも感じないまま、ただひたすら「『津波てんでんこ』に従う」という教条的な態度に終始してしまいかねません。そんな殺伐とした社会を望む人などおそらく少ないのではないかと思うのです。

おそらく多くの人々は、そのいずれでもなく、おおむねA３に近い見解を持たれたのではなかろうかと想像したいところです。ただし、A３の選択肢には、そこに記されていない条件、しかも非常に重要な条件を別途、追記する必要があるのです。それはすなわち、「『生きることに真摯に向き合う主体的な姿勢』を前提として最善を尽くしているならば」という条件です。

この付帯条件が満たされる状況においてのみ、「津波てんでんこ」に従う行為も、それに背く行為も、両方とも認められるべきだ、というのが第２章における結論です。

補注１：一般には「奇跡」という語が用いられて広く知られることとなっていますが、片田氏および当事者たちは「奇跡」ではない、という点を繰り返し強調しています。たまたま偶然に起きたものというよりはむしろ、それまでに何年もかけて積み重ねられてきた防災教育の影響という側面が大きいという点に加え、当時より片田氏は、それでもなお当該地域では犠牲者・行方不明者が多数出ていることを想い「防災研究者として敗北を認めざるをえない」とまで述べ、過度に美談としてのみ流布されることへの懸念を表明しています。

補注2：記事の後半部には「津波てんでんこ」の本質的意味を紹介する箇所もあることから、本文中で引用した「津波てんでんこ」に対する言及は、一般的に少なからず見受けられがちな典型的な批判を、便宜上あえて反語的に代弁するかたちで表現した記事であると解することもできると思います。

補注3：「あなたは正しかった」といい続けるためには、「本当に『あなたは正しかった』」ことのエビデンスが事後的に必要となる場面も想定し得ます。そのときに、たとえば大西正光氏ら[18]の議論は示唆に富むと思われます。大西氏らによると、健全な脚力を持つ通常の避難モビリティを有する者が相対的に避難モビリティが低い者を救援する「一様救援避難」、対象地域の全員が個別に避難する「一様てんでんこ」、それらの「ハイブリット避難」、という三つの避難原則のいずれが最も「(死者数最小化の観点で)正しい」ものとなるのかについての条件(地域条件、津波の規模など)の導出を試みています。しかし、それと同時に、その条件を事前に確定することは現実的に容易でないという旨の言及もしています。だとすれば、津波の規模が確定した「事後」においては、ここでの大西氏らの議論を、どの避難原則が「正しかったのか」を検証するための一つの方法論として位置づけ直すことも可能、いや、そのように位置づけることこそが重要、と思われます。

補注4：精神病理学者の木村敏氏によると、現実にはリアリティ(reality)とアクチュアリティ(actuality)の二通りの意味があるといいます[19]。主体と客体を分離し、客体を傍観者的に対象化し、観察するのがリアリティであり、一方、五感を駆使して文脈そのものに入り込み、深くコミットメントして、主客未分の境地で感じるのがアクチュアリティです。野中・勝見の両氏は、片田氏による一連の津波防災教育が大きな成果をみることになった理由の一つは「片田氏は、子供たちが直面する現実を客観的現実のリアリティとしてとらえるのではなく、主観的現実のアクチュアリティとして感じとり、そのなかに身を置いて対話したこと」にあると分析しています[11]。非当事者が「津波てんでんこ」の背景を理解することにおいても、できるだけこれを主観的現実のアクチュアリティとして感じ取るための努力が肝要であると考えられます。なお、本書の第7章および第8章でも、主客未分に関連する議論を深めます。

第2章　参考文献

1　山下文男（１９９７）：津波――'TSUNAMI'，あゆみ出版．
2　山下文男（２００５）：津波の恐怖――三陸津波伝承録，東北大学出版会．
3　山下文男（２００８）：津波てんでんこ――近代日本の津波史，新日本出版社．
4　片田敏孝（２０１２）：人が死なない防災，集英社新書．
5　矢守克也（２０１２）：「津波てんでんこ」の4つの意味，自然災害科学，Vol. 31, No. 1, pp.35-46
6　毎日新聞（２０１１a）：「津波てんでんこ」の教訓，記者の目，２０１１年9月23日東京朝刊9面．
7　児玉聡（２０１３）：津波てんでんこと災害状況における倫理，私たちは他人を助けるべきか――非常時の社会・心理・倫理，鈴木真・奥田太郎編，南山大学社会倫理研究所，pp.31-47.
8　Kodama, S (2015): Tsunami-tendenko and morality in disasters, Journal of Medical Ethics, Vol.41, No. 5, pp.42-47.
9　毎日新聞（２０１１b）：「てんでんこ」のジレンマとどう向き合うか，反射鏡，２０１１年9月

25日東京朝刊5面.
10　野中郁次郎（2011）：釜石の津波防災教育，野中郁次郎の「成功の本質」――ハイ・パフォーマンスを生む現場を科学する，WORKS, Vol. 56, No. 107, リクルートワークス研究所，pp.42-47.
11　野中郁次郎・勝見明（2015）：「釜石の奇跡」・津波防災教育――小中学生の生存率99・8％！奇跡を可能にした「津波3原則」，全員経営――自律分散イノベーション企業成功の本質，日本経済新聞出版社，pp.159-178.
12　清水哲郎（2011）：生存者の自責感慰める，被災地で思う「てんでんこ」，読売新聞2011年11月24日夕刊12面.
13　NHK（2011）：現地に入った専門家，ニュースウォッチ9，2011年3月18日.
14　日本自然災害学会（2016）：平成27年度の学会賞の授与について，自然災害科学，Vol. 34, No.4, pp. 227-278.
15　篠澤和久（2012）：災害ではどんな倫理的問いが出されるのか――「津波てんでんこ」を手がかりとして，災害に向き合う，高校倫理からの哲学（別巻），直江清隆・越智貢編，pp.95-117.
16　岩手日報社（2016）：てんでんこ未来へ　あの日を忘れない――2011．3．11　東日本大震災　岩手の記録4，岩手日報社，p.52.
17　野埼泰伸（2015）：「共倒れ」社会を越えて――生の無条件の肯定へ――，筑摩書房.
18　大西正光・柳澤航平・矢守克也（2016）：地域条件を考慮した津波避難原則選択の方法論，日本災害情報学会第18回学会大会予稿集，pp.44-45.
19　木村敏（1994）：心の病理を考える，岩波新書.

第3章　過去の災害を忘れないでいられるか？

1　「忘れないで、あの災害。」は可能か？

　図3―1は国土交通省による新聞広告（毎日新聞、2017）です。「忘れないで、あの災害。」と呼び掛けています。これと正確に同一ではないにせよ、ほぼ類似のメッセージを発するフレーズを耳にしたことが皆さんにも一度や二度はあるのではなでしょうか。

　ある意味では至極ありふれた標語のようにも思えますが、しかし、ふと立ち止まって考えてみるならば、いうまでもなく、私たちはすべての災害についてその詳細をどこまでも際限なく忘れずに覚えていることは事実上、不可能です。私たちは一体、どこまで昔の災害を忘れずに覚えていることができて、どこまでを忘れずに覚えているべきなのでしょうか。

　第2章の主旨は、ある意味では「正しそうなルールにすがることの是非」に関する議論であったといえます。これに対して第3章では「過去にすがることの是非」を議論の対象とします。

　ここではまず、次のような二つの見解を提示します。これらに対して、皆さんは、どのような印象や思惑を持つでしょうか。

B1：将来の災害リスクは不確実性だらけなのだから、過去にすがっ

図 3-1　国土交通省による新聞広告（毎日新聞 2017）

ても意味はない。

B2：将来の災害リスクの不確実性を減らすために、過去をできる限り参照すべき。

問いの構造から明らかなとおり、過去への眼差しのありようは、しばしば将来への関心と無関係ではいられません。将来を知りたい、将来の不確実性を減らしたい、そんな願いに少しでも資するヒントを得ようとするとき、私たちはしばしば過去を参照します。

しかし、「現在」に身を置く私たちが「過去」に思いを馳せるとき、そのスタンスには少なくとも二つの異なる時間感覚が存在するといわれます。

森野正弘氏によれば、その一つは、「過去」を現在と連続する一貫した時間軸上に位置づける「現在と連続する過去」ととらえるスタンスであり、これを「歴史化される過去」と称しています。もう一つは、過去を現在とは分断された別の時間軸上に位置づける「現在と切断された過去」ととらえるスタンスであり、これを「虚構化される過去」と称しています[1]。

前者の場合は、過去と現在との間に一貫した時間軸の存在を前提とした「現実」として認識されているのに対し、後者の場合は、現在とは乖離した「虚構（フィクション・昔ばなし）」として認識されやすい、ということです。

災害の履歴に対する人々の時間感覚にもこのような違いがあるとするならば、「過去」の同じ一つの災害事象であっても、それを「現実」としてとらえるか「昔ばなし」と受け止るかによって、その人が「現在」や「将来」の災害リスクを推し量るときに持つ意味や影響は大きく異なることが予想されます。

第3章では、このような、過去に起きた災害の履歴に対する受け手の感覚の違いに焦点を当て、とりわけ、それが「現在と連続する過去」として受容される場合の時間的範囲はどの程度なのかという点に着目します。ここでは、この時間的範囲を「災害履歴への関心持続期間」と称し、その長短などの基本的な特徴や傾向を、個人差のみならず、その個人が準拠する社会の通念や価値観の違いなどとの関連の下で把握することを試みます。

なお、先んじて第3章の結論の要点を述べておくならば、忘れずに覚えておくべきこと、常に身に着けておくべきことというのは、それぞれの災害事象の個別の出来事の内容というよりは、むしろ、過去と将来に対峙する「姿勢」である、ということです。そこには、「諦観」というキーワードが浮かび上がってくることになります。「姿勢」の重要性という意味では第2章の議論とも共通する部分が多いかもしれません。第3章は、過去への眼差しという視点を入口に、この「姿勢」に関する議論をもう少し深めていきたい、という主旨も含んでいます。

2 災害履歴の時間的隔たりと現実感（論点1の提示）

磯田道史氏の著書『天災から日本史を読みなおす——先人に学ぶ防災』（中公新書、2014年）[2]は、1586（天正14）年の天正地震と1596（文禄5）年の伏見地震が豊臣秀吉政権に及ぼした影響の記述からはじまります。第3章でのちほど参照する調査は2017年の実施ですので、そこからそれぞれ431年前と421年前の災害です（以下、「年前」という表記は2017年を基準とします）。そのほか、1680（延宝8）年に静岡県袋井市を襲った台風と高潮（337年前）、1707（宝永4）年の宝永地震津波と富士山噴火（310年前）、1828（文政11）年のシーボルト台風（189年前）、

１８５４（嘉永７）年の安政南海津波（１６３年前）、１９４６（昭和21）年の昭和南海津波（71年前）、などの数多くの史料をもとに、一貫して過去の災害と人間社会とのかかわりに重点が置かれた記述が続きます。最終章は２０１１（平成23）年の東日本大震災（６年前）についての記述に割かれています。

念のために弁明しますと、この書籍の記述が信憑性に乏しい虚構であるとか、昔ばなしであるなどと批判する意図は微塵もありません。この書における数多くの史料の検証と地道な調査に基づく繊細な洞察の数々は敬服に値します。そうではなくて、前述のとおり、ここでの関心は、「過去」の出来事に対する受け手の時間感覚の差異、すなわち「現在と連続する過去」として受容される場合の時間的な射程範囲はどの程度なのかという点にあります。この点に関して、前述の豊臣秀吉政権下の出来事と東日本大震災との間のどこかに、少なくとも「現在と連続する過去」と「現在と切断された過去」を分ける境界点が存在すると感じる人がいるかもしれません。あるいは、その境界点はこの間には存在せず、１５８６年よりもはるか遠くの過去に存在すると感じる人もいるかもしれません。災害履歴に対するこのような時間感覚の差異が生まれる背景や要因に、議論の焦点を当てたいということです。

このような時間感覚について、たとえば古橋信孝氏は、より具体的に、現在ある共同体（原型的な村落共同体）の認識し得る時間の範囲としてはせいぜい「現在の老人の2世代前まで」[3]としており、それ以上さかのぼる時間（老人の世代から3世代以上前）については現実の体験として認識し得ないものである、ととらえています（図3―2）。なお、この言及は古代の神話にみられる記述の分析から見出された知見に基づくものですが、ある程度以上の時間を隔てた出来事に対して人々は現実感を持ちにくいという傾向に関する言及は、現代においても同様に見受けられることでもあります。たと

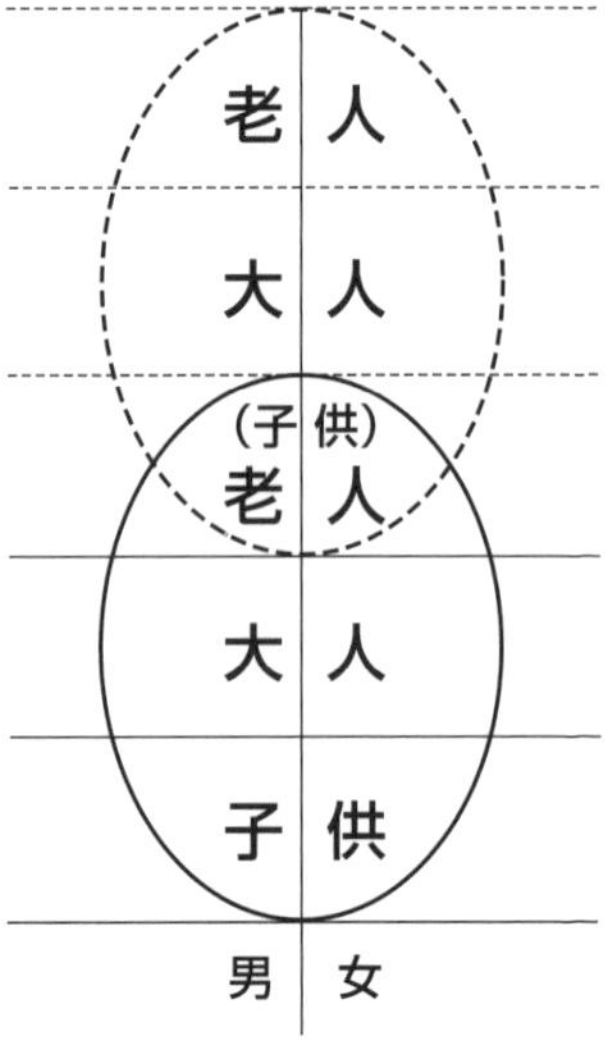

図 3-2　現在ある共同体の認識し得る時間の範囲（古橋 1979 より筆者作成）

えば畑村洋太郎氏は、「現在」に起きた出来事（失敗・事故・災害）の記憶は「個人は３年、組織は30年、地域は60年、社会は３００年、文化として１２００年」で消滅するという表現を用いています（図３―３）[4]。これは、逆にいえば、「個人は３年前、組織は30年前、地域は60年前、社会は３００年前、文化として１２００年前」に起きた出来事（失敗・事故・災害）を人々は現実感をもって受け止めることができないという主旨としても理解することができます。また、矢守氏は著書『防災のタイム・スケール――〈1年〉・〈10年〉・〈１００年〉の防災』において、もとより１００年（もしくは「人間の活動リズムとは遠くかけ離れた数千年、数万年」）という災害現象の周期（return period）を現実感を持って認識することは困難であることを前提としつつ、それに対する措置としての防災活動の創意工夫を多数提唱しています[5]。

１０００年という区切りの数字に関してさらに付け加えるならば、たとえば北原糸子氏は著書『日本震災史――復旧から復興への歩み』（ちくま新書、２０１６年）[6]の冒頭で、「忘れ去られていた過去の災害」の一つとして１０００年以上前の８６９（貞観11）年に発生した貞観地震（１１４８年前）に触れると同時に、それとの対比として「史都多賀城防災・減災アーカイブ『たがじょう見聞憶』」（補

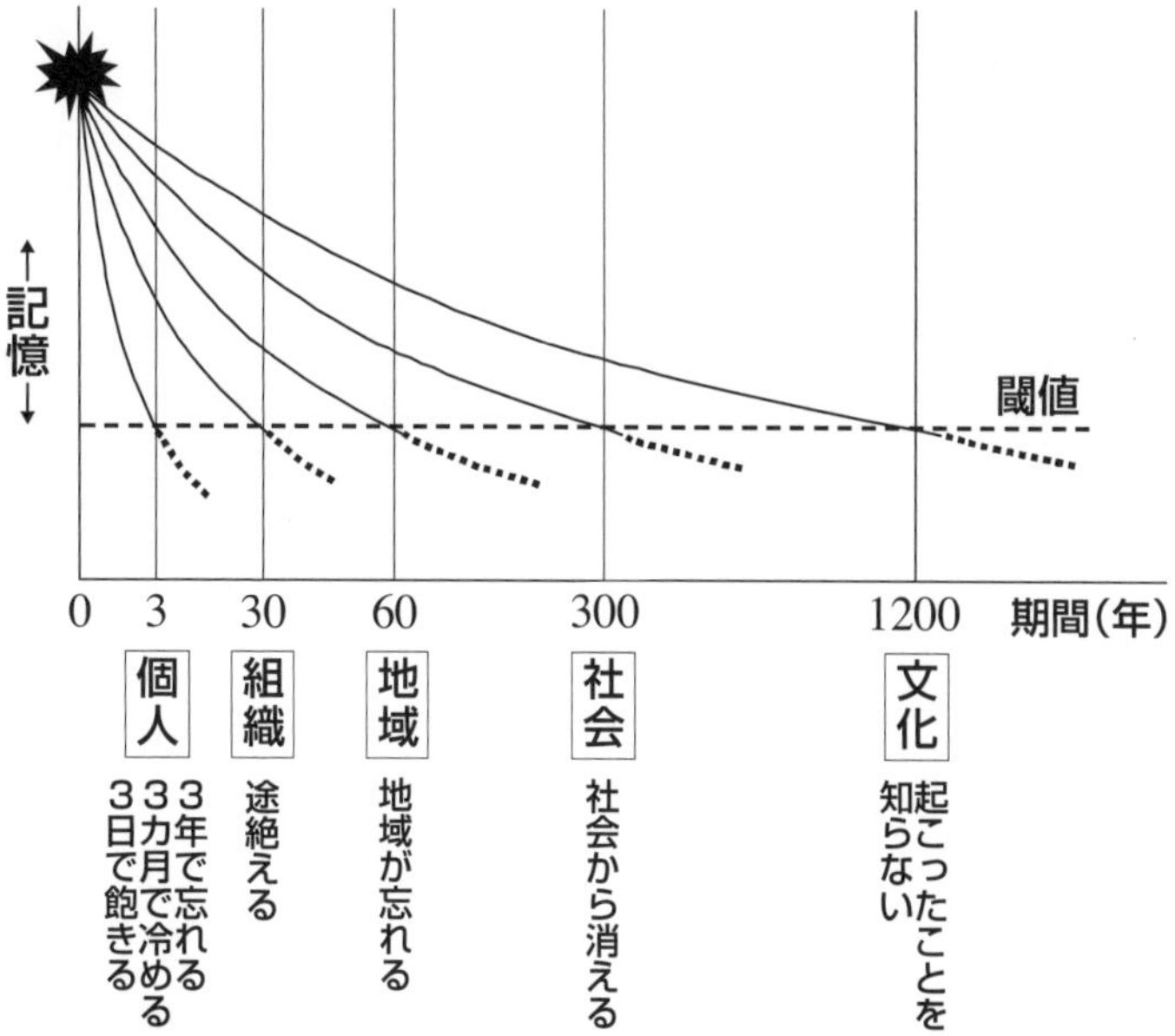

図 3-3　記憶消滅の法則性（畑村 2011 より筆者作成）

表 3-1　第３章における論点

<table>
<tr><td>論点 1</td><td colspan="4">災害履歴の時間的隔たりの拡大にともなう現実感の減衰傾向</td></tr>
<tr><td rowspan="4">論点 2</td><td rowspan="4">災害履歴を参照することに対する態度</td><td rowspan="2">(a) 個人の成熟度による差異</td><td rowspan="2">作業仮説 a</td><td>若年期の個人においては、災害履歴を参照することには消極的</td></tr>
<tr><td>中年期以降の個人においては、災害履歴を参照することには積極的</td></tr>
<tr><td rowspan="2">(b) 社会の成熟度による差異</td><td rowspan="2">作業仮説 b</td><td>非先進国の社会においては、災害履歴を参照することには消極的</td></tr>
<tr><td>先進国の社会においては、災害履歴を参照することには積極的</td></tr>
</table>

注1）にも触れ、「伝えよう『千年後』の未来へ」というキャッチフレーズから「（東日本大震災を）再び忘れることがないように、社会の記憶として留めていこうという強い意志」が読み取ることができると述べています。

これは、（畑村氏[4]が言及する）1000年以上前の出来事を私たちの社会や文化が現実感を持って認識し続けることは難しいということを、そして（矢守氏[5]が言及する）1000年という時間経過は人間の活動リズムとは遠くかけ離れたものであることを、貞観地震という一つの災害履歴が奇しくも証明しているかのようです。

このような既往の知見に立脚するならば、少なくとも現在からの時間的な隔たりが大きくなるにつれて、その災害事象に抱く主観的な現実感は徐々に減衰していくものと思われます。この点を「論点1：災害履歴の時間的隔たりにともなう現実感の減衰傾向（表3―1上段）」として、以降でアンケート・データに基づき確認を行っていきます。

3　災害履歴を参照することに対する態度（論点2の提示）

ところで、前節までの議論は、「災害履歴の時間的隔たりにともなう現実感の減衰」という傾向が現に観測され得るという意味で、〝現象〟に重点を置いた議論であったといえます。そして、どのような属性や特徴を有する個人や社会が、より遠い過去の災害履歴に対しても現実感を持って認識しやすいのかなどの知見は、興味深い論点の一つではあります。しかし、「なぜ、過去の災害履歴を参照するのか」という点に立脚するとき、さらには「過去の災害履歴を、どのような態度で参照するのがより望ましい

表 3-2　ポスト・フェストゥム的価値観とアンテ・フェストゥム的価値観

<table>
<tr><th colspan="2"></th><th>[1]
ポスト・
フェストゥム的
価値観</th><th>[2]
アンテ・
フェストゥム的
価値観</th></tr>
<tr><td colspan="2">[A]
過去に対する態度</td><td>[1A]
過去拘泥的。過去にこだわる。</td><td>[2A]
過去分断的。過去にはこだわらない。</td></tr>
<tr><td colspan="2">[B]
未来に対する態度</td><td>[1B]
過去のつつがない延長（十分に予定され準備されたもの）として未来を確保しようとする。</td><td>[2B]
圧倒的に未知なるもの。あらゆる可能性に満ちている。</td></tr>
<tr><td rowspan="4">備考</td><td>過度に先鋭化したときの精神病理学上の症状</td><td>鬱病。中年期以降の個人に多い。</td><td>統合失調症。若年期の個人に多い。</td></tr>
<tr><td>防災対策</td><td>多くの先進国の防災対策のスタンスはポスト・フェストゥム的。</td><td>多くの非先進国の防災対策のスタンスはアンテ・フェストゥム的。</td></tr>
<tr><td>災害履歴を参照することへの予想される態度</td><td>積極的</td><td>消極的</td></tr>
<tr><td>災害履歴への関心持続期間に予想される傾向</td><td>長い</td><td>短い</td></tr>
</table>

といえるのか」という議論にも立ち入ろうとするとき、前述のような「過去に対する態度」という〝現象〟の考察のみに終始するのは不十分であるように思われます。このような「過去に対する態度」のあり方を考察するに際しては、矢守氏が展開する「防災の時間論」[7]がそうであるように、そこでは同時に「未来に対する態度」に関する考察もあわせて行うことが肝要であると思われます。

「防災の時間論」は、木村敏氏が精神病理学的思索に基づいて提起した「アンテ・フェストゥム」と「ポスト・フェストゥム」という概念[8]を基軸に、それを防災研究分野に矢守氏が慎重かつ大胆に適用・拡張を試みたものです。ここでは、個人や社会の「過去に対する態度」のみならず「未来に対する態度」が対となって議論が展開されています。その要点を簡潔にまとめと、表3―2のようになります。

このうち、「ポスト・フェストゥム」的な価値観に偏する個人や社会は、未来を「真正の未知として ではなく、過去のつつがない延長（十分に予定され準備されたもの）」として確保しようとする傾向（表3―2の［1B］）が強く、それ故、過去の出来事や秩序を重んじる傾向（表3―2の［1A］）が強く認められるとされます。いまだ来ない未来の出来事に対して、事前からコツコツと用意周到に備える（一見して真面目で几帳面な）姿がこれに相当するといえます。

しかし、木村氏によると、このような価値観が過度に先鋭化すると、何らかのアクシデントによってそのつつがなさが奪われた場合「取り返しのつかないことになった」という思いに陥り、鬱病的な症状となる可能性が高いとしています。鬱病の発症は若年期というよりはむしろ中年期以降に多いという木村氏の指摘を踏まえ、矢守氏は、それを「中年期の社会」である先進諸国になぞらえて、先進諸国の防災施策は「ポスト・フェストゥム」的価値観に基づくものが多くを占めると指摘します。これをここでの議論に照らし合わせると、「ポスト・フェストゥム」的価値観が強い個人や社会は「災害履歴を参照すること（すなわち表3―2の［A］）」には積極的であり、その傾向は特に中年期以降の個人や先進諸国の社会において顕著となることが演繹される、ということになるものと思われます。

一方、「アンテ・フェストゥム」的な価値観に偏する個人や社会では、揺らぎのない過去が確定できておらず（過去の積み重ねとしての自己が、自明で安定したものとなっておらず）（表2―2の［2A］）、それ故、未来を「これまでのつつがない延長」としてとらえることができず、未来を「圧倒的に未知なるもの（あらゆる可能性に満ちたもの）」として認識する傾向（表3―2の［2B］）が強いといいます。

木村氏は、このような価値観が過度に先鋭化すると、確固たる実績や根拠に乏しいにもかかわらず、支離滅裂に過大な未来像を語りはじめるなど、統合失調症を発症する可能性が高いとします[8]。統合失調症の発症は若年期に多いという木村氏の指摘を踏まえ、矢守氏は、それを「若年期の社会」である開発途上国になぞらえて、開発途上国の防災施策には「アンテ・フェストゥム」的価値観に基づくものが多くみられると指摘します[7]。これをいままでの議論に照らし合わせると、「アンテ・フェストゥム」的価値観に偏した個人や社会は「災害履歴を参照すること（すなわち表3―2の［A］）」には消極的であり、その傾向は特に若年期の個人や開発途上国の社会において顕著となることが演繹されることになると思われます。

なお、ここでの開発途上国という表現は、矢守氏による「多くの開発途上国の社会が『ポスト・フェストゥム』的には構成されていない、あるいは、少なくとも先進諸国ほど『ポスト・フェストゥム』性が強くない」という言及からも明らかなように[7]、厳密に開発途上国に限定するというよりは、先進諸国との対比のもとで中進国や新興工業国などを含めた「非先進国」を指すものと理解されます。このことから、第3章ではこれを「非先進国」と表記することとします。

以上の内容をあらためて「論点2：災害履歴を参照することに対する態度」として整理すると表3―

表3-3　調査概要

	日本調査	タイ調査
実施時期	2013.12.18 ～ 2013.12.25	2013.1.28 ～ 2013.2.5
対象地域	全国	バンコク市内
	インターネットリサーチ会社（楽天リサーチ）が保有するモニターリストに基づき、各対象地域の性別・年代別人口構成比の実態にできるだけ即するよう割付サンプリング。	
回答方法	インターネット画面での回答入力	
回収数	1000票	400票
分析で用いる有効回答数	469票	400票

1の下段のようにまとめられます。

以降のアンケート・データに基づく考察では、これらの各論点の検証を行っていきます。

4　検証の手続き

第3章では、前節で整理した表3―1の各論点に関して、アンケート調査データによる検証結果を紹介します。この検証に用いるデータには、「災害履歴に対する時間感覚」をとらえる設問が備わっていることはもちろんのことですが、あわせて、そこで把握された回答者の時間感覚について、個人の成熟度（年齢など）の差異や、社会の成熟度（先進国か非先進国か、など）の差異による比較分析が可能となっていることが求められます。検証作業に用いる調査データの概要は表3―3から表3―5に示すとおりであり、以下に述べるように、おおむねそこで求められる要件は満たされているものと思われます。

調査対象地は日本とタイの2か国であり（補注2）、両国で同一内容の質問を用いていることから、両国の比較分析が可能となっています。無論、この2か国間の比較のみをもって、社

表 3-4　回答者の基本属性（1）

			日本調査		タイ調査	
性別		男性	237	(50.5%)	199	(49.8%)
		女性	232	(49.5%)	201	(50.3%)
年齢		20 歳未満	31	(6.6%)	15	(3.8%)
		20 歳代	63	(13.4%)	120	(30.0%)
		30 歳代	91	(19.4%)	99	(24.8%)
		40 歳代	103	(22.0%)	122	(30.5%)
		50 歳代	181	(38.6%)	44	(11.0%)
年収	日本［万円］	～ 200 未満	149	(31.8%)	―	―
		～ 500 未満	150	(32.0%)	―	―
		500 以上～	92	(19.6%)	―	―
	タイ［万 THB］	～ 5 未満	―	―	117	(31.2%)
		～ 15 未満	―	―	91	(24.3%)
		15 以上～	―	―	167	(44.5%)
婚姻		未婚	281	(59.9%)	191	(47.8%)
		既婚	188	(40.1%)	209	(52.3%)
同居人数（自分以外）		0 人	73	(15.6%)	18	(4.5%)
		1 人	121	(25.8%)	18	(4.5%)
		2 人	109	(23.2%)	72	(18.0%)
		3 人	84	(17.9%)	96	(24.0%)
		4 人	51	(10.9%)	91	(22.8%)
		5 人	25	(5.3%)	52	(13.0%)
		6 人以上	6	(1.3%)	53	(13.3%)

会の成熟度（先進国と非先進国）の差異による影響のすべてを一般論として結論づけることはできません。

また、そこで得られる集計値などは、先進国あるいは非先進国としての一般的・相対的な特徴以外にも、対象地域固有の文化や国民性などを色濃く反映したものであろうことは十分に想像されます。

しかし、「災害履歴に対する時間感覚」に関して、一般に先進諸国が有していると想定される特徴をタイは日本ほどには強く有していない、あるいは、一般に非先進諸国が有していると想定される特徴をタイほどには強く日本は有し

表 3-4　回答者の基本属性（2）

		日本調査		タイ調査	
家屋形態	持家	339	(72.3%)	290	(72.5%)
	借家・賃貸	125	(26.7%)	73	(18.3%)
	その他	5	(1.1%)	37	(9.3%)
職業	会社員	184	(39.2%)	193	(48.3%)
	公務員	18	(3.8%)	32	(8.0%)
	自営業	45	(9.6%)	67	(16.8%)
	専業主婦（主夫）	82	(17.5%)	17	(4.3%)
	学生	41	(8.7%)	60	(15.0%)
	無職	38	(8.1%)	4	(1.0%)
	その他	61	(13.0%)	27	(6.8%)
自宅での洪水経験回数	なし	353	(75.3%)	84	(21.0%)
	1度あり	93	(19.8%)	138	(34.5%)
	複数あり	23	(4.9%)	178	(44.5%)

ていないという理解が、それぞれ一定程度に妥当性を持っているならば、この2か国間の比較分析によってもたらされる知見から、少なくともその一部を垣間見ることは可能でしょう。とりわけ、「日本を含む先進諸国の防災実践は、基本的に〈ポスト・フェストゥム〉的」[7]であるとの理解に立脚するならば、それとの比較対象としてのタイの位置づけは、ここでの議論の主旨を大きく逸脱するものではないはずです。

なお、タイ調査においては、2011年の大洪水時の様子などを含め、すべての設問は「洪水」を対象とした内容となっています。日本調査では、冒頭で「自宅で最も関係の深い災害の種類」を挙げてもらい、それ以降の質問ではその災害種類についての回答を要請しています。日本調査とタイ調査で同一の災害種類を対象に分析を行う都合上、日本調査に関しては「自宅で最も関係の深い災害の種類」として「洪水」を挙げた469人を有効回答として扱うこととします。回答者の基本属性は表3―4（の⑴と⑵）に示すとおりであり、個人の成熟度（年齢）が異なることによる差異につい

表 3-5 「災害履歴に対する時間感覚」の把握に用いる設問

質問文	今後もし引越することがあったとして、いざ自分の居住地を決めようというときに、自分はその地の過去の災害履歴をどの程度まで気にすると思いますか。最もあてはまると思うもの１つを選んで下さい。
回答選択肢	○過去の災害など気にかけないと思う
	○だいたい１年くらい前までの災害は気になるが、それよりも昔の災害は気にしないと思う
	○だいたい２年くらい前までの災害は気になるが、それよりも昔の災害は気にしないと思う
	⋮
	○だいたい 200 年くらい前までの災害は気になるが、それよりも昔の災害は気にしないと思う
	○だいたい 500 年くらい前までの災害は気になるが、それよりも昔の災害は気にしないと思う
	○それよりも昔の災害のことも気になると思う

ても比較分析が可能となっています。

「災害履歴に対する時間感覚」の把握にあたって、ここで用いる調査では、表３―５に示すような調査項目への回答反応により把握を試みています。回答者には、「未来」の災害リスクの程度を見積もることが暗に要請される「今後もし引越することがあったとして、いざ自分の居住地を決めようというとき」という前提条件のもと、そこで「過去」に起きた災害の履歴をどの程度参照する意向を有するのか（災害履歴への関心持続期間）が把握される設計となっています。つまり、ここで把握される「災害履歴への関心持続期間」の長・短は、「ポスト・フェストゥム」的価値観の強・弱（「アンテ・フェストゥム」的価値観の弱・強）（表３―２の［1］～［2］）を「過去に対する態度」という断面（表３―２の［A］）から観察するものとなっているといえます。

なお、調査では、表３―５のとおり、「過去に起きた災害事象の現在からの時間的な隔たり（これをD（年）と表記します）」を複数の選択肢（D＝0、1、2、3、5、7、10、20、50、100、200、500、∞（無限））として提示するかたちとなっています。

次節以降では、この調査データの集計結果を基軸として、表3―1で示した各論点に関する検証を試みます。

5 各論点の検証

① 対象国別にみる災害履歴に対する時間感覚

調査にて選択肢として提示されたD（年）を横軸にとり、そのD（年）までの災害が「気になる」とした回答者の累積割合を縦軸にとり、それを対象国別にプロットしたものが図3―4です。黒丸（●）が日本での集計値を、白三角（△）がタイでの集計値を、それぞれ示しています。なお、横軸Dの値が一定以上大きい領域においてはグラフ形状として大きな変化が見受けられなかったことから、ここではDの範囲を50年までとして描画しています。

これらによれば、まず、現在からの時間的な隔たりが大きくなるにつれて、その災害事象について抱く関心が徐々に減衰していくという「論点1：災害履歴の時間的隔たりの拡大にともなう現実感の減衰傾向」の存在について、日本とタイの両国サンプルにおいて明瞭に確認することができます。

さらには、日本の集計値が上方に布置し、タイの集計値が下方に布置しているという差異も明瞭に読み取ることができます。たとえば、タイ調査ではおおむね5年（D＝5）足らずで関心を示す回答者の

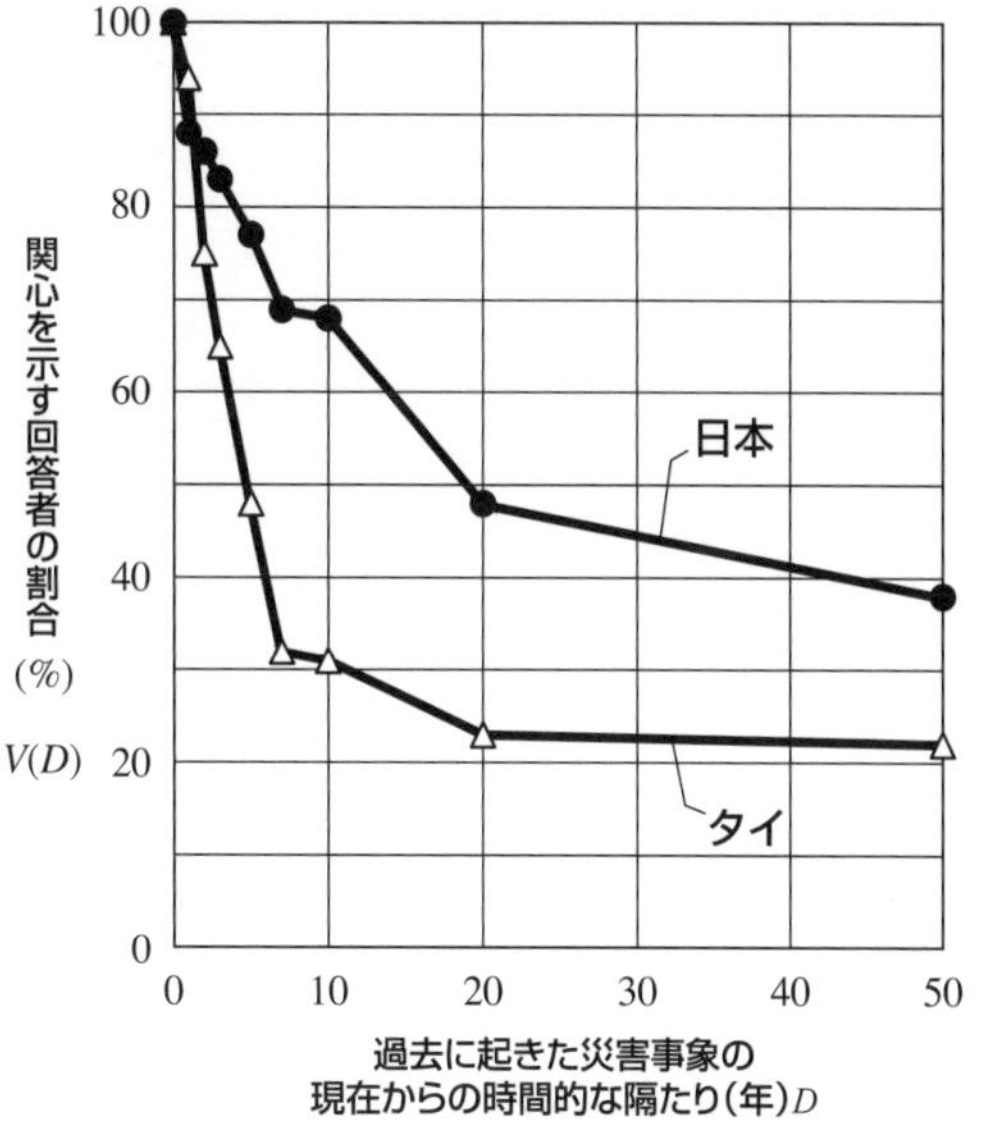

図 3-4　災害履歴への関心持続期間（国別）

割合が半減する（V（D）＝0・5を下回る）のに対して、日本調査で関心を示す回答者割合が半減する（V（D）＝0・5を下回る）のは約20年（D＝20）程度となっており、その差は約15年にも及んでいます。同様の見方で、タイ調査ではおおむね5〜7年（D＝5〜7）の段階ではすでに関心を示す回答者割合が40％（V（D）＝0・4）を下回っているのに対して、日本調査ではそれはおおむね40〜50年（D＝40〜50）となっており、ここでの差は約33〜45年に至ります。総じて、タイ調査よりも日本調査の回答者のほうが、災害履歴への関心持続期間は大幅に長いといえるでしょう。

先進国の一事例としての日本と、非先進国の一事例としてのタイを前提とするると、このような集計結果から、「論点2：災害履歴を参照することに対する価値観」のうち、表3―1の「(b)社会の成熟度による差異」に関する作業仮説bについて、それをおおむね支持する結果が得られたといえるでしょう。

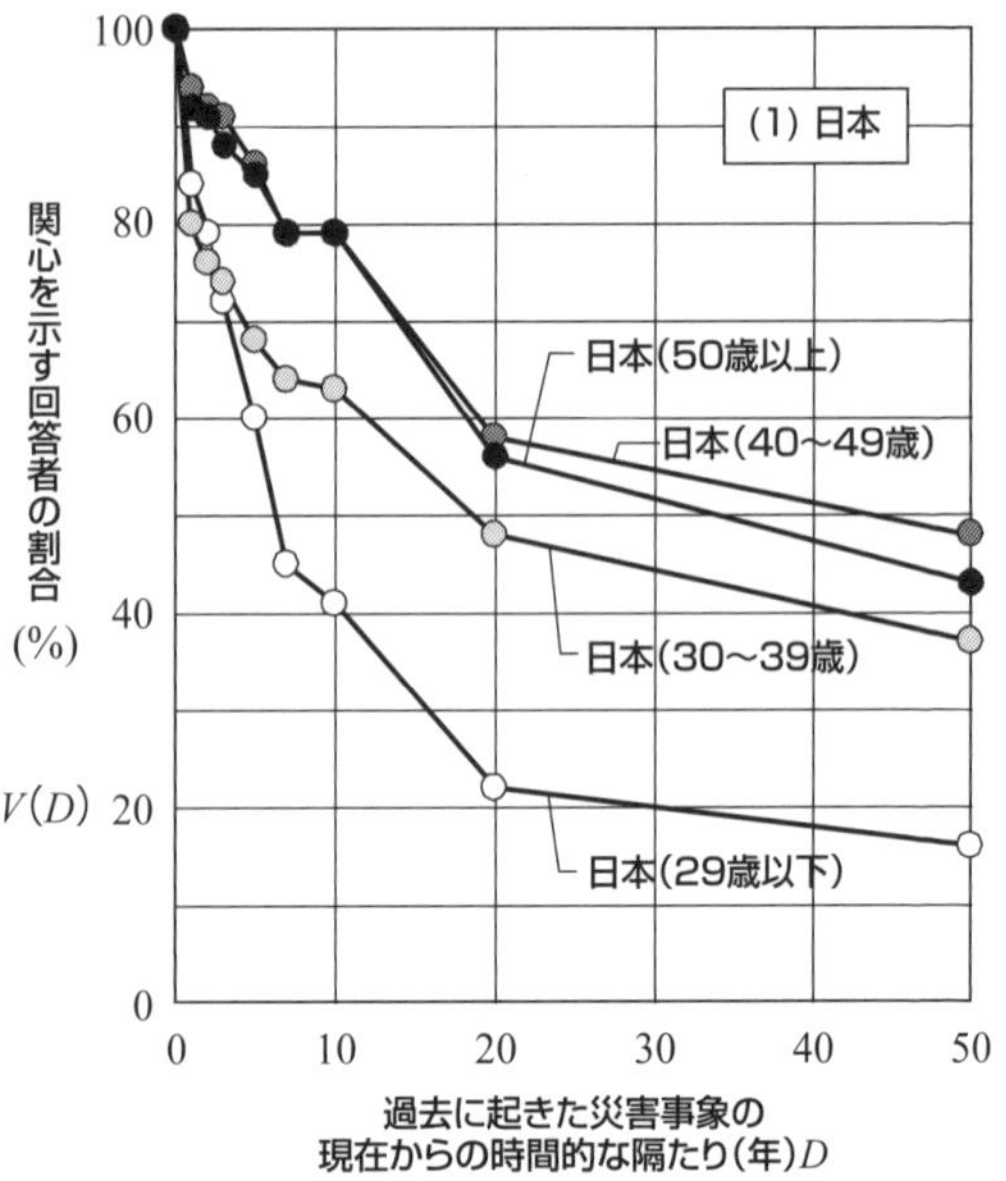

図 3-5　災害履歴への関心持続期間（年齢別・日本）

②年齢別にみる災害履歴に対する時間感覚

同様に、個人の成熟度の差異がもたらす影響を確認するために、回答者の年齢（4カテゴリ）別に、対象国それぞれごとにプロットしたものが図3―5および図3―6です。丸が日本での集計値を、三角がタイの集計値を示しているのは図3―3、図3―4と同様ですが、その彩色により「白色：29歳以下」「薄い灰色：30～39歳」「濃い灰色：40～49歳」「黒色：50歳以上」の回答者を示しています。ここでは、判読しやすいよう、日本調査の集計値を図3―5に、タイ調査の集計値を図3―6に、それぞれ分けて示しています。

これによると、図3―6に示すタイ調査では、年齢が異なることによる若干のばらつきはあるものの、その影響は明瞭ではありません。しかし、一方の図3―5に示される日本調査においては、中年期以降の回答者に比して、若年層の回答が大幅に下方に布置していることが明瞭に見て取れます。このことから、「論点2：災害履歴を参照することに対する価値観」のうち、表3―1の「ⓐ個人の成熟度による差異」に関する作業仮説aについては、

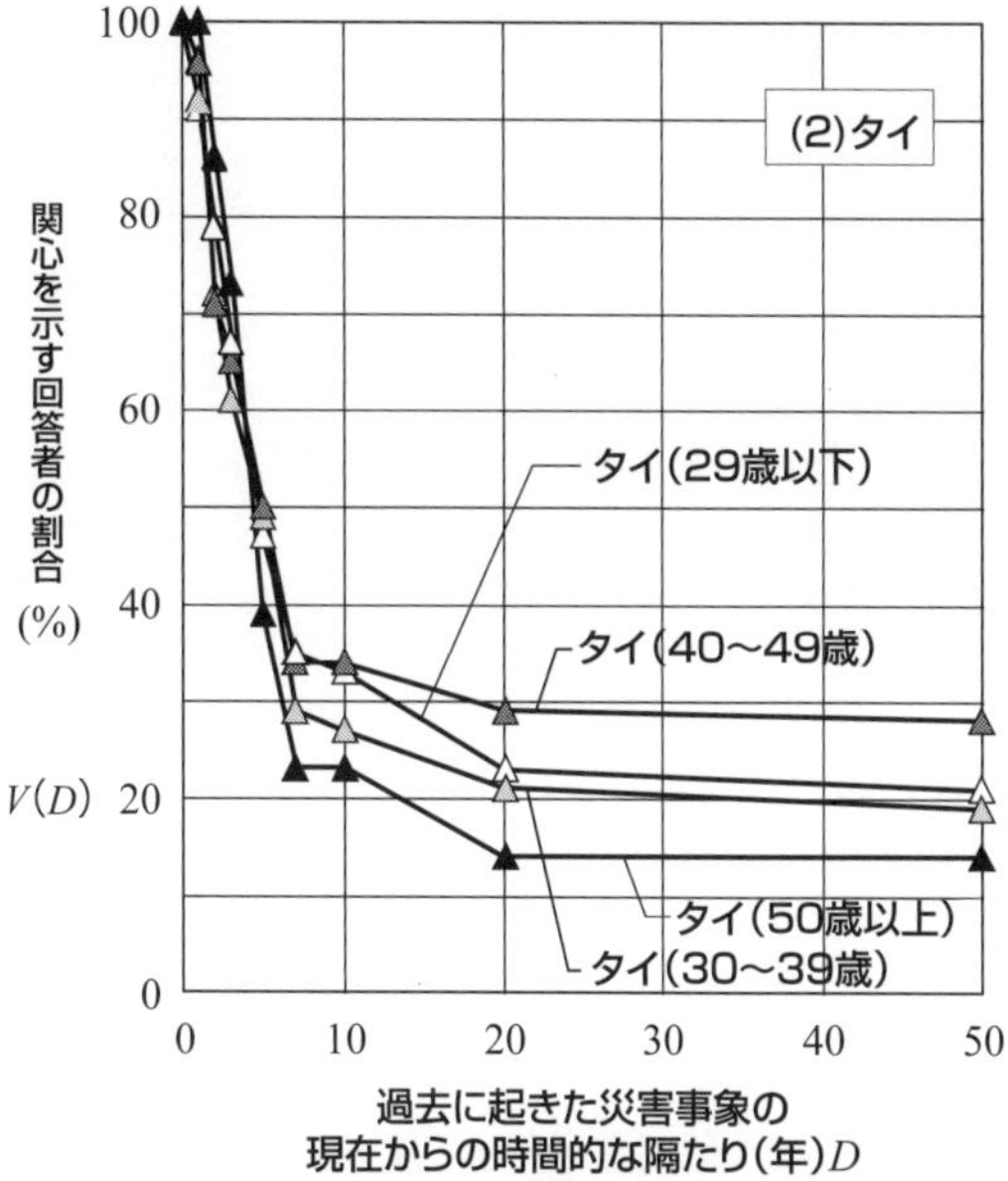

図 3-6　災害履歴への関心持続期間（年齢別・タイ）

日本調査においてのみ、それを支持する結果が得られたといえるでしょう。

タイ調査において年齢による差異が明瞭でないことの要因を調査結果のみから推定することは難しく、これは今後の課題です。しかし、ここからうかがわれる傾向は、どの年齢層の個人でも、およそ10年を超える過去の災害が大きな関心事として話題にされることは、おそらくタイでは稀であるという実状です。

これに対して日本調査では、中年期以降の回答者において長期にわたって関心が持続される傾向が顕著であり、たとえ20～50年前の災害であったとしても約50％程度の割合で高関心の状態が維持され得る可能性が示されています。

一方の若年期の回答者においては、20～50年前の災害を大きな関心を持ってとらえる可能性は極めて低くなっています。たとえば、阪神・淡路大震災は本調査実施時点の２０１７年を基準とすると22年前の災害ですが、中年期以降の個人はこれを高い関心をともなって「現実」の出来事としてとらえているのに対して、若年期の個人では、それはもはや「現実」の出来事ではなく「虚構（昔話）」としての受容に留まる可能性が高いということになるわけです。これを中年期以降の個人へと語り継ごうとしたとき、そこに大きなリスク・コミュニケーション・ギャップが生じることは否めません。

関心のある者が関心のない者に対し、如何にして教訓を継承していくのかという方法論は、別途議論を要するものと思われます。

③洪水経験回数別にみる災害履歴に対する時間感覚

前項では、「年齢」を個人の成熟度を示す代理指標として集計および考察を行いました。しかし、仮に「年齢」としては若年期にある個人であったとしても、すでに多数の洪水経験を有しているような場合にあっては、その個人の災害に対峙する姿勢は十分に成熟しているととらえることもできるでしょう。そこでここでは、災害に関する個人の成熟度の代理指標として「洪水経験回数」を用いて、再度、「論点2」の「ⓐ個人の成熟度による差異」について考察を加えます。

図3−7は、図3−4から図3−6と同様の記載方法にて回答者の洪水経験回数別にプロットしたものです。彩色は、「白色：洪水経験なし」「灰色：洪水経験1度だけ」「黒色：洪水経験複数あり」の回答者を示しています。これによると、日本およびタイの両国において、以下のような特徴的な傾向を読み取ることができます。

前項までの調査結果によると、日本における災害履歴への関心持続期間は、タイのそれよりも圧倒的に長い傾向を示すものでした。ここに、先進国の日本と、非先進国のタイという位置づけをするならば、日本が有する災害に対する基本スタンスは相当程度「ポスト・フェストゥム」的価値観であり、

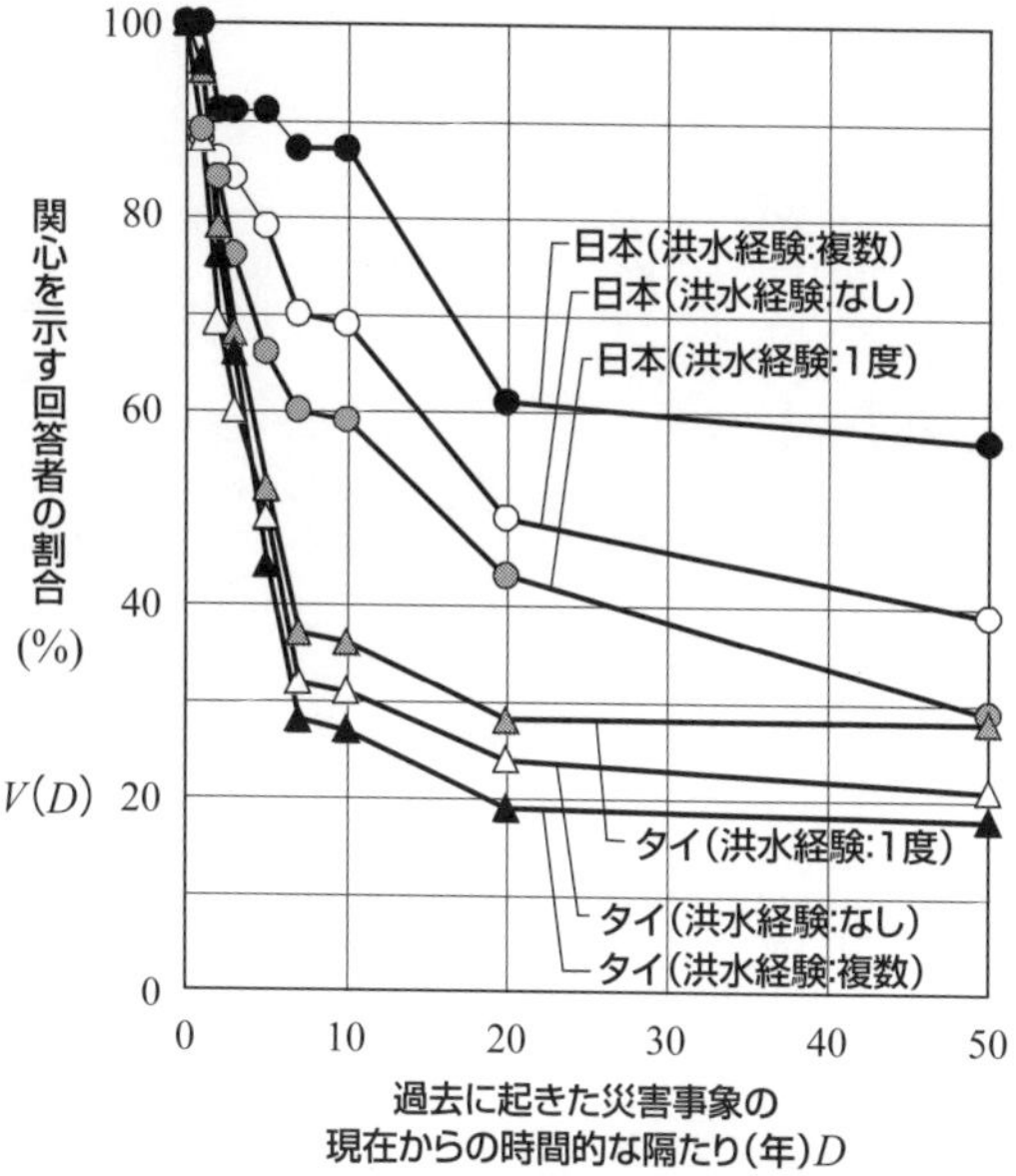

図 3-7　災害履歴への関心持続期間（国別・洪水経験回数別）

それとは対照的に、タイの災害に対する基本スタンスは相当程度「アンテ・フェストゥム」的価値観でした。そして、図3―7においては、日本の回答者に関しては、「日本（洪水経験：なし）」の回答者を基準としてみたとき、洪水経験を「1度だけ」有することは、本来有していたであろう「ポスト・フェストゥム」的価値観を軟化させる方向で作用していることが確認されます。しかし、洪水経験を繰り返し「複数」有すること（つまり成熟すること）は、そこから、本来有していたであろう「ポスト・フェストゥム」的価値観をさらに先鋭化・極化させる方向で作用していることが見て取れます。

タイの回答者における傾向はその真逆です。すなわち、「タイ（洪水経験：なし）」の回答者を基準としたとき、洪水経験を「一度だけ」有することは、本来有していたであろう「アンテ・フェストゥム」的価値観を軟化させる方向で作用していることが確認されます。しかし、洪水経験を繰り返し「複数」有すること（つまり成熟すること）は、そこから、本来有していたであろう「アンテ・フェストゥム」

的価値観をさらに先鋭化・極化させる方向で作用していることが見て取れます。

表3—1では、「論点2」の「ⓐ個人の成熟度による差異」に関して、より単純に、成熟度が増すと災害履歴を参照することに積極的になる（関心持続期間は長くなる）ことを作業仮説として措定していました。しかし、ここでみたように、個人の成熟度を「洪水経験回数」としてとらえた場合、その影響は、作業仮説のように一方向的な単純なものとして表出するのではなく、その個人が準拠する社会が「アンテ・フェストゥム」的価値観に傾倒しているのか、それとも「ポスト・フェストゥム」的価値観に傾倒しているのかによって、その価値観をより先鋭化・極化させる方向で対称的に現れている点が興味深く思われます。その影響の現れ方は、「態度の極化現象（そのことについて考える機会や時間が多いほど、あらかじめ保持していた態度がより極端なものとなる傾向・現象）」[9,10,11]に沿うかのように、いわば「経験の繰り返しによる態度の極化現象」とも称すべき傾向の存在を示唆するものといえるでしょう。

これまでにも、「災害経験による影響」に関しては数多くの指摘がありました。たとえば、筆者と片田氏[12]や、中森広道[13]、中村功[14]、加藤健[15]、吉井博明[16]の各氏など、多数の指摘が見受けられますが、それらの議論は総じて「経験の逆機能・順機能」の文脈での指摘に留まっていたといえます。過去に災害経験を有することによって望ましい（とされる）災害対応行動が促進されることは「経験の順機能」と呼ばれます。一方、過去に災害経験を有することによって逆に望ましい（とされる）災害対応行動が抑制・阻害されることは「経験の逆機能」と呼ばれます。逆機能をもたらす災害経験の内容には、たとえば、被害が軽微ですんだ経験や被害を免れた経験などが典型例として挙げられます。

このような従来までの「経験の逆機能・順機能」の文脈に留まる指摘に対して、ここで示された「経験の繰り返しによる態度の極化現象」とも称すべき傾向は、そこに新たな視点からの議論の可能性を付与するものであるといえるでしょう。

6　災害履歴に対する時間感覚のあり方に関する一考察

ここまでで得られた検証結果から、災害履歴に対する時間感覚は如何にあるべきか（災害履歴に対するどのような時間感覚が望ましいといえるのか）という、ある種の指針を考察するうえでは、以下のような補足を要するものと思われます。

たとえば木村氏[8]および矢守氏[7]の言及においてもそうであったように、第3章においても、「ポスト・フェストゥム」的価値観と「アンテ・フェストゥム」的価値観のどちらか一方がより望ましく、どちらかがより劣ったものである、などと主張するものではありません。そのどちらとも「われわれのだれもが持っているそれ自体異常でもなんでもない存在の意味方向」なのであり、種々の問題の発症を危惧するのは「全体の均衡を破って極端に偏った事態」に陥るときです[8]。このことを矢守氏は、「ふつう、多くの人びとが、統合失調症や鬱病を発症しないのと同様、通常の社会では、これら二つの方向性は先鋭化することなくマイルドなかたちで両者が均衡しそのバランスの上に立って」日常社会が構成されている、と表現しています[7]。すなわち、より望ましい状態とは、「ポスト・フェストゥム」的価値観と「アンテ・フェストゥム」的価値観のどちらか一方へ過度に偏向したり先鋭化したりした状態ではなく、少なくとも、その両者が適度なバランスをもって「均衡」した状態のことを指すといえます。

しかし、ここでいう「適度なバランスをもった均衡状態」とは、ただ単純に「ポスト・フェストゥム」的価値観と「アンテ・フェストゥム」的価値観の中間の状態ということではありません。災害履歴を参照することに対する態度に関しても、その望ましい状態とは、たとえば図3―4から図3―6の日本調査とタイ調査の結果のちょうど中間付近を指すということでもないでしょう。この点については、以下のような補足を要するものと思われます。

①日本調査

もとより、「ポスト・フェストゥム」的価値観に基づく「過去にこだわる」態度（表3―2の［1A］）、つまり、過去の出来事をしっかりと見極めようとする態度それ自体は、たとえば前述の磯田氏[2]や北原氏[6]などがそうであったように、先鋭化・極化したところで、けっして否定されるべきものではないと思われるのです。ここまで焦点を当ててきた「過去に起きた災害の履歴を参照する」という行為もこれと同様です。一般に、このような態度や行為は、未来を「過去のつつがない延長」として確保（表3―2の［1B］）しようとする態度と、本来的に一定程度、親和性が高いものであることも事実です。この［1A］が［1B］と強固に対を成したままに過度に先鋭化・極化するとき、木村氏と矢守氏が指摘する「鬱病」的症状として破綻が懸念されるのです[8,7]。しかしながら、前述の磯田氏や北原氏などのような「過去」への徹底したこだわりや集中的な取り組み（［1A］）から同時にみえてくるものは、未来を「過去のつつがない延長」として確保しようとする志向性（［1B］）というよりは、［1B］」が如何に困難であるのかを自覚する姿勢、すなわち、「未来を圧倒的に未知なるもの」ととらえる姿勢である［2B］といえます[2,6]。とりわけ、磯田氏の「自然に対する人間の小ささを謙虚に自覚せねばならぬであろう」という言及[2]あるいは北原氏の「過去を振り返ることでなにかすぐに答えがみつかるわけでもない。それは、確かにその通りなのだ」という言及[6]などからは、彼らは過去に

表3-6　「諦観」の辞書的定義（飯牟礼2008）

広辞苑（第6版） 【1】入念にみること。諦視。 【2】明らかに真理を観察すること（仏教用語）。 【3】あきらめること。
大辞林（第2版） 【1】全体を見通して、事の本質を見きわめること。 【2】悟りあきらめること。超然とした態度をとること。
大辞泉（増補新装版） 【1】本質をはっきりと見きわめること。諦視。 【2】あきらめ、悟って超然とすること。

対する徹底的な「洞察」の作業を数々こなしたにもかかわらず、それと対極を為すかのような、未来に対する謙虚な「諦め」にも似たニュアンスの同居が感じ取られるのです。

このようなスタンスは、たとえば飯牟礼悦子氏などが指摘する「諦観」という概念[17]に通じるものであるように思われるのです。

飯牟礼氏は、「諦観」とは、表3―6にも示したように、「諦観」の一般的イメージである「諦める」という消極的な語義も含むものの、それはニュアンスとしてはむしろ弱く、入念に物事を「観察」したり「見通す」「見極める」という「物事を明らかにする」という語義が第一義的にあるとします。これはまさしく、前述の「過去の出来事をしっかりと見極めようとする態度」そのものです。また、「諦観」という言葉には、「悟る」という意味が含まれていることから、諦めたあとの新たな心理的な変化を示しており、単純に「諦めて何もしない（しなくなる）」という消極的な態度ではないことが含意されているといいます。つまり、辞書的にいうと「諦観」とは、「諦め」という意味以上のものを含む、より積極的な概念なのです。表3―2の表現を用いれば、「諦観」とは［1A］と［2B］

とが同居した状態ということになるといえます。

第3章で焦点を当てた「過去に起きた災害の履歴を参照する」という行為に関していえば、日本調査の回答者の多くは［1A］に傾倒する傾向にあり、災害経験の繰り返しによりそれがさらに先鋭化・極化する傾向も示されました。この［1A］が先鋭化・極化したとき、それと同時に［1B］も先鋭化・極化するとするならば、それは単に「ポスト・フェストム」的価値観が先鋭化・極化した状態に過ぎず、けっして好ましい状態とはいえません。そうではなくて、この［1A］が徹底的に先鋭化・極化したとき、前述の磯田氏や北原氏などのように、それが［1B］からの脱却を促して［2B］へと到達する（すなわち「諦観」の状態）とするならば、それは真の意味で健全な「目指すべき（望ましい）災害履歴に対する時間感覚」ということができるのではないでしょうか。

なお、日本調査において確認されたことはあくまでも「過去に対する態度」が［1A］的であるという点のみであり、日本調査のサンプルの多くがこの「目指すべき（望ましい）災害履歴に対する時間感覚」と合致しているのか否かを見極めるには、さらに「未来に対する態度」が［1B］的なのか［2B］的なのかの検証が別途必要となるものと思われます。そして、もし現状の回答者の態度が［1A］［1B］であることが判明した場合、そのような態度が災害経験の繰り返しによってさらに先鋭化・極化されることはけっして望ましいことではありません。そこで画策されるべき方策（処方箋）は、「過去に対する態度」が「1A」のまま保持され続けることを必須の条件としつつ、「未来に対する態度」を［1B］から［2B］へと転換するのを促すための方策（処方箋）、ということになるでしょう（補注3）。

②タイ調査

逆の視点からも、同様の考察が可能であると思われます。もとより、「アンテ・フェストゥム」的価値観に基づく「未来を圧倒的に未知なるもの」ととらえる態度（［２Ｂ］）、つまり、未来について「想定にとらわれない（何が起きてもおかしくないと考える）」という態度それ自体は、たとえば片田氏が提唱する避難三原則の「第一原則：想定にとらわれるな」の理念[18]がそうであったように、たとえ先鋭化・極化したところで、けっして否定されるべきものではありません。一般に、このような態度は、何が起こるかまったく不明なのだから「過去など参照しても無駄である」（［２Ａ］）という態度と、本来的に一定程度、親和性が高いものであることが想像されますが、この［２Ｂ］が［２Ａ］と強固に対を成したままに過度に先鋭化・極化するならば、木村氏と矢守氏が指摘する「統合失調症」的症状としての破綻が懸念されるのです[8,7]。しかし、前述の片田氏による防災教育において、「未来を未知なるもの」ととらえる態度（［２Ｂ］）への徹底したこだわりや集中的な取り組みと同時に強調されていることは[18]、「ならば過去など参照しても無駄である」（［２Ａ］）という志向性、すなわち、来るべき災害を「不意打」のものとして迎える姿勢ではけっしてなく、その逆で、「せめて事前にでき得ることを最善の努力をもってすべし」という志向性、すなわち来るべき災害を「覚悟」を持って迎えようとする姿勢への転換でした。それは、片田氏の「相手は自然なのだから、どんなことだってあり得る。そういう事実に対して謙虚になって、そのうえで、私たちができる最善のことをやる。それが正しい姿勢でしょう」[18]との言及からも明らかに読み取ることができます。第３章で焦点を当ててきた「過去に起きた災害の履歴を参照する」という行為（［１Ａ］）も、「不意打」ちではなく「覚悟」のもとで「未知なる災害」を迎えるための最善の努力の一環として位置づけることができるでしょう。

そして、このような［1A］と［2B］が同居する状態は、前節と同様、「諦観」の理念と同義であるということもまた、いうまでもありません。

第3章で焦点を当てた「過去に起きた災害の履歴を参照する」という行為に関してあらためて触れると、タイ調査の回答者の多くは［2A］に傾倒する傾向にあることが前節までで確認されました。この［2A］的態度は根源的に［2B］的態度と親和的であるという理解に立てば、タイ調査サンプルの多くがこの「目指すべき（望ましい）災害履歴に対する時間感覚」を保持しているとは言い難く、そのような態度が災害経験の繰り返しによってさらに先鋭化・極化されることもまたけっして望ましいこととはいえないでしょう。そこで画策されるべき方策（処方箋）は、「未来に対する態度」が［2B］のまま保持され続けることを必須の条件としつつ、「過去に対する態度」を［2A］から［1A］へと転換し得る方策（処方箋）、ということになるといえます（補注3）。

7　まとめ

第3章では、災害履歴に関する時間感覚に焦点を当て、以下のような論点について検証を行いました。まず、「論点1：災害履歴の時間的隔たりの拡大にともなう現実感の減衰傾向」については、それを裏づける顕著な傾向が確認されました。日本調査の全体集計においては、約20年足らずで関心を持続する回答者の割合は半減、約50年でおおむね40％程度まで減少する結果となりました。とりわけ、タイ調査において、その減衰傾向はより顕著であり、約5年足らずで関心が持続する回答者の割合は半減する傾向があることが明らかとなりました。

また、「論点2：災害履歴を参照することに対する態度」に関して、社会の成熟度の観点からは、非先進国よりも先進国のほうが、災害履歴への関心持続期間がより長く保持される傾向が確認されました。同じく論点2に関して、個人の成熟度を「年齢」としてとらえた場合、中年期以降の個人よりも若年期の個人のほうが関心持続期間は短くなるであろうとの仮説は、タイ調査においては明瞭ではないものの、日本調査においては明瞭に確認されました。さらに、個人の成熟度を「洪水経験回数」としてとらえた場合、「経験の繰り返しによる態度の極化現象」とも称すべき傾向が存在する可能性が示唆されました。

これらの議論を踏まえ、第3章では、災害履歴に対する時間感覚のあり方に関する考察を深めました。「災害履歴を参照」する行為は、未来の災害リスクを「過去のつつがない延長」として固定的に確保しようとするための手段として先鋭化・極化するのは必ずしも望ましいとはいえません。あくまでも、未来を「未知なるもの」としてとらえる態度を基調としつつ、そのもとで過去を〝入念に見て本質を見極める〟ための努力を貫徹する態度（すなわち「諦観」）の一環として、「災害履歴を参照」する行為が積極的に営まれることが望ましいといえるでしょう。

このような態度形成を促すための方策（処方箋）を画策しようとする場合、その検討地域の対象者がどのような時間感覚（過去と未来に対する態度）を有しているのかをまずはしっかりと見極めることが肝要であるといえます。このことは、たとえば、二つの検証対象地域において必要とされる方策（処方箋）の方向性がまったく逆の異なるものであったことからも明らかでしょう。つまり、日本において有効とされる処方箋が、タイにおいても有効であるとは限らず、むしろ有害である可能性すらあり得る、ということです。また、その逆に、タイにおいて有効とされる処方箋が、日本では、むしろ有害である可能性すらあり得る、ということです。

第3章の冒頭での問いかけを再掲してみます。

B1：将来の災害リスクは不確実性だらけなのだから、過去にすがっても意味はない。
B2：将来の災害リスクの不確実性を減らすために、過去をできる限り参照すべき。

筆者の見解はB1ではなくB2に近いということになります。ただし、ここまでの議論を踏まえるならば、B2の選択肢に記載された内容のみでは表層的に過ぎ、不十分であるといわざるをえません。つまり、このままのB2であるなら、それは単に「ポスト・フェストゥム」的態度を体現しているに過ぎないからです。第3章での主張はそうではありません。すなわち、未来をあくまでも「圧倒的に未知なるもの」としてとらえる態度が備わっているならば、という前提条件をここに付記すべきということです。この前提条件を満たす状況においてのみ、過去を積極的に参照するという行為が健全に活かされるということです。すなわち「諦観」という姿勢のあり方です。第3章で最も主張したい要点がこの「諦観」という姿勢の重要性です。

なお、調査データに関して、以下のような課題を有していると認識しています。まず、「災害に対する時間感覚」のより厳密な把握のためには、「過去に対する態度」のみならず「未来に対する態度」とあわせた把握作業が望まれるということは前述のとおりです。また、論点1および論点2に関する検証に際して、災害履歴の規模の差異を明示的には取り扱っていないという点も今後の検討課題の一つとして認識しています。無論、同程度の時間的隔たりであれば、大規模災害のほうが小規模災害よりも、それに対して抱く主観的な現実感は大きくなることが想像されます。これと同様のことは第3章5の③の洪水経験回数についてもいえます。加えて、洪水以外の災害種類についての検証も興味深いといえます。今後は、このような災害規模や災害種類の差異による影響についても検証の幅を広げる必要があるといえるでしょう。

前述のとおり、第3章で用いた調査の対象地域は日本とタイの二国のみであり、この二国間の比較のみをもって社会の成熟度（先進国と非先進国）の差異による影響のすべてを一般論とすることは難しいでしょう。その議論を一般性を帯びたより確かなものとするためには、そのほかの国や地域を対象としたより多くの検証事例の報告が望まれるところです。

補注1：多賀城市：史都多賀城防災・減災アーカイブ「たがじょう見聞憶」（http://tagajo.irides.tohoku.ac.jp/index）（２０１7年5月19日閲覧）。

補注2：「日本」の先進国としての位置づけ、ならびに「タイ」の非先進国としての位置づけは、内閣府が発行する『世界経済の潮流２０１３年Ⅰ』の分類方法に拠りました。ここでは、「ＯＥＣＤ加盟国。ただし、一人当たりＧＤＰ（２０１０年。市場レートベース）が1万米ドル以上の国（チリ、トルコ、メキシコ）を除く」を先進国としています。非先進国は「先進国以外の国」としました。

補注3：「［1A］と［2B］が同居した状態」を実現するための多様な方策（処方箋）について矢守氏は、そこから逸脱している部分への処方・介入の仕方の違いにより「単純な方策」と「逆説的な方策」とに分類し、それらの特徴や位置づけの示唆深い整理を試みています[19]。

第3章　参考文献

1　森野正弘（2008）：昔《むかし》という時間・古《いにしへ》という時間，時間学概論，辻正二監修，恒星社厚生閣，pp.143-165.

2　磯田道史（2014）：天災から日本史を読み直す――先人に学ぶ防災，中公新書.

3　古橋信孝（1979）：神話と歴史――村落共同体の原理と神話的幻想上代文学，42号，pp.1-10.

4　畑村洋太郎（2011）：『想定外』を想定せよ！，NHK出版，pp.72-73.

5　矢守克也（2011）：防災のタイム・スケール――〈1年〉・〈10年〉・〈100年〉の防災　増補版〈生活防災〉のすすめ，ナカニシヤ出版.

6　北原糸子（2016）：日本震災史――復旧から復興への歩み，筑摩書房.

7　矢守克也（2009）：防災の〈時間〉論，防災人間科学，東京大学出版会

8　木村敏（1982）：時間と自己，中央公論新社.

9　Tesser, A., & Conlee, M. C. (1975)：Some effects of time and thought on attitude polarization, Journal of Personality and Social Psychology, Vol.31, pp.262-270.

10　Tesser, A. (1976)：Attitude polarization as a function of thought and reality constraints, Journal of Research in Personality, Vol.10, pp.183-194.

11　Tesser, A., & Leone, C. (1977)：Cognitive schemas and thought as determinants of attitude change,

Journal of Experimental Social Psychology, Vol.13, pp.340-356.
12　及川康・片田敏孝（１９９９）：河川洪水時の避難行動における洪水経験の影響構造に関する研究，自然災害科学，Vol.18, No.1, pp.103-118.
13　中森広道（２００４）：警報と避難行動，警報の伝達と避難行動，災害情報と社会心理，廣井脩編著，北樹出版，pp.149-151.
14　中村功（２００８）：避難の理論，災害危機管理理論入門，吉井博明・田中淳編，弘文堂，pp.154-176.
15　加藤健（２０１６）：避難の促進・抑制要因，災害情報学辞典，朝倉書店，pp.264-265.
16　吉井博明（２０１６）：経験の逆機能，災害情報学辞典，朝倉書店，pp.276-277.
17　飯牟礼悦子（２００８）：諦観――「明らかに観る」ことからの発達，諦観と晩年性――生涯発達心理学の新しい概念として――，白百合女子大学研究紀要44，pp.103-112.
18　片田敏孝（２０１２）：人が死なない防災，集英社新書.
19　矢守克也（２００６）：アクションリサーチの〈時間〉，実験社会心理学研究，Vol.5, No.1, pp.48-59.

第４章　詳細情報と曖昧情報

1　詳細な災害情報か、それとも曖昧な災害情報か

まず、次のような問いについて考えてみてください。以下に示す二つのタイプの災害情報があったとして、そのどちらがより多くの人命を救える可能性が高いのか、という問いです。

C1：危険の程度を具体的な数値で示す「詳細」な災害情報。
C2：危険の程度を具体的な数値では示さない「曖昧」な災害情報。

このような、ある意味で自明の問いに対して、おおかた予想される反応としては、「C1がよいに決まっているではないか。このような馬鹿げた話に付き合っている暇はない」などのものが想定されますが、第4章の議論の内容を説明する前段階においては、このような厳しいご意見を浴びせられた経験が現にたくさんあります。大学の講義の場合、大半の履修生からの反応も「C1」です。しかし、そのような意見ははたして本当に妥当なものなのでしょうか。

2　津波情報の曖昧化

気象庁は2013年3月に津波情報（以下、津波注意報・津波警報・大津波警報など、津波襲来に関する情報の総称として津波情報と呼称する）に関するルールを改定しました[1]。この改定の主な要点は、予想される津波の高さ予測の区分を、これまで細分化され過ぎていた8段階から5段階へと簡略化する

表4-1　従前および改定後の津波情報の運用ルール[1]

<table>
<tr><td rowspan="2">従来</td><td colspan="3">予想される津波の高さの表記</td><td>A[1]
50cm</td><td>A[2]
1m</td><td>A[3]
2m</td><td>A[4]
3m</td><td>A[5]
4m</td><td>A[6]
6m</td><td>A[7]
8m</td><td>A[8]
10m 以上</td></tr>
<tr><td colspan="3">津波情報の種類</td><td>津波注意報</td><td colspan="2">津波警報</td><td colspan="5">津波警報（大津波）</td></tr>
<tr><td rowspan="4">改定後</td><td rowspan="3">予想される津波の高さの表記</td><td rowspan="2">M8以上
※1</td><td>第一報
※3</td><td colspan="2">B[1]
津波</td><td colspan="2">B[2]
高い津波</td><td colspan="4">B[3]
巨大な津波</td></tr>
<tr><td>第二報以降
※4</td><td colspan="2" rowspan="2">C[1]
1m</td><td colspan="2" rowspan="2">C[2]
3m</td><td rowspan="2">C[3]
5m</td><td rowspan="2">C[4]
10m</td><td colspan="2" rowspan="2">C[5]
10m 以上</td></tr>
<tr><td colspan="2">M8 未満 ※2</td></tr>
<tr><td colspan="3">津波情報の種類</td><td colspan="2">津波注意報</td><td colspan="2">津波警報</td><td colspan="4">大津波警報</td></tr>
</table>

※1：マグニチュードが8を超えるおそれのある場合
※2：マグニチュードが8を超えない場合
※3：第一報（正確なマグニチュードがわからない初動段階）
※4：第二報以降（正確なマグニチュードがわかった段階）

とともに、正確なマグニチュードは不明であるが少なくともマグニチュード8を超えるおそれがあることが明らかな場合には、定量的表現を排して3段階の定性的表現（〝津波〟〝高い津波〟〝巨大な津波〟）のみとするなどです（表4—1）。総じて、〝精緻化・詳細化〟を推し進める方向性ではなく、その逆で、〝簡略化・曖昧化・概略化〟の方向性であるといえます。

このような方向性での改定は、気象庁として強い信念がなければ達成し得ない大きな方向転換であったことは想像に難くありません。このことは、「東北地方太平洋沖地震による津波被害を踏まえた津波警報の改善（表4—2のT）」と題した報告書[1]を取りまとめるに先んじて開催された「東北地方太平洋沖地震による津波被害を踏まえた津波警報改善に向けた勉強会（表4—2のS1~S4）」[2]および「津波警報の発表基準等と情報文のあり方に関する検討会（表4—2のK1~K4）」[3]のうち、後者の最終回（第3回検討会、表4—2のK4）の議事録において、その一端を垣間見ることができます。その箇所の一部をそのまま転記し

表 4-2　検討経過の概略

	日付	内容	
東北地方太平洋沖地震による津波被害を踏まえた津波警報改善に向けた勉強会（以下、勉強会と呼称）	2011. 6. 8	【第1回勉強会】	S1
	2011. 7.27	【第2回勉強会】	S2
	2011. 9. 7	【第3回勉強会】	S3
	2011. 9.12	「東北地方太平洋沖地震における津波被害を踏まえた津波警報の改善の方向性について」[2]公表	S4
津波警報の発表基準等と情報文のあり方に関する検討会（以下、検討会と呼称）	2011.10.26	【第1回検討会】	K1
	2011.12. 1	【第2回検討会】	K2
	2012. 1.31	【第3回検討会】	K3
	2012. 2. 7	「津波警報の発表基準等と情報文のあり方に関する提言」[3]公表	K4
	2012. 3. 1	「東北地方太平洋沖地震による津波被害を踏まえた津波警報の改善」[1]公表	T

ます。

《気象庁はこれまで、精度や分解能の向上に努めてきたが、これは言ってみれば情報への依存度を高めるものであった。今回、技術の限界を認め、限界を超えるような事象に対しては、情報の受け手に自ら適切な判断をしてもらうという方向に大きく舵を切った。これは正しい方向であるが、同時に情報の受け手にも理解力を求めるものである。すなわち、巨大な津波という表現を聞いたら、速やかに避難を想起し、行動がとられなければならない。このためには、今後周知活動と同時に、防災教育にも力を入れていくことが重要である》[3]

ここでの、〝技術の限界を認め、限界を超えるような事象〟という記述は、「実

表 4-3　東日本大震災での津波高さ[1]

	岩手県	宮城県	福島県
第一報の予想津波高さ※	3m	6m	3m
実際に襲来した津波高さ	8.5m 以上	8.6m 以上	9.3m 以上

（※：いずれも発生から約３分後に発表）

際に襲来した津波が、津波情報の第一報の時点で報じられた予想される津波高さを大幅に超えた地域が多数存在した東日本大震災における事実（表４―３）」に対する猛省に基づくものであることは明らかでしょう。すなわち、津波情報が定量的表現であったが故に、その第一報を鵜呑みにした住民には、ともすると避難を躊躇《ちゅうちょ》する方向に作用してしまった可能性が否定できないということです。そして、〝正しい方向である〟という表現からは、このたびの改定の方向性に対する気象庁および検討会の信念を汲み取ることができると思われるのです。

一方、その直後に続く〝（しかし）同時に情報の受け手にも理解力を求めるものである〟という箇所からは、このたびの改定内容が本当に〝正しい方向〟であることの信念を確固たるものとするためには、この津波情報を受けた住民がどのような反応をするのかなどのさらなる検証ならびにフォローアップが必須であるという慎重な姿勢も、同時に読み取ることができるものとなっています。

このような津波情報の改定をめぐる気象庁の反省と創意工夫の実践プロセスは、第４章で焦点を当てる津波情報のみならず、その他の災害の予警報、地震予知、ハザードマップ、避難情報、さらにはハード面での防災対策や土木構造物などの技術のあり方に対しても十分に示唆的であると考えられます。しかし、そうあるためには、前述のとおり、この改正が〝正しい方向〟であるという信念を確固たるものとすべく検証を行っておくことが重要であると考えられるのです。

この点に関して第４章は、定性的で曖昧な表現へと改訂された津波情報が一般住民にどのように受け止められる可能性があるのかについて検証を行った結果を紹介するとともに、今後の津波情報の運用に際しての提言・展望を試みるものです。

3　津波情報の改定の経緯と本研究の位置づけ

①津波情報の経緯

日本における津波情報にまつわる経緯については、廣井脩氏編『災害情報と社会心理』（北樹出版、２００４年）[29]、気象庁編『気象百年史』[5]、草野富二雄・横田崇の両氏の論文[6]などに詳しく記述されています。これらによれば、日本の津波情報の発表業務は三陸沿岸に対する津波予報を実施するための津波警報組織（１９４１年）に端を発しており、全国的な法体系の整備は１９４９年の津波予報伝達総合計画の閣議決定がはじまりとされています。この時点での予報文は、「オオツナミ」と「ヨワイツナミ」と「ツナミナシ」の3段階のほかに、「ツナミカイジョ」を加えた計4種類でした。予報区は15でした。発表時間については、当初は地震発生後15分以内が目指されていたものの、技術的に困難であるとのことから１９５７年に20分以内へと改められています。

以降、体制が整備され、津波情報の内容や発表方法にも改良が重ねられ、震源・規模・断層パラメータを想定した多数の地震シナリオについてあらかじめ津波数値計算結果を津波データベースとして準備しておくなどの技術的工夫により、高精度・詳細化の方向で大きな進歩を遂げています。具体的には、津波到達時刻と高さの数値による予報が導入され、予想される津波高さの範囲は8段階で発表するまでに高精度化されています。近年では、発表時間は約2～3分にまで短縮化、予報区については66にまで細分化されるに至っており、今後においてもさらなる〝詳細化・高精度化・精緻化〟の方向での技術的進展に期待を寄せる声も多く存在していることも事実です[7、8、9など]。

しかしながら、表4―3に示したとおり、実際に襲来した津波が第一報時点で報じられた予想の高さを大幅に超えた地域が多数存在した東日本大震災における事実を踏まえるなら、その技術力は2011年3月の時点では必ずしも「人的被害の最小化」の観点で十分な〝詳細化・高精度化・精緻化〟には至っていなかったといわざるをえません。現に「第1回勉強会（表4―2のS1）」の時点では、〝「3m」といった数字の公表はむしろ悪い方向に作用する。危機的な状況にあることや、避難の呼びかけに徹し、「量的予測」は廃止すべき〟[2]との記録にもあるように、技術力の限界に関する反省とともに定性的表現への改正の方向性がすでに提起されています。

一方で、この勉強会の時点におけるそれ以外の意見の多くは、依然として量的予測に固執するか、もしくは量的予測の方法の変更による改善の道を探ろうとするものが大勢を占めていたという状況です。その後の計2回の勉強会では量的予測がもたらすメリットとデメリットの双方についての多くの議論がなされています。しかし、次第に議論の中心は「量的予測の不確実性（＝技術の限界）へどのように対処するのか」という内容へと徐々にシフトしていき、その有効な対処方策の一つとして「定性的表現」という選択肢が委員の間で有力視・共有化されていく様子もまた、議事録からうかがい知ることができます。

このような議論が、最終的には「東北地方太平洋沖地震における津波被害を踏まえた津波警報の改善の方向性について（表4―2のS4）」にて、「正確なマグニチュードが不明であるが少なくとも甚大なマグニチュードとなることが明らかな場合には定量的表現を排して定性的表現のみとする」という提言の取りまとめにつながることとなります。なお、そのあとに開催された計4回の検討会（表4―2のK1～

K4）は、この提言を受けたうえで、その定性的表現における具体の情報文の検討を行うことが主なタスクであったようです。第4章の冒頭での引用は、この最終回（第3回検討会）の記録からのものです。

②定性的表現への改定と既往研究との関連

東日本大震災における津波情報や避難行動などに関する多様な観点からの分析・考察などは、震災直後からすでに多く公表されていましたが[10、11、12など]、とりわけ避難行動の遅れをもたらした根本的な要因や背景に関する指摘は、東日本大震災における実態調査をきっかけに新たな事実・知見としてはじめて抽出されたものというよりはむしろ、東日本大震災以前から繰り返し指摘され続けてきたものが多くを占めているように思われます。

たとえば片田氏らは、2003年時点の宮城県気仙沼市民の住民意識調査結果に基づいて、津波避難の現状にみる問題点を九つの観点で整理するとともに、これからの津波防災のあり方に関する提言を五つの観点からまとめました[13]。ここに、津波情報の精度を究極的に高めることは津波現象そのものの不確実性から困難であるにもかかわらず、津波情報に対する住民の依存度ばかりをさらに高めてしまうのは極めて危険であるとの趣旨の指摘を読み取ることができます。また、そのもとで、津波情報に対する住民のリテラシー向上を図ることとの重要性とともに、住民の津波情報リテラシーの現状を踏まえたうえでの津波情報の適切な表現内容の検討が必要である旨の指摘がなされています。このほかにも、たとえば中森広道氏なども災害情報の過剰な詳細化・精緻化による弊害の存在を指摘しており[14]、さらには、その弊害の除去・低減を意図としてあえて災害情報を〝簡略化・曖昧化・概略化〟して提示することの効用を説くものなども存在しています[15]。このたびの気象庁による津波情報の「定量的表現を排して3

段階の定性的表現とする〝簡略化・曖昧化・概略化〟の方向での改定」は、まさにこれらの指摘を具現化するための工夫の一つとして位置づけることもできるでしょう。

③住民の反応に関する検証作業の論点

第4章の目的は、定性的な表現へと改定された津波情報が一般住民にどのように受け止められる可能性があるのかについて検証を行うことにあります。そのためには、まず、検証対象である津波情報を受けた住民の心理構造についての理解を前提とすることは有益と考えられます。

人々の心理には「曖昧さ」を嫌って物事を二律背反的なものとして思考しやすい（シロクロをハッキリさせたい）傾向が常に存在しているとの指摘は、古くは心理学分野はもちろん[16]、防災研究分野においても災害警報・予知・流言・風評などの文脈で繰り返し指摘されてきたことです[17、18、19など]。総じてこれらは「安全なのか危険なのか曖昧で不確実な状況に留まるのは耐えがたく、曖昧状況から脱することを欲するが、その状況判断を自ら行うのは難しく、その判断に思い悩む際の心理的負荷が大きいので、その主体的な判断行為を放棄（手抜き）したいという心理傾向」の存在を指摘するものと解釈できます。

このような認識に立つならば、巨大な自然災害が「いつ」「どこで」「どれくらいの規模で」発生するかわからないという不安と緊張感を常日頃から持ち続けることは、住民にとって大きなストレスであることが想像されます。望ましくは、日常的にはそのような災害のことなど気にせずに暮らし、ただし、いざというときだけ然るべき機関から具体的かつ正確に知らせてほしい、というのが住民感情としては本音であろうと思われるのです。このような、災害発生の「時期」「規模」「場所」を〝予知の三要素〟

と呼称するならば、現に「社会は予知の三要素を特定してくれることを希求している」という趣旨の記述は古くから数多く見受けられることです[7、20、21など]。

このような、曖昧さを嫌って物事を二律背反的なものとして思考しやすい住民の心理傾向を前提とするならば、一般的に多くの住民は津波情報の〝詳細化・高精度化・精緻化〟を希求する傾向にあると考えられます。すなわち、第4章の冒頭での問いかけC1に相当する思考傾向です。しかしながら、このたびの改定の方向性はその真逆のC2に相当するものであり、表面上はそのような住民の感情と逆行するものであるともいえ、ともすると否定的な反応を示す住民が少なくないことも想定されます。こうした認識に立つならば、津波情報のこのような改定に対する住民の評価（肯定的評価か否定的評価か）の実情を把握しておくことは、何よりも重要な論点となり得るでしょう。この点を、第4章の論点の第一点目としたいと思います。

一方、この改定の方向性が〝正しい方向〟であることの確証を得るためには、従来の定量的表現に比して、改定後の定性的表現のほうがより〝効果的〟であることの検証が不可欠です。ここでいう〝効果的〟とは、無論、人的被害の最小化の観点から効果的であるか否かという意味です。具体的には、表4―3のような東日本大震災での反省を踏まえるならば、たとえば「予想される津波は高いところで3ｍ」などのような従来の定量的表現の情報を受け取った住民は、それ以上の高さの津波がくるかもしれないという危機感を逆に削いでしまっていた可能性（いわゆる〝災害イメージの固定化問題〟[22]）があったのに対して、改定後の定性的表現による津波情報はその問題を軽減するものとなっているのか（つまり、3ｍ以上の津波襲来の可能性を想起できるか）、ということです。この点を第4章の第二の論点としたいと思います。

第4章では、以上のような二つの論点について一般住民へのアンケート調査に基づき検証を行った結果を紹介します。従前においても、従来表現のルールのもとでの津波情報に対する住民の反応や意識などを議論・調査するもの[23、24など]は多く存在します。また、改定後の津波情報を対象とした調査報告はいくつかあるものの[25など]、前述の第二の論点に対する明確な回答を与え得るものは筆者の知る限り見受けられません。

④検証方法

前述の二つの論点の検証を行うために用いるアンケート調査データは、２０１３年12月13～16日にかけてインターネット調査形式にて行われたものであり、回答数は１０００名です。調査は、津波を直接的に想起させる設問内容であることを鑑み、冒頭でその旨を説明する文章を配して、それに同意した者のみが調査に回答する形式とするとともに、東日本大震災での津波被害が甚大であった6県（青森県、岩手県、宮城県、福島県、茨城県、千葉県）を調査対象から除外するなどの配慮のもとで行われました。調査は、回答者の性別（男性50％、女性50％）と年齢（20歳代20％、30歳代20％、40歳代20％、50歳代20％、60歳以上20％）に基づく均等割付で実施しており、居住地による割付は行っていません。

調査ではまず、表4―1に示す従前の表現（Ａ［1］～Ａ［8］：定量的表現）ならびに改定後の表現（Ｂ［1］～Ｂ［3］：定性的表現）を〝従前〟や〝改定後〟などとは記さずにそのまま回答者に提示し、そのような表現で津波情報が伝達された場合にどの程度の高さの津波襲来の可能性をイメージするかという質問を設けました。また、それと並んで、それらの津波情報が伝達された場合に抱く危機感の程度についての質問も設けています。そのあとに、このたびの津波情報の改定についての解説コラムを提示し、その解説コラムを読んだあとで、改定への評価に関する質問を設けています。主な設問は以上ですが、このほかに、回答者特性を把握する設問として、一般的な基本属性のほかにいくつかの心理測定尺度に関する質問を設けています。

次節では、前述の設問によって把握される「津波情報改定への評価（論点1）」および「津波警報の表現の違いが津波襲来高さイメージと危機感に及ぼす影響（論点2）」について詳述します。また、そのような結果となる要因や背景について、主として「曖昧さを嫌って物事を二律背反的にとらえる心理傾向」との関連性を5節で考察することとします。

4　検証結果

①津波情報改定への評価（論点1）

ここではまず、津波情報の改定に対する回答者の評価に関する回答状況について示します。調査票では、これに関する設問の前に、津波情報の改定に関する解説コラムが回答者に提示されます。解説コラムでは、表4—1上段に示した従前の8段階での運用ルールが紹介され、次いで2011年の東日本大震災での岩手県・宮城県・福島県における「第一報の津波予想高さ」と「実際に襲来した津波高さ」の実態（表4—3）を提示しつつ、「東日本大震災における津波警報の第一報は結果的には〝はずれ（過小評価）〟だった」ことの解説が付記されます。そのあとに、このたびの津波情報の改定内容が表4—1下段の表とともに提示され、「8段階あった〝予想される津波高さ〟の区分は、第一報の段階では〝日本語による定性表現を用いた3段階〟へと変更された」旨の解説がなされます。このように、津波情報が改定されたことを調査実施視点で知らなかった回答者においても、このような解説コラムを閲覧すること

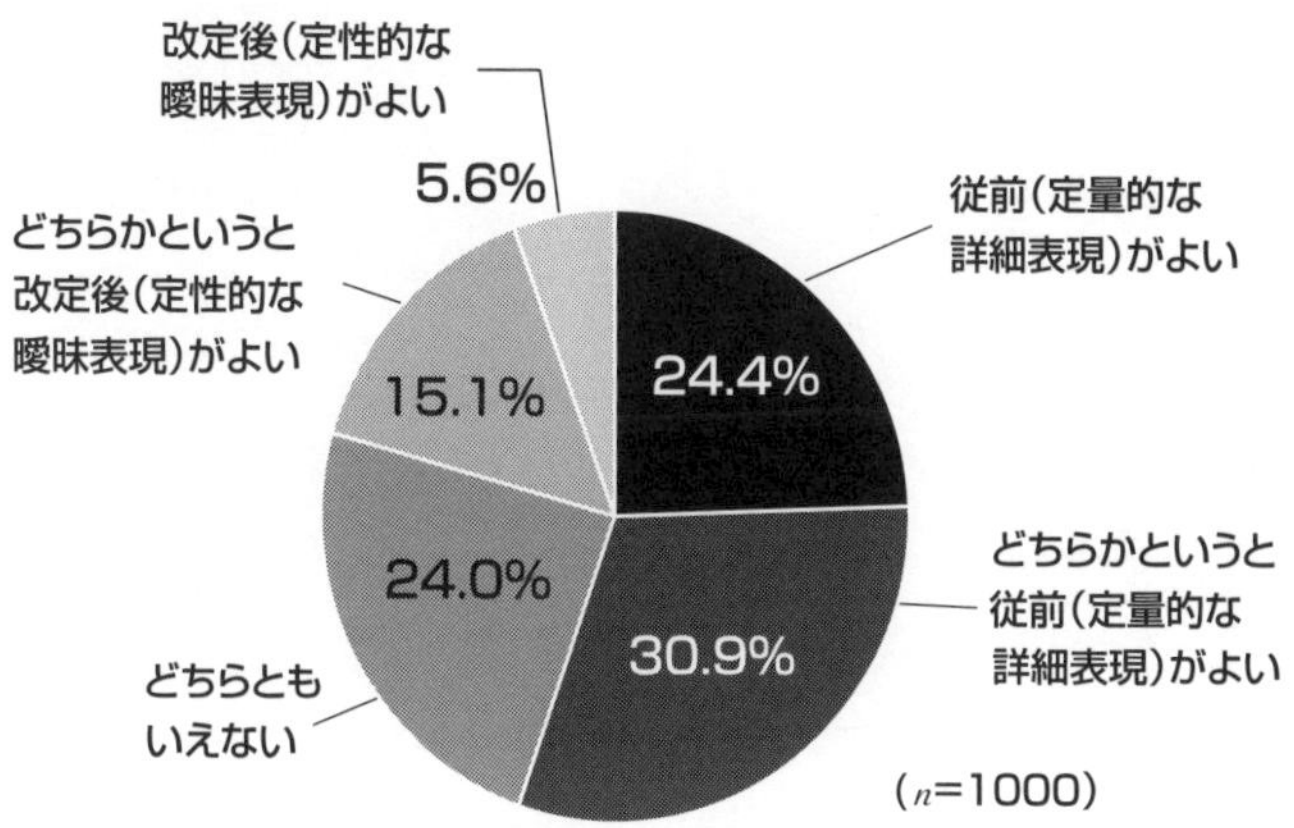

図 4-1　津波情報改定への評価

によって、津波情報の改定にまつわる基本的事項を認識したうえで、この改定に対する評価を回答することとなります。

評価の回答結果は図４―１に示すとおりとなっています。すなわち、過半数の回答者が「簡略化・概略化された改定後の津波情報」よりも「従前」のほうがよいとしており、当初の予測どおり、より詳細で精緻な津波情報を望む住民意識の実情が示される結果となりました。冒頭の問いかけに対する選択肢でいえば「Ｃ１：危険の程度を具体的な数値で示す『詳細』な災害情報」を望む声が大半を占めていたということです。

②津波警報の表現の違いが津波襲来高さイメージに及ぼす影響（論点2ａ）

一方、津波情報の伝達方法の違いが津波襲来の高さイメージに及ぼす影響を、従前と改定後との対比において図４―２から図４―４にて把握します。図４―２では改定後の〝津波注意報〟の高さに相当する表現方法（従前：Ａ［１］・Ａ［２］、改定後：Ｂ［１］）を提示した場合の回答状況を、図４―３では改定後の〝津波警報〟の高さに相当する表現方法（従前：Ａ［３］・Ａ［４］、改定後：Ｂ［２］）を提示した場合の回答

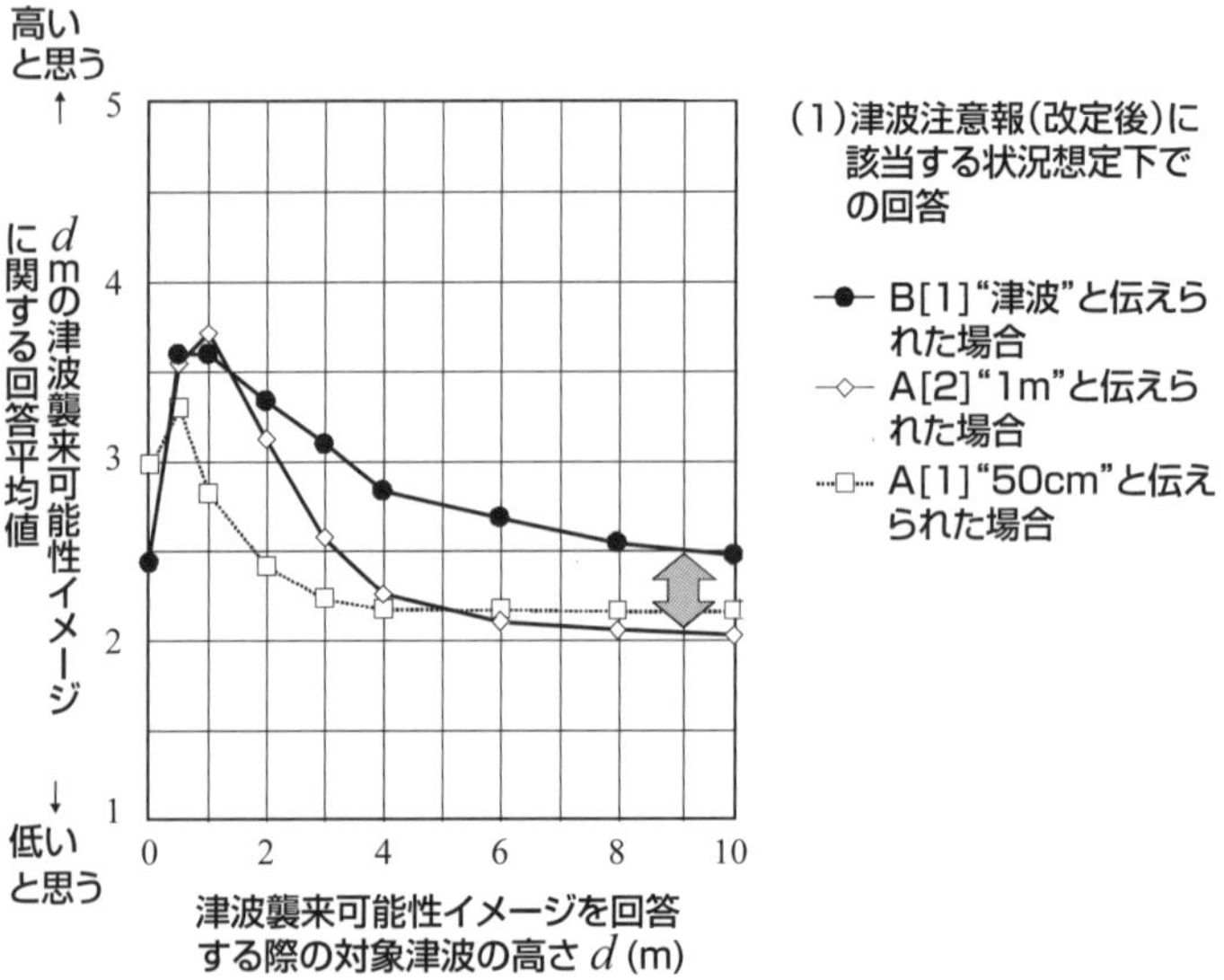

図 4-2　伝達方法の違いが津波襲来高さイメージに及ぼす影響（1）

状況を、図4―4では改定後の〝大津波警報〟の高さに相当する表現方法（従前：A［5］・A［6］、改定後：B［3］）を提示した場合の回答状況を、それぞれ図示しています（凡例中のA［1］～A［6］およびB［1］～B［3］の表記は表4―1のものと同一）。各図ともに、横軸に示される津波高さ（dm）の襲来可能性に関する5段階の回答の平均値を縦軸にとっています。

これらによると、図4―2から図4―4のいずれにおいても、従前の伝達方法（A［1］～A［6］）による場合では、そこで提示される高さの値をピークとして、それ以上の高さの津波襲来をイメージすることが困難な状況となっていることが確認されます。

たとえば、図4―3によると、東日本大震災の発生から約3分後に発表された第一報の津波高さ予報が「3m（＝A［4］）」であった岩手県や福島県において、実際に襲来した「岩手県：8・5m以上、福島県：9・3m以上」という津波高さ

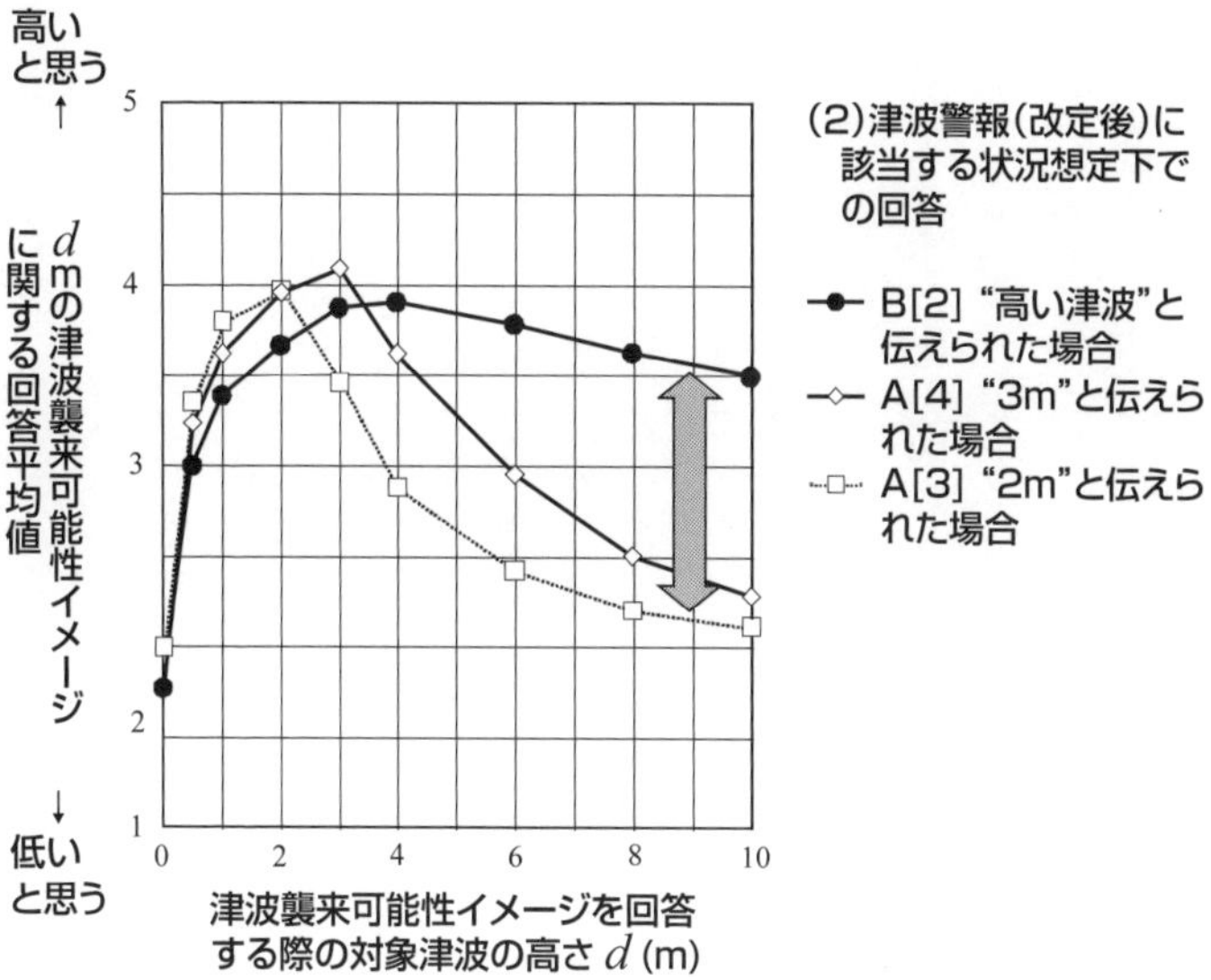

図 4-3　伝達方法の違いが津波襲来高さイメージに及ぼす影響（2）

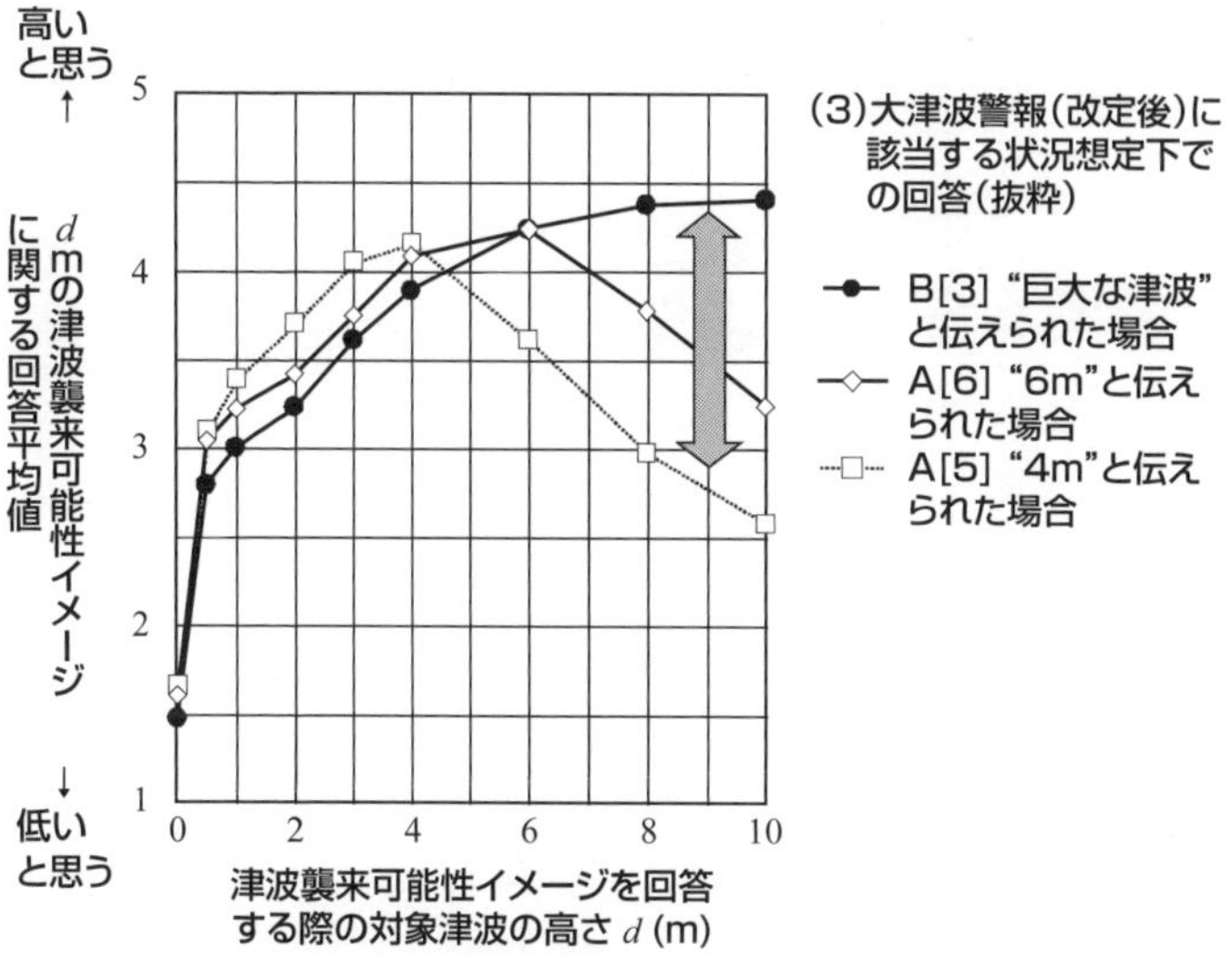

図 4-4　伝達方法の違いが津波襲来高さイメージに及ぼす影響（3）

をイメージすることは到底困難であった様子が、この集計結果からも推察されます。しかしながら、改定後の伝達方法に基づき数値表現を排した定性表現によって、もしも「高い津波がくる（＝B［2］）」と伝えられていたならば、実際に襲来した「岩手県：8・5m以上、福島県：9・3m以上」という津波高さを十分にイメージすることが可能となっている様子を明確に見て取ることができるのです。

図4―2から図4―4中に示した太いグレーの両矢印は、改訂前の表現方法による場合と改定後の表現方法による場合のそれぞれにおいて住民が抱く津波襲来イメージの差分の大きさを示すものです。この差分は、けっして無視できない程度に、いや、むしろ圧倒的に大きな差として、図4―2から図4―4のいずれにおいても確認されます。すなわち、従前の表現方法では「提示された高さ」以上の津波襲来をイメージすることは極めて困難であり、それが起因となって避難を躊躇《ちゅうちょ》した住民が少なくなかったことが推察されるのに対して、もしも改定後の表現方法に依っていたならば、「従来方式に相当する高さ」以上の津波襲来をイメージすることは十分に可能であり、避難を躊躇せずに迅速に高台へと移動して救われた人命は少なくないものと推察されるのです。このような明確な傾向は、図4―2から図4―4のいずれにおいても共通的に確認されます。

なお、ここでは紙幅の都合で図示は省略しますが、このような「災害イメージの固定化」の払拭効果は、「津波情報改定に肯定的評価（改定後がよい）の回答者のみで集計（n=207）」した場合でも、あるいは「津波情報改定に否定的評価（従前がよい）の回答者のみで集計（n=553）」した場合でも、共通して十分に発揮されていることを別途、確認しています。すなわち、この津波情報の改定には、住民の評価が肯定的なのか否定的なのかにかかわらず、一定の効果が確実に期待されることがわかります。

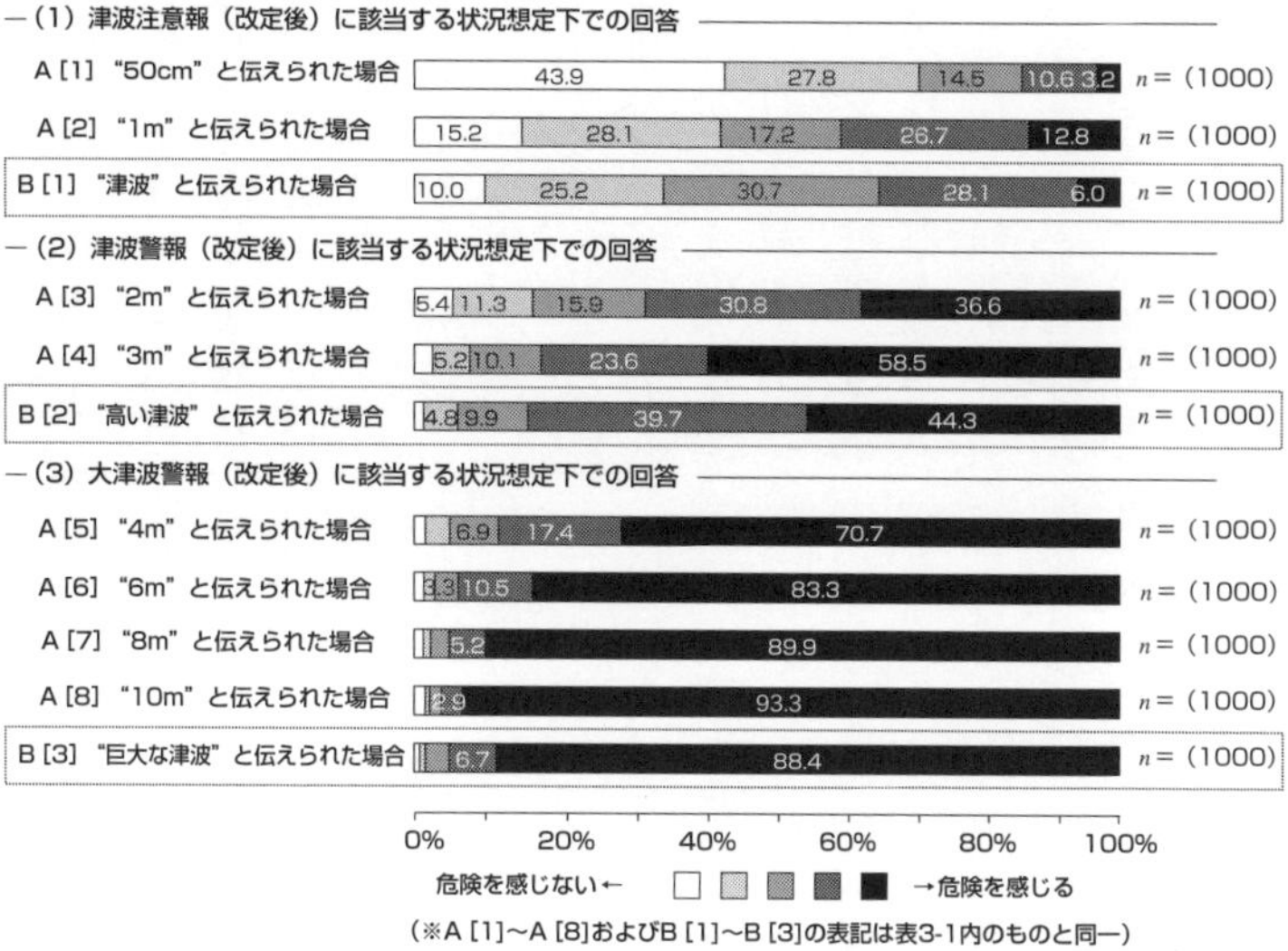

図 4-5　伝達方法の違いが住民の危機意識に及ぼす影響

③津波警報の表現の違いが住民の危機感に及ぼす影響（論点2b）

前項での検討に加え、ここでは、津波情報の伝達方法の違いが住民の危機感に及ぼす影響を、従前と改定後との対比において図４―５にて把握します。

これによると、従前の表現方法では、A［1］からA［8］へと予想津波高さの数値が高くなるにつれて、その情報を受けた回答者が抱く危機感もより強いものへとシフトしていく様子が見て取れます。ここで、数値情報を排除した改定後の表現方法が提示された場合を抱く危機感の程度は、B［1］に関してはA［2］とほぼ同程度、B［2］に関してはA［4］とほぼ同程度、B［3］に関してはA［6］～A［8］とほぼ同程度となっており、数値情報を排除して定性表現に留めたとしても「従来方式に相当する表現方法」とほぼ同等の危機感となっていることが確認されます。

5　従前よりも高い被害軽減効果が期待されるのになぜ改定に否定的なのか

以上のように、改定後の津波情報における津波襲来の高さの表現方法は、数値情報を排除して定性的で概略的・曖昧な表現にとどまるにもかかわらず、それを受けて感じる住民の危機感は「従来方式に相当する表現方法」とほぼ同等であるのみならず、従来方式において避けられなかった「災害イメージの固定化」の問題を大きく克服できる可能性を秘めていることが確認されたといえます。

しかしながら、残る疑問としては、このように従前よりも高い被害軽減効果が期待されるのに、なぜ住民は津波情報の改定に対して否定的なのかという点です。この点についてさらに考察を加えておきたいと思います。

前述のとおり、人々の心理には「曖昧さを嫌って物事を二律背反的なものとして思考しやすい傾向（安全なのか危険なのか曖昧で不確実な状況に対して、その状況判断を自ら主体的に思考するのはあまりにも心理的負荷が大きすぎるので、その主体的判断行為を放棄（手抜き）したいという傾向）」が存在すると考えられます。また、そのような心理傾向を説明・計測する概念として、二分法的思考尺度[26]、曖昧さ耐性[27]、対人場面における曖昧さへの非寛容[28]、曖昧さへの態度[29]、などが提唱されています。このような心理傾向の存在が背景となって、前述のような「いつ」「どこで」「どれくらいの規模で」津波が発生するのかを具体的に明確化してほしいという住民感情、さらには、このたびの改定に対する否定的感情が生じているものと推察されるのです。

調査では、前述のような心理特性を二分法的思考尺度[26]（以降、ＤＴＩ（Dichotomous Thinking Inventory）を略称）を用いて計測するための質問をあわせて設けています。ＤＴＩは15項目で構成さ

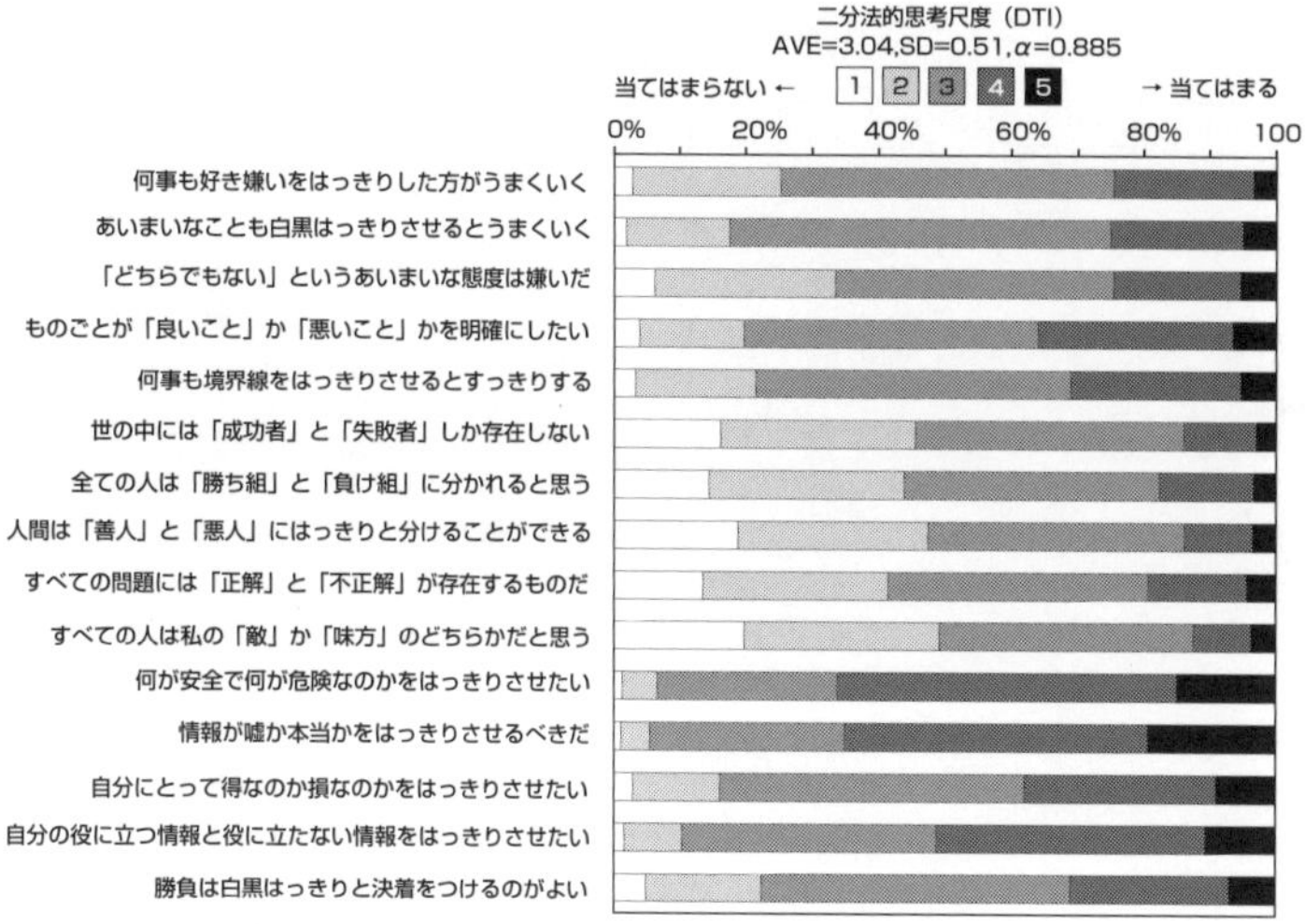

図 4-6　二分法的思考尺度に関する設問への回答状況

れており、各項目への回答状況を「1：当てはまらない〜5：当てはまる」としたうえで、全15項目の得点の平均点を算出することとで各回答者ごとのDTI得点を算出することができるようになっています。図4—6には、これらの設問内容および回答状況を示しています。なお、これらの設問に対する回答についてCronbachの信頼係数（α係数、補注1）を求めたところ、α＝0.885となり、内的一貫性を持つと判断されることから、これらの設問から各回答者ごとの心理尺度（DTI得点）を作成することに問題はないと判断されます。

以上のように作成した「DTI得点」と、「津波情報の改定に対する住民評価」との関連性を示したものが図4—7です。ここでは、「DTI得点」を5カテゴリ化し（人数がなるべく等分割になるよう分割）、そのカテゴリ別に「津波情報の改定に対する住民評価」の平均値をプロットしています。ここでは、DTI得点との相関状況の判別が容易になるよう、図4—1に示した津波情報改定への評価の回答選択肢に応じて「1：

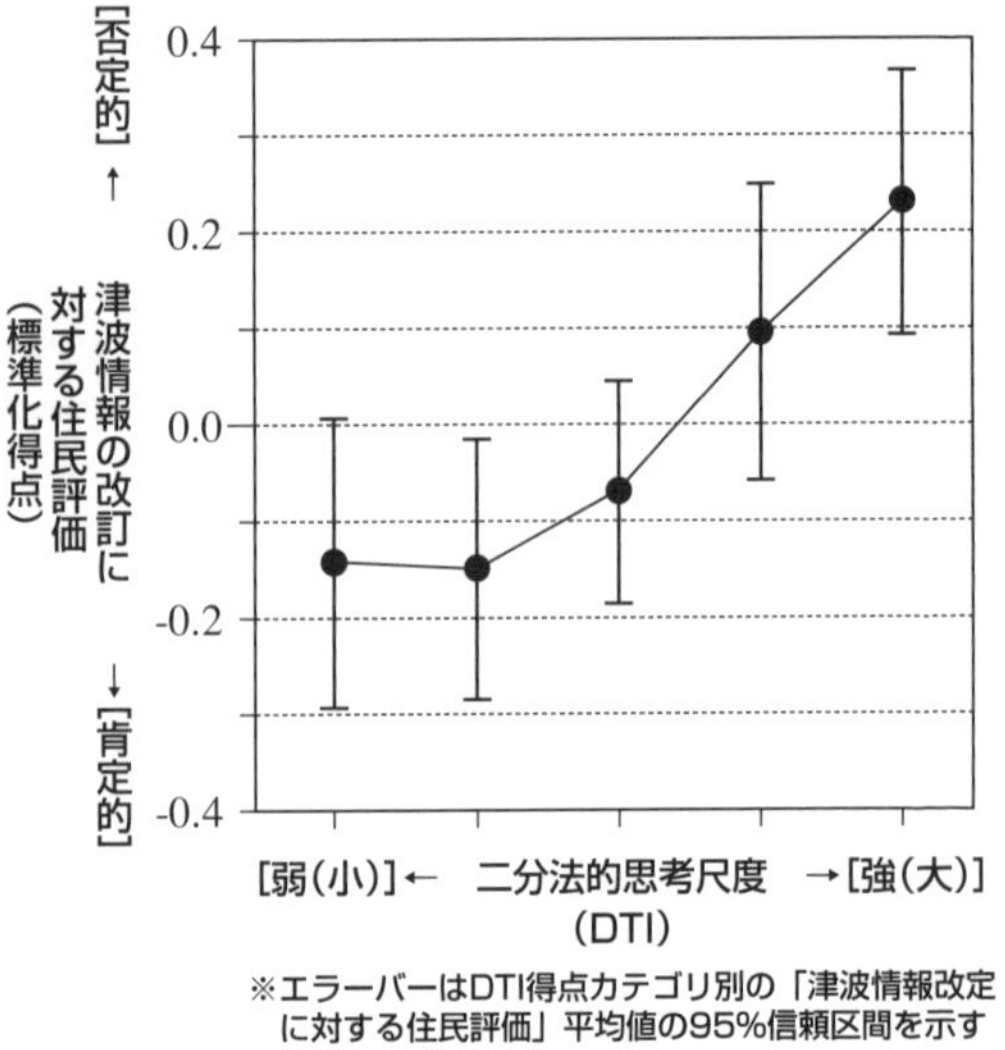

※エラーバーはDTI得点カテゴリ別の「津波情報改定に対する住民評価」平均値の95%信頼区間を示す

図4-7　津波情報改定に対する評価とDTI（二分法的思考尺度）との関連

改定後（定性的な曖昧表現）がよい～5：従前（定量的な詳細表現）がよい」と得点化して、それを標準化操作（平均0、標準偏差1となるように基準化）したものを、DTI得点の各カテゴリ別に平均値化して図4―7の縦軸に示しています。したがって、上方にプロットされるほど津波情報改定に対してより否定的評価が強い回答者集団の特性を示し、下方にプロットされるほどより肯定的評価が強い特性を示すこととなります。

これによると、やはり、二分法的思考が強い回答者ほど津波情報の改定に対して否定的な評価をするという明瞭な傾向を見て取ることができます。

このことから、「従前よりも高い被害軽減効果が期待されるのに、なぜ住民は津波情報の改定に対して否定的なのか」という疑問に対する一つの背景として、多くの住民が本性的に有するであろう「曖昧さを嫌って物事を二律背反的なものとして思考しやすい心理傾向（安全なのか危険なのか曖昧で不確実な状況に対して、その状況判断を自ら主体的に思考しようとすることはあまりにも心理的負荷が大きすぎるので、その主体的判断行為を放棄（手抜き）

したいという心理傾向)」が介在している可能性が示されたといえるでしょう。

6　まとめ

第4章の冒頭で掲げた問いの選択肢は以下のようなものでした。

C1：危険の程度を具体的な数値で示す「詳細」な災害情報。
C2：危険の程度を具体的な数値では示さない「曖昧」な災害情報。

第4章の議論を踏まえて、皆さんの当初の印象が大きく転換したり、あるいは、より深まったり、そこに何らかの揺れが生じたりしたことはあったでしょうか？　ここで第4章の結論およびその実務上の価値として考えられる点をあらためてまとめてみると、以下のとおりとなります。

まず、論点1に関しては、定性的表現による津波情報への改定に対して多くの住民は否定的にとらえており、依然として詳細で具体的な情報（すなわち、C1の方向）を望んでいるという実態が把握されました。しかしながら、論点2に関しては、改定後の津波情報における津波襲来の高さの表現方法は数値情報を排除して定性的で概略的・曖昧な表現（すなわち、C2の方向性に則った表現）にとどまるにもかかわらず、それを受けて感じる住民の危機感は「従来方式に相当する表現方法」とほぼ同等であるのみならず、従来方式において避けられなかった「災害イメージの固定化」の問題を大きく克服できる可能性を秘めています。これは、極めて重要であると考えられます。総じて、このたびの改定の方向性は〝正しい方向〟であったことを再確認できるでしょう。これらの点を踏まえ、住民の多くがたとえ否定的な評価であろうとも、一定の被害軽減効果が期待されることは明らかで、このような定性的表現による津波情報の運用ルールは継続されるべきと考えられます。

しかし、この定性的表現による津波情報の運用ルールを継続していくにあたって、一般住民の評価が依然として否定的なままであることは少なからず障壁となることが想定されるので、その改善方略を念頭におくことが肝要となるでしょう。たとえば、ここで示したような分析結果を利用しつつ、「定性的表現による津波情報は、従前の方法と比べて遜色ないどころか、むしろ大幅な被害軽減効果が期待できる」という内容について住民の理解を求めていくことは、その一つの方策案として有効であると考えられます。さらには、「曖昧さに対する耐性が少なく、二分法的思考に陥りやすい」という心理傾向は多くの一般住民が本性的に持ち合わせていると考えられることから、それを意図的に排除することは困難でしょう。ならば、せめてそのような心理傾向の存在を理性的に各自が自認することさえできれば、そのもとでは「簡略化・曖昧化された定性表現の津波情報（すなわち、C2の方向性）」などのような工夫は、むしろ〝人的被害軽減のためのとてもありがたい工夫〟として積極的に受け容れられていく可能性があるのではないかと考えられます。

つまり、津波情報の定性的表現への改定という気象庁の事例によって、災害情報の数値表現に起因する「災害イメージの固定化」の弊害を払拭するための知見を得たといえます。この議論は、津波情報のみならず、その発生時期・規模・場所を究極的に正確に予知することが不可能な自然災害や多様なリスク、技術に関しても同様に示唆を与え得るものです。それはたとえば、表4―4に掲げたような事例においてです。

表4-4　類似する他の事例

	(1) 従前（行政や専門家が住民の心理的欲求に純粋に応えようとしてきた従来までの姿勢・方向性）	(2) 変更後（行政や専門家の客観的には妥当であると考えられる変更後の姿勢・方向性）
［第4章の事例］ 津波情報曖昧化	詳細・具体的・数値表現	曖昧・定性的・数値表現なし
［事例a］ 河川行政	氾濫は起こさせない（ハード対策のみ重視）	氾濫は起きることを前提（ハード・ソフト連携）
［事例b］ ハザードマップ	詳細・具体的・数値表現	曖昧・定性的・数値表現なし
［事例c］ 想定を信じるな	浸水想定区域外であれば安心してOK	浸水想定区域どおりには起きない
［事例d］ クロスロード	唯一の絶対的な正解が存在するとの信念	唯一の絶対的な正解が存在するとは限らない
［事例e］ 予知は困難	「予知は可能」という見解	「予知は困難」という見解

［事例a］：これまでの河川行政は、河川洪水を河道内に完全に封じ込めて氾濫は生じさせないことを絶対的な目標に掲げ、それがあたかも可能であるという河川改修（ハード対策）の重要性のみを強調し続けてきました。しかし、この旧来の方向性から一転し、それには限界があることを認め「川はあふれる」ということを前提としたソフト対策との連携を重視する方向性へと転換しました[30]。

［事例b］：河川氾濫時に想定される氾濫域は、できるだけ正確かつ詳細に数値情報としてそれを予測することが望ましく、その実現に向けての技術的努力も望ましいことは論を俟たないことです。しかし、現時点では少なくともそれを高度に達成することは困難であることを認め、あえて数値情報を排して概略的・定性的に地域の浸水特性を表すことを提唱している「概略表記型洪水ハザードマップ（気づきマップ）」が

提案されています[15]。

【事例c】：津波避難時の三原則の一つに「想定を信じるな（ハザードマップを過信するな）」という原則があります[10]。

【事例d】：クロスロードでは災害発生時のさまざまな意思決定場面において、唯一の絶対的な正解はないことを自ら認め、多様な価値観を認めつつその場において誠実に対応することの重要性を学びます[31]。

【事例e】：2011年の東日本大震災に関して、短期予知はもとより長期予測（確率論的予測（Earthquake Forecast））ですらその発生を明示的に予見できていなかった状況などを鑑み、中央防災会議の南海トラフ巨大地震対策検討ワーキンググループは、「南海トラフ巨大地震対策について」と題する最終報告において「地震予知は一般的に困難である」とする立場を表明するに至っています[32,33]。

これらの事例に共通することは、住民の二分法的思考に代表されるような「自分が安全なのか危険なのかを誰かに明確に判断してほしい」という心理的欲求に対して、行政や専門家がそれに純粋に応えようとしてきた従来までの姿勢・方向性を転換しようとする試みである、という点です（表4—4⑴から表4—4⑵への転換）。そして、この転換は、客観的には妥当であるにもかかわらず、少なからず住民側に精神的負荷を高めることも事実であり、場合によっては少なからず住民からの否定的・反発的・批判的な反応が想定される点も共通と思われます。

精緻な予測を可能とする技術の確立（すなわちC１の方向）を目指し、それに向けた努力は今後とも継続していくべきであることに異論の余地はまったくありません。その努力を重ねてきた技術者の皆さんには心から敬意を払うべきです。

一方、その技術を利用する社会の側にも根本的にはC１の方向性を希求しがちな傾向があることは事実であり、そのこと自体は特段に問題ではありません。問題なのは、C１のみが唯一の正しい方向性であるという思い込みです。その思い込みが先鋭化した状態、すなわち、現状の予測技術を「真の技術」であるかの如く過信し、荒ぶる自然をあたかも克服することが可能であるという思い込みが社会を占拠したとき、社会はその予測技術に完全に依存することになるでしょうし、そこに「無謬性」を（当然のものとして）要求するようになるでしょう。

しかしながら、社会が期待するような「無謬的で真の技術」などは存在しません。理論上、予測技術というものはどこまでいっても不完全であり、限界があるのです。予測技術のロジックは常に「仮説」でしかあり得ず「可謬的」なのです。それ故、その「可謬的な仮説」は常に「更新」の可能性にさらされており、無限に進化し続ける宿命にあるととらえるべきでしょう。にもかかわらず、「無謬的で真の技術」のふりをする態度（できもしないのにできるふりをする態度）を、行政・専門家・技術者たちが取り続け、また、そのような態度を一般住民も行政・専門家・技術者たちに求めるような風潮がもしもまかり通ってしまう世の中であるならば、それは極めて不健全であるといわざるをえません。

このことを行政・専門家・技術者が真摯に自覚するならば、災害情報に対する一般住民の過剰な期待や依存心を煽るようなリスク・コミュニケーション方略は、時として被害をむしろ拡大しかねないという点において、厳に慎むべきということを同時に自覚する必要があります。

このことはすなわち、第4章冒頭の引用〝同時に情報の受け手にも理解力を求めるものである〟にもあるように、一般住民に対して〝自分で考える〟という主体的態度をより一層（あるいは旧来は持ち合わせていたであろう程度に）要求することを意味します。したがって、防災にかかわる行政・専門家・技術者が本来注力すべきリスク・コミュニケーション方略の要点は、過剰な期待や依存心を煽ることで住民の主体性を奪うことではなく、技術の前提条件や限界に対する理解を促すことで住民の主体性を伸ばすことにあるのではないかと考えるのです。

補注1：特定の態度を測定するために複数の質問項目を用意する場合、それらの質問項目の内容は適切である（内的整合性がある）ことが求められます。適切である場合、それらの質問項目への回答の間に高い相関関係が認められるはずであり、この度合いを推し量る代表的な指標の一つがクロンバックのα係数[34]です。0から1の範囲の値をとり、内的整合性が高ければ1に近く、内的整合性が低ければ0に近い値となります。

第4章　参考文献

1　気象庁（2012a）：東北地方太平洋沖地震による津波被害を踏まえた津波警報の改善.

2　気象庁（2011）：東北地方太平洋沖地震による津波被害を踏まえた津波警報の改善の方向性について.

3　気象庁（2012b）：津波警報の発表基準と情報文のあり方に関する提言.

4　廣井脩編（２００４）：災害情報と社会心理，北樹出版，pp.129-136.

5　気象庁編（１９７７）：気象百年史．

6　草野富二雄・横田崇（２０１１）：津波予報業務の変遷，験震時報，Vol. 74, pp. 35-91.

7　田中淳（２００８）：災害情報の要件，災害情報論入門，田中淳・吉井博明編，弘文堂．

8　横田崇（２００８）：地震・津波・火山に関する情報，災害情報論入門，田中淳・吉井博明編，弘文堂，p.76.

9　気象庁（２００９）：地震及び火山に関する防災情報の満足度調査　調査結果，p.153.

10　片田敏孝（２０１２）：人が死なない防災，集英社．

11　田中淳（２０１２）：避難しないのかできないのか，東日本大震災の科学，佐竹健治・堀宗朗編，東京大学出版会，pp.127-153.

12　畑村洋太郎（２０１１）：「想定外」を想定せよ！失敗学からの提言，ＮＨＫ出版．

13　片田敏孝・児玉真・桑沢敬行・越村俊一（２００５）：住民の避難行動にみる津波防災の現状と課題――２００３年宮城県沖の地震・気仙沼市民意識調査から――，土木学会論文集，No. 789/II-71, pp.93-104.

14　中森広道（２００７）：災害情報の発表過程，災害社会学入門，大屋根純ら編，弘文堂，pp.118-120.

15　片田敏孝・及川康・渡邉寛（２０１１）：洪水リスク統括マップ（気づきマップ）の提案とその作成手法に関する研究，土木学会論文集F5（土木技術者実践），Vol.67, No.2, pp.130-141.

16　Budner, S. (1962)：Intolerance of ambiguity as a personality varia-ble, Journal of Personality, Vol. 30, pp.29-50.

17 橋元良明（1986）：災害と流言，災害と情報，東京大学新聞研究所編，東京大学出版会，pp.225-271.
18 廣井脩（1995）：新版 災害と日本人，時事通信社.
19 関谷直也（2011）：風評被害――そのメカニズムを考える――，光文社.
20 藤田直行・浅田敏（1977）：地震予知の問題点，日本物理学会誌，第32巻，第11号，pp.909-918.
21 鷺谷威（2012）：地震の予知・予測とその不確実性，オペレーションズ・リサーチ，Vol. 57，pp.545-550.
22 片田敏孝・児玉真・佐伯博人（2004）：洪水ハザードマップの住民認知とその促進策に関する研究，土木学会水工学論文集，第48巻，pp.433-438.
23 東京大学新聞研究所（1985）：1983年5月日本海中部地震における災害情報の伝達と住民の対応，災害情報調査研究報告書，No. 14.
24 東京大学新聞研究所（1994）：1993年北海道南西沖地震における住民の対応と災害情報の伝達，災害情報調査研究報告書，No. 43.
25 Gyoba, E. (2014)：Differences in subjective estimation of risks and assessment for the modified tsunami warning system by the Japan Meteorological Agency among university students located in damaged and non-damaged prefectures around the period of the 2011 off Pacific Coast of Tohoku Earthquake, Journal of Disaster Research, Vol. 9, No. 4, pp.571-578.
26 小塩真司（2010）：二分法的思考尺度（Dichotomous Thinking Inventory）の特徴――これまでの検討のまとめと日常生活で重視する事柄との関連――，中部大学人文学部研究論集，Vol.

23，pp.45-57.
27 増田真也（１９９８）：曖昧さに対する耐性が心理的ストレスの評価過程に及ぼす影響，茨城大学教育学部紀要（人文・社会科学・芸術），Vol. 47, pp.151-163.
28 友野隆成・橋本宰（２００５）：改訂版対人場面におけるあいまいさへの非寛容尺度作成の試み，パーソナリティ研究，Vol.13，pp.220-230.
29 西村佐彩子（２００７）：曖昧さへの態度の他次元構造の検討――曖昧性耐性との比較を通して，パーソナリティ研究，Vol. 15，pp.183-194.
30 河川審議会（２０００）：水災防止小委員会答申　２０００.
31 矢守克也・吉川肇子・網代剛（２００５）：防災ゲームで学ぶリスク・コミュニケーション――クロスロードへの招待――，ナカニシヤ出版.
32 中央防災会議南海トラフ巨大地震対策検討ワーキンググループ（２０１２）：南海トラフ巨大地震対策について（最終報告）.
33 及川康・片田敏孝（２０１５）：「地震予知は困難」とする報道発表への住民反応に関する分析，災害情報，No.13, pp.66-72.
34 Cronbach, L.J.（1951）：Coefficient alpha and the internal structure of test, Psychometrika, 22, pp.293-296.

第5章　避難情報廃止論

1　思考実験

第5章のタイトル「避難情報廃止論」について、初見の多くの人々にはおそらく「いささか過激な論だな」などとの印象を持たれたのではないでしょうか。

避難情報とは、市区町村などの行政が人々に対して避難を呼びかけるものです。2021年の災害対策基本法の改正までは、避難情報には、その呼びかけの緊急度に応じて、「避難指示」「避難勧告」と「避難準備・高齢者等避難開始」という三つの情報がありました。最も緊急度の高いものが「避難指示」であり、逆に、最も早い段階で出されるものが「避難準備・高齢者等避難開始」でした。なお、2021年4月に可決した災害対策基本法の法改正により、「避難勧告」は廃止され、「避難準備・高齢者等避難開始」は「高齢者等避難」へ名称変更されました。つまり、2021年5月以降の避難情報は「避難指示」と「高齢者等避難」の二種類ということになりました。

このように、これまでにもいくつかのルール変更はあったものの、概して避難情報なるものは、自然災害の発生時に避難すべきか否かを人々が考えるとき、そこで最もたよりになる情報、あるいは、そこでたよりにすべき情報の代表の一つとして多くの人々に認識されてきたのではないかと思われます。

それを「廃止してみてはどうか」と問うのが第5章です。避難勧告だけの廃止の意ではありません。避難指示と高齢者等避難を含めたすべての避難情報の「廃止」です。したがって、第5章における問いは以下のとおりです。

D1：避難情報を廃止すべきではない。

D2：避難情報を廃止してもよい。

このような問いかけに対して、おおかたの反応として予想されるものとしては、

「廃止すべきではない。必要に決まっている。言語道断である」

「ふざけるな。それでもおまえは防災研究者か。漫才に付き合っている暇はない」


などが挙げられます。現にこれまでにもそのような声をいくつか陰に陽に頂戴したことがあります。さて、本書を手に取って読んでいただいている皆さんの第一印象は如何だったでしょうか。

もちろん、筆者はふざけているのでもなく、漫才をするつもりでもありません。真剣そのものです。そして、この避難情報廃止論の本意は、実は、避難情報を何が何でも廃止すべきであると主張したいということではありません。いまいちど災害時に自治体が出す避難情報の役割について問い直すべく、ある種の思考実験を試みてみたい、ということが主旨なのです。ここではさしあたり、議論を簡潔にするために、災害の種類を水害に限定して議論を進めることにします。

水害時の人的被害を最小限に食い止めるための災害情報の仕組みはどうあるべきか、そして浸水被害が生じる可能性がある場所で暮らす住民の覚悟はどうあるべきか、さらには、防災をめぐる行政と住民との関係性は如何にあるべきか、という観点から、議論の活性化の一助となればと考えこのような問題提起をする次第です。

2　避難情報廃止論とは

それではまず、この「避難情報廃止論」における問題意識を、図5―1を用いながら簡潔に要約しておきたいと思います。その要点の理解には、避難判断に関する「責任」の所在の様相がどのように解釈され得るのかを疑似的に追うこと、すなわち、さながら「帰責ゲーム」[1]（他者に責任を帰させようとする行為。責任の押しつけ合い）の様相として追うことで、より容易になるものと思われます。

①住民の判断材料

水害による危険が差し迫ったとき、図5―1に経路［a］として示しているように、「⑴現象」に基づいて「⑵住民」の個々が「とるべき行動」を的確に判断できるのならそれで何ら問題はありません。自らの避難の問題ですので、その「責任」はあくまでも自分にある、という構図です。

しかし実際にはそれは容易な判断ではないことが多いので、それを補完すべく、経路［b］に基づき「⑶防災気象情報」を経路［c］で伝達するルートが設けられています。これに基づけば「⑵住民」は、浸水被害の予兆現象、すなわち雨や河川水位の増減を連続的に把握することができます。

一般に「⑶防災気象情報」は、経路［b］に基づく客観的な基準により生成されるものであるため、「状況通達型情報」としての性質を帯びます。つまり、発信者の主観や解釈などはそこには含まれずに、本来的には状況を通知するだけの無機質な情報（基準に達したことを知らせる情報）として発信されることがもっぱらです。したがって、その「⑶防災気象情報」がいったい何を意味するのか、それに基づきどのような行動をとるべきなのか、といった解釈や判断はあくまでも「⑵住民」自身が行う必要がある、という構図です。

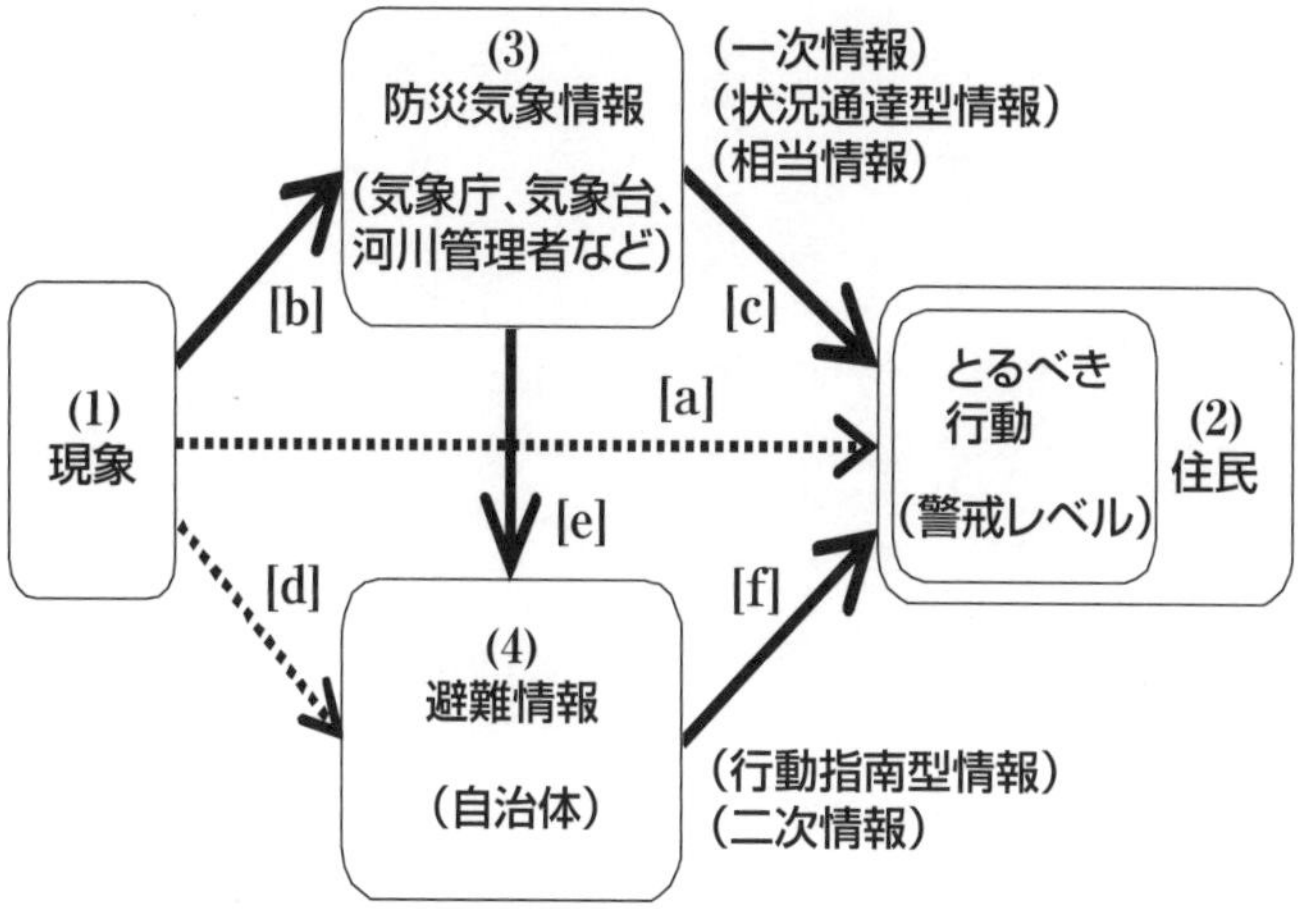

図 5-1「防災気象情報」「避難情報」「とるべき行動」の関係

換言すれば、避難判断の「責任」は、あくまでも「⑵住民」自身が保持したままという構図です。

なお、厳密には、ここでいう「⑶防災気象情報」については、予測型と非予測型とに分けて議論しておくべきかもしれません。このうち、非予測型の「⑶防災気象情報」は、観測値が基準に達したことをお知らせする実況の情報に過ぎません。したがって、そこに発信者サイドの主観や解釈は含まれません。

一方、予測型の「⑶防災気象情報」に関しても、基準（どの数理モデルを採用するか、どのようなパラメータを用いるか、どの予測結果を採用するか、などのルール）があらかじめ定まっているのであれば、ここでも発信者サイドの主観や解釈は含まれません。ただし、予測型であれ非予測型であれ、基準をどのような内容とするのかを決める段階においては、広義の発信者サイドによる何らかの判断（主観や解釈）がそこに含まれると見なすこともできるかもしれません。

しかしながら、ひとたび基準が定まれば、その基準に則って「基準に達したことを通知する情報」が生成され発信されます。少なくともその「基準に達したことを通知する情報」は、その基準を満たしていないのに発信されることはありません。控えめに表現したとしても、現在の日本において、その発信者（担当者）がもしも「なぜその情報を発したのか」と問われたなら、そこでは「〇〇という基準に則って発信しました」と答えるのが一般的だと思います。「わたしの主観で解釈して発信しました」などとはけっして答えないでしょう。ましてや、その情報が仮にハズレになってしまったとしても、（よほどの瑕疵や悪意がない限りは）そのことに対して謝罪などはすべきではないと、筆者は思います。

つまり「⑶防災気象情報」は、住民避難の判断の「責任」を負うことはできないのです。それは、たとえ「〇〇警報」のようにある種の行動喚起を意図するかの如くの名称を帯びる「⑶防災気象情報」であったとしても例外ではありません。「〇〇警報」も、あくまでも「基準に達したことを通知する情報」なのです。

②避難情報への期待と依存

しかし、後述する「警戒レベル」の導入による「警戒レベル相当情報」としての位置づけを付与される以前のこのような経路［c］に基づく解釈や判断は、一般に、非専門家であるところの「⑵住民」にとっては難解であり、そこから的確な判断を行うには一定の専門的知識が必要とされることは想像に難くありません。一方、自治体が発信する「⑷避難情報」は、構図としては経路［c］におけるその困難性を補完（迂回）するためのバイパス的な位置づけになるとみてよいでしょう。ただし、それが「⑶防災気象情報」と決定的に違う点は、「基準を満たしたことをお知らせする情報」では「ない」という点です。そして「⑷避難情報」は、「⑵住民」にとってみれば、避難のための利用可能な判断材料の数が一つ増えたようにみえるという意味合い以上に、「⑶防災気象情報」のような間接的な表現ではなく、「とるべき行動」をより直接的・具体的な表現でズバリ指南してくれるという点で、いわば「行動指南型情報」としての役割を期待し得るものであるといえます。なお、この経路［f］を「期待」と表現し得る状況においてはいまだ（かろうじて）、避難判断の「責任」は「⑵住民」自身が保持しているといえるかもしれません。

近年では、住民サイドの「情報待ち」あるいは「行政依存」の問題として象徴的であるように[2]、経路［f］の位置づけは「期待」というよりも「依存」という表現がより相応しい状況へと変化したかのようにみえます。

ここでの「依存」という表現は、本来ならば「⑵住民」自身にあったはずの避難判断の「責任」を、「⑵住民」自身が「⑷避難情報」へと転嫁しようとする事態を指しています。無論、「⑷避難情報」がその転嫁されようとしている「責任」に対して完全に応え得るものであるのならば何ら問題はないでしょう。しかし現実はそうではありません。もとより「⑷避難情報」には、見逃しや空振りの問題が避けられません。避難をすべきか否かの二択で発せられる情報には、必然的に「アタリ／ハズレ」をともなうのです。それがハズレとなったとき、避難判断の「責任」を「⑷避難情報」に転嫁して依存したつもりになっていた「⑵住民」サイドからの風当たりは、概して厳しいものとなりがちです。

近年でも、伊豆大島災害（2013年）、広島災害（2014年）や鬼怒川決壊（2015年）などで、結果的に「⑷避難情報」が未発表の状況で甚大な被害が生じたことから、避難情報の見逃しの問題に対する数多くの批判が向けられたことは記憶に新しいところでしょう。

「⑷避難情報」はその「責任」の要請には完全に応えられないのです。にもかかわらず、「⑷避難情報」側はその「責任」に応え得るふりを続け、「⑵住民」側は依然として「⑷避難情報」に対して避難判断の「責任」を転嫁して依存しようとする態度を続けるのであれば、当然の帰結として、その関係性は破綻を迎えることになります。ともすると、現に破綻を迎えたにもかかわらず、その破綻に気づくことさえなく、あるいはそれに気づいてもなお、帰責ゲームに没頭するのみの私たちであるならば、そのような構造的な弊害は今後も温存され続けることになってしまうだろうと危惧します。

③責任対処問題

「⑷避難情報」を発する任を担う自治体が、ハズレによって生じる多くの被害と幾多の批判を避けたいと考えるのは当然のようにも思えます。しかし、「見逃しを避けるには空振りが多くなり、空振りを恐れると見逃しが発生するという災害情報のジレンマ」[3]は不可避です。それ故自治体は、「⑵住民」から託されたかの如くの状態となっている避難判断の「責任」の対処に関して、大きな苦悩や葛藤を抱えることとなるわけです。ここで、この苦悩と葛藤への対処を仮に「責任対処問題」と呼称することとしましょう。この「責任対処問題」に対応すべく、これまでに採られた対処方策は大きく分けて、次のような二つがあるといえます。

まず、その一つ目ですが、経路［f］の強化の動きです。内閣府は2014年に、「(平成26年9月版)避難勧告等の判断・伝達マニュアル作成ガイドライン」[4]にて「空振りをおそれず早めに出す」べきとする基本方針を提示するに至っています。これに依拠するなら、「⑷避難情報」は増発され、明らかに空振りが増発されます。これは確実です。しかし「内閣府の基本方針に従ったまでである」と言い切ることが可能となったともいえるでしょう。「責任対処問題」を内閣府に肩代わりしてもらう動きである、と換言できるかもしれません。

二つ目の対処方策は、経路［e］の自動化です。すなわち、自治体側が、担当者の主観で「⑷避難情報」を出すか否かを判断するのを避け、気象庁や河川管理者から出される「⑶防災気象情報」の発表タイミングに委ねるような「基準」を設けるという動きです。「行動指南型情報」としての立ち位置を実質的に放棄し、「基準」を満たしたことをお知らせする情報、すなわち、二次的ではあるものの「状況通達型情報」としての立ち位置に徹するという態度への転換と換言することもできるでしょう。無論、この態度転換が「⑵住民」との合意のもとで公然と行われるのならば何ら問題はないとは思います。

これら二つの対処方策により、これからの「⑷避難情報」は、「⑶防災気象情報」の発表とほぼ同時に速やかに、空振りをおそれずに数多く発表されることが、内閣府の御墨つきを得たことでより一層確実となりました。これによって、確かに自治体は、「⑷避難情報」に関して託されてきた「責任」から解放される機会を得たといえるでしょう。「責任対処問題」からの解放です。

しかし、空振りの増発は、「⑷避難情報」に対する「⑵住民」からの信頼性を明らかに低下させます。これは、「⑷避難情報」が出ても避難しない「⑵住民」を多くつくり出してしまうという新たな弊害をもたらしているように表面上はみえます。しかし、この事態を避難判断の「責任」の所在という観点からあらためて眺め直せば、避難判断の「責任」を「⑵住民」へと回帰させる動きと解することもできると思います。皮肉ではありますが……。ならばそれは弊害ではなく、むしろ（「⑷避難情報」という名称に対してよりアイロニカルに）健全化の方向と呼ぶべきかもしれません。

二つの対処法策によって「⑷避難情報」は、帰責ゲームからの脱出に成功したのである、ということです。

④防災気象情報の充実化

一方、近年では、新たな「⑶防災気象情報」が開発されたり、そのわかりやすさが改善されたりするなど、多くの知恵と工夫が投入されています。「⑶防災気象情報」を、「⑵住民」自身がより詳細でわかりやすくリアルタイムで手軽に入手できる環境整備が従前とは比べものにならないほどに飛躍的に進んでいるのです。これは、経路［c］の充実化の動きといえます。

以上のような近年の災害情報伝達の環境整備の動向を要約すれば、図5―1の実線で示した各経路を、より迅速かつ確実なものとすべく行われてきたものであると括ることができます。しかし、この構図を強化するということは、同時に、そして皮肉にも、（意図してか否かは別として、必然として）「⑷避難情報」の情報としての存在感を限りなく薄めている（冗長性を高めている）ということに注意を向ける必要があります。すなわち、経路［c］だけで事足りる状況がどんどん整いつつあるならば、もはや「⑷避難情報」には「『⑶防災気象情報』の横流し」あるいは「『⑶防災気象情報』を単に言い換えただけ」といった程度の意味合いしか残っていないことになるのです。

もとより「⑷避難情報」に期待されていた役割の発端は、「⑶防災気象情報」の困難性を補完するためのバイパス的な役割であったことを思い返せば、その困難性が徐々に解消されつつある現状にあっては、「⑷避難情報」が単なる「⑶防災気象情報」の「横流し」や「言い換え」に過ぎなくなっているという事態は、むしろ当然の帰結ともいえるでしょう。

⑤あらためて、住民の判断とは

いや、それが単なる「横流し」や「言い換え」の役割、すなわち「状況通達型情報」の役割に徹するのみであるのならば、事態はまだ「マシ」です。しかし実情はそうではありません。依然として「⑷避難情報」は、前述の弊害の源として負の影響力を発揮し続けているのです。すなわち、「⑵住民」側は「⑷避難情報」に「行動指南型情報」としての役割を期待し続けていますし、他方、「⑷避難情報」側はそのような期待に応えることができるかの如くの「ふり」をし続けており、このような歪んだ関係性を温存したままで「⑷避難情報」が増発されることが、（政府の御墨つきも相まって）より確実な状況となっているのです。

つまり「⑷避難情報」の空振りは、今後、多発します。これは「多発するかもしれない」という予想とか架空の想像話ではありません。必ず多発し連発されます。そして、その多くで「行動指南型情報」としての役割と期待は裏切られることになります。にもかかわらず、「⑵住民」側には、その裏切り（＝空振り）に対する耐性はいまだ十分に整ってはいないようにみえます。

それであってもなお「⑷避難情報」という概念を維持したいのであれば、この現状の解決には少なくとも次のような三つの方法が思いつきます。

一つ目は、空振りをなくすことです。

二つ目は、「⑷避難情報」に「行動指南型情報」としての役割を期待するのをやめることです。

三つ目は、空振りに対する耐性を「⑵住民」が獲得することです。

このうち、一つ目の方法は技術的に不可能ですので、現実的に取り得るのは二つ目と三つ目の方法しかありません。二つ目あるいは三つ目の方法を採ったとして、しかしながら、「⑷避難情報」に「行動指南型情報」としての役割を期待するのをやめ、それが空振りに終わることにも慣れるよう努めるなら、そこにおける「⑷避難情報」の存在意義とはいったい何なのだというのでしょうか。そこには、「⑷避難情報」と「⑵住民」とのあいだの歪んだ関係性を生み出した「元凶」としての（負の）意味くらいしか、もはや残っていないのではないでしょうか。それであってもなお頑なに「⑷避難情報」を存続させたいのであれば、それはもはや「儀式」としての意味しか残されていないのではなかろうか、と思ってしまうのです。

だとするならば、災害に対峙したときの私たち住民は、「⑷避難情報」の対象か否かで一喜一憂する姿はもはやまったく本質的ではありません。より生の情報、すなわち「⑶防災気象情報」をあてにする姿のほうがまっとうで健全である、ということになるだろうと思うのです。

3　四つのバージョン

ところで、前述のような「避難情報廃止論」の問題意識のもと、その実践においては、少なくとも以下のような四つのバージョンが存在し得ると考えられます。実現可能性は大きく異なりそうですが、そこで達成されるであろう本質的な意義はさして大きくは変わりません。

①スーパーハード・バージョン：水害時における「⑷避難情報」の手続きと名称そのものを完全に廃止する、最も強硬な制度変更をともなうバージョン。

②ハード・バージョン：自治体による「⑷避難情報」の発表にともなう種々の行政手続き（避難所開設など）そのものは廃止せずに現状のままとする。ただし、「⑷避難情報」は単なる「『⑶防災気象情報』の横流し」や「『⑶防災気象情報』を単に言い換えただけ」に過ぎないという問題意識を全面的に踏襲して、「⑷避難情報」の発表の拠り所となった「⑶防災気象情報」の名称をそのまま用いる。たとえば「避難指示」という名称を「氾濫危険情報の発表のお知らせ」などへと改称してはどうか、あるいは、「本来的にはこの意味しかないのだ」ということを正直に表現するという意味において「避難所開設情報」などへと改称してはどうか、というバージョンである。できもしない「行動指南型情報」のふりをするのはもう

やめて、実直に「状況通達型情報」としての役割に徹するという方向転換といえる。名称変更のみのバージョン。

③ソフト・バージョン：現状の「⑷避難情報」の手続きおよび名称に変更はない。ただし、水害時には自治体が「〝避難情報は出しません〟宣言」をする。従前からの制度変更を一切ともなわないバージョン。

④スーパーソフト・バージョン：現状の「⑷避難情報」の手続きおよび名称に変更はない。水害時には現状と同じく自治体は「⑷避難情報」を発表する。ただし、「⑵住民」が「⑷避難情報」に依存せず（すなわちないものとして、あたかも「廃止」されたかの如く）、「⑶防災気象情報」などに基づき主体的に判断する社会を目指す。自治体側の動きは何も変わらない。変わるのは「⑵住民」自身の心構えだけであるというバージョン。

なお、①～④のハード、ソフトという形容詞は、自治体側の「⑷避難情報」の現状制度からの変更の程度を示しています。

４　周辺の議論と異論

繰り返しの強調となりますが、水害時の人的被害を最小限に食い止めるための災害情報の仕組みはどうあるべきか、そして浸水被害が生じ得る場所で暮らす住民の覚悟はどうあるべきか、という議論において、仮にいずれかのバージョンによる避難情報廃止論の立場をとったとしても、本質的には「⑶防災気象情報」および経路［c］の充実が第一義的に重要であることを強調する点で、すべて共通しています。住民が「とるべき行動」を判断する際に依拠する先として、より得策なのは、「⑷避難情報」および経路［f］ではなく、「⑶防災気象情報」および経路［c］である、ということを主張するものです。

この主張を補強および補足するものとして、たとえば以下のような議論が挙げられます。

橋下徹氏は、雑誌『プレジデント2018．10．1号』への寄稿で、前述のものとほぼ同様の問題意識を紹介しています[5]。そこでは、「⑶防災気象情報」のことを「生の情報」と言い換えたうえで、

《生の情報をできる限りリアルタイムに住民の皆さんに届けて、あとは住民の皆さんの判断に任せるしかないだろう。

市町村長が避難勧告や避難指示を出すやり方はもう古い。リアルな生情報を、住民が判断しやすいように視覚的に加工して直接住民に届けて、最後は住民の皆さんに判断してもらう。この方向で政治は力を尽くすべきだ》[5]

と主張しています。

また、防災の文脈とは異なるものの、熊谷晋一郎氏は、脳性まひという自分の経験から「自立を目指すなら、むしろ依存先を増やさないといけない」と述べています[6]。この熊谷氏の言葉を引用しながら伊藤亜紗氏は著書『目の見えない人は世界をどう見ているのか』で「さまざまな依存可能性をうまく使いこなすことこそが、障がい者の自立である」と述べています[7]。その含意を本件に当てはめるならば、

これと同様に私たち「⑵住民」も「⑴現象」に基づき「とるべき行動」を正確に判断する経路［a］が不得手であることを前提とするなら、経路［a］以外にも依存可能性を担保しておくことが重要となる、ということになるのだろうと思います。その依存可能性としてより確度の高い依拠先はやはり「⑶防災気象情報」であろう、ということです。

一方、「避難情報廃止論」への異論として、次のような主張は想定し得ることです。たとえば、避難すべきか否かを指南する役割を担うのはあくまでも気象庁や河川管理者ではなく自治体であると定められているにもかかわらず、住民が経路［c］に依拠して判断するというのは気象業務法や災害対策基本法の主旨に反するのではないか、という類の反論です。しかし、前述のとおり、たとえいずれのバージョンによる避難情報廃止論の立場をとったとしても（あるいは、どの避難情報廃止論の立場もとらなかったとしても）、「とるべき行動」を判断するのは「⑵住民」自身であるべきという点に変わりはありません。そこにおいて、「⑵住民」自身が主体的に「⑶防災気象情報」を選択的に参照するかもしれないというだけのことであり、「⑶防災気象情報」を生成するサイドのオペレーションに現状からの変更点は皆無です。

一方、自治体側のオペレーションに関しては、①②③のバージョンだと責任放棄の感が否めないという類の反論もあり得ます。しかし、住民に対して「⑷避難情報」が「行動指南型情報」としての役割を高度に担うことが本当に可能であるならばそのような反論は傾聴に値するものの、もしもそうでないならば、そのようなふりをし続けることのほうがよほど罪深いといわざるをえません。

あるいは、避難所の開設作業が「⑷避難情報」と紐づけられているので「⑷避難情報」を廃止すべきでない、という類の異論もあり得ることです。しかし、それならば紐づけをやめてしまえばよいだけのことです。従来どおりのタイミングで避難所を開設すればよいのであって、そこで「避難情報を発表しました」とはいわずに「避難所を開設しました」といえばよいだけのことです。

さらにいえば、もしも仮に何らかの点で既存の法やルールに抵触する部分があるならば、その部分を改正すればよいのであって、「ルールで決まっていることだから」といって思考停止に陥る教条主義的な議論は好ましくありません。やたらと頻繁にルールを変更し過ぎるのも如何かとは思いますが、とはいえ、「⑵住民」サイドに主体性を求めるばかりではなく、それ以外の立場や役職の人々にも主体的で柔軟な議論が行われることを望みたいと思います。

5　警戒レベルといくつかの混乱

①警戒レベルの導入

中央防災会議および内閣府により、「警戒レベル」という概念が新たに導入されました（表5―1）[8、9]。これを避難情報廃止論に絡めて解釈するならば、「⑶防災気象情報」と「⑷避難情報」と「⑵住民（のとるべき行動）」との関係（経路［c］［e］［f］）を明示的に紐づけるかたちで一覧表（カタログ形式）にまとめたものである、と解釈できます。

前述のとおり、近年の「⑶防災気象情報」は、情報内容の多様化・高精度化のみならず、「⑵住民」が個々にリアルタイムで閲覧できるようになりつつあり、関係機関による並々ならぬ努力により高度に充実化が図られています。その反面、「⑶防災気象情報」の種類があまりにも多岐にわたるようになったため、やや複雑化の様相を呈しつつある状況にあったのも事実です。このような複雑化の様相を幾ばくかでも

表 5-1 警戒レベル（下表は導入時のもの）

<table>
<tr><th colspan="2">【(2) 住民（とるべき行動)】</th><th>【(4) 避難情報】</th><th colspan="2">【(3) 防災気象情報】</th></tr>
<tr><td rowspan="3">警戒レベル</td><td rowspan="3">住民がとるべき行動</td><td>住民に行動を促す情報</td><td colspan="2">住民が自ら行動をとる際の判断に参考となる情報（警戒レベル相当情報）</td></tr>
<tr><td rowspan="2">避難情報等</td><td colspan="2">防災気象情報</td></tr>
<tr><td>・氾濫発生情報
・大雨特別警報（浸水害）</td><td>・大雨特別警報（土砂災害）</td></tr>
<tr><td>5</td><td>すでに災害が発生。命を守るための最善の行動をとる</td><td>災害発生情報</td><td>・氾濫発生情報
・大雨特別警報（浸水害）</td><td>・大雨特別警報（土砂災害）</td></tr>
<tr><td>4</td><td>全員避難
・指定緊急避難場所等への立ち退き避難
・災害が発生するおそれが極めて高い状況のため緊急に避難</td><td>避難勧告
避難指示（緊急）</td><td>・氾濫危険情報
・洪水警報の危険度分布（非常に危険）</td><td>・土砂災害警戒情報
・土砂災害に関するメッシュ情報（非常に危険）（極めて危険）</td></tr>
<tr><td>3</td><td>高齢者等は避難
・高齢者等は立ち退き避難
・その他の人は立ち退き避難の準備をし、自発的に避難</td><td>避難準備・高齢者等避難開始</td><td>・氾濫警戒情報
・洪水警報
・洪水警報の危険度分布（警戒）</td><td>・大雨警報（土砂災害）
・土砂災害に関するメッシュ情報（警戒）</td></tr>
<tr><td>2</td><td>避難に備え自らの避難行動を確認</td><td>洪水注意報
大雨注意報</td><td>・氾濫注意情報
・洪水警報の危険度分布（注意）</td><td>・土砂災害に関するメッシュ情報（注意）</td></tr>
<tr><td>1</td><td>災害への心構えを高める</td><td>早期注意情報</td><td></td><td></td></tr>
</table>

出展：政府広報オンライン（https://www.gov-online.go.jp/useful/article/201906/2.html）　（図 5-1 との対応を【　】で筆者が追記）

解消し、一般の「⑵住民」によりわかりやすいように情報を整理するという観点から、この警戒レベルの導入は一定の役割をはたし得るといえるでしょう。すなわち、数ある「⑶防災気象情報」のいずれかの情報が発せられたときに「⑵住民」は如何なる行動をとるべきか、そして、いずれかの「⑷避難情報」が発せられたときに「⑵住民」は如何なる行動をとるべきかが、警戒レベルの数字とともにハッキリと明示されることになったというわけです。

警戒レベルとして、1から5までの5段階が設けられました。数字が大きくなるほど危険度が高い状況を示します。たとえば次のとおりです。

「⑶防災気象情報」のうち、洪水に関する情報として「氾濫警戒情報」「洪水警報」や「洪水警報の危険度分布（警戒）」が発せられたとき、あるいは、土砂災害に関する情報として「大雨警報（土砂災害）」や「土砂災害に関するメッシュ情報（警戒）」が発せられたとき、「⑵住民」がとるべき行動は「高齢者等は避難（高齢者等は立ち退き避難。その他の人は立ち退き避難の準備をし、自発的に避難）」です。一方、「⑷避難情報」の一つである「避難準備・高齢者等避難開始（2021年の改正後の呼称は「高齢者等避難」）」が発せられたときも、「⑵住民」がとるべき行動は「高齢者などは避難（高齢者等は立ち退き避難。その他の人は立ち退き避難の準備をし、自発的に避難）」です。これらの状況を総じて「警戒レベル3」と呼ぶことにしたわけです。

同様に、「警戒レベル4」については次のとおりです。「⑶防災気象情報」のうち、洪水に関する情報として「氾濫危険情報」や「洪水警報の危険度分布（非常に危険）」が発せられたとき、あるいは、土砂災害に関する情報として「土砂災害警戒情報」や「土砂災害に関するメッシュ情報（非常に危険）（極めて危険）」が発せられたとき、「⑵住民」がとるべき行動は「全員避難（指定緊急避難場所などへの立ち退き避難。災害が発生するおそれが極めて高い状況のため緊急に避難)」です。一方、「⑷避難情報」の一つである「避難勧告（２０２１年の改正後は廃止された)」や「避難指示」が発せられたときも、「⑵住民」がとるべき行動は「全員避難（指定緊急避難場所などへの立ち退き避難。災害が発生するおそれが極めて高い状況のため緊急に避難)」です。これらの状況を総して「警戒レベル４」と呼ぶことになったわけです。

②いくつかの混乱

２０１９年の出水期には早速「警戒レベル」が運用されましたが、そこではいくつか混乱もあったようです。その例として、以下に示すような事例などは、「避難情報廃止論」の問題意識を議論するうえで重要な視点を含むものであったといえます。当時を報じる新聞記事から、以下にいくつか抜粋します。

> **ヤフーに「避難情報」寝耳に水　山形市、発令していないのに……**
>
> 「警戒レベル3相当 高齢者など避難」――。ポータルサイト「Yahoo! JAPAN」上で18日午後2時ごろ、こんな山形市の「避難情報」が掲載された。ところが、市は避難情報を発令しておらず、寝耳に水。サイトを見た市民から問い合わせを受けるなど、対応に追われた。どういうわけか。
>
> 気象庁や自治体などが災害時に出す情報は5月末から、5段階の警戒レベルが付記されるように

> なった。気象庁は、警報や注意報といった防災気象情報に合わせ、警戒レベルのどの段階に相当するかを付記。自治体は現地の情報なども合わせて、避難情報を発令するかどうかを判断する。
> サイトを運営する「ヤフー」（東京）によると、同社は気象庁から大雨の危険度に関するデータの配信を受けている。山形市では午後2時ごろ、山辺町との境付近で大雨の危険度が「警戒レベル3相当」に到達。気象庁が警戒レベルごとに規定した「住民がとるべき行動」を踏まえ、サイト上に「高齢者など避難」と表示されたという。
> 市は県警から問い合わせを受け、サイトに「避難情報」が掲載されているのを把握し、ヤフーに経緯を確認。約1時間後、雨が弱まると、表示は消えたという。
> 市の担当者は「市が避難情報を出したように見えて紛らわしい。台風シーズンになって、また同じことが起きなければいいが」と曇り顔だ。（朝日新聞（朝刊）、2019年7月19日付、山形全県、23ページ）

このような山形市での出来事は、次に示すように、甲府市でもほぼ同じような様相で起きていたようです。

> **甲府市が気象台に改善要望　避難勧告をヤフー呼び掛け混乱と**
>
> 甲府市は7日、市が避難勧告などを出していないのに、ヤフーが気象庁の情報を基にインター

ネットの防災情報サービスで「いますぐ避難」と呼び掛けたとして、改善を要望する文書を甲府地方気象台に出したと明らかにした。

市によると、ヤフーは1日、「警戒レベル４」「いますぐ避難の判断をしてください」などと呼び掛けた。市には、住民から「本当に避難すべきなのか」「市の情報なのか」といった問い合わせが13件あった。市は当時、避難勧告などには当たらないと判断していた。

市は2日、「住民が混乱する」「実際に避難が必要な際の警戒感が薄れる」と、要望書を提出。９日までの回答を求めた。（共同通信、２０１９年８月７日付）

同じく高崎市の事例も挙げておきます。

ヤフーの避難通知で混乱 大雨 高崎市勧告の2時間前
◆防災アプリで「いますぐ」表現改善へ
今月23日深夜からの大雨と河川の増水を受け、高崎市が市内の一部地域に避難勧告を出した約２時間前に、防災情報をスマートフォンなどに提供するＩＴ大手・ヤフーなどの民間業者が「いますぐ避難」と通知していたことがわかった。大雨危険度通知と呼ばれるサービスだが、勧告の発令権限のある自治体の判断を待たずに避難を呼びかける形となり、ヤフーは「誤解を招かぬよう、表現を改善する」（広報）と、通知内容の見直しを決めた。

　高崎市が避難勧告を出したのは24日午前1時。市東部を流れる井野川が氾濫危険水位に達したことに伴う判断で、井野町や元島名町などの一部を対象にした。

　一方、ヤフーは井野川上流の天王川に洪水の危険が高まったという情報を基に、23日午後11時10分、「警戒レベル4相当　いますぐ避難」と、地域を特定せずに防災アプリの利用者に通知した。

　市は避難指示や勧告を発令する際、河川の水量や上流の予想雨量などを踏まえ、市内500以上ある町内会単位で判断していくが、ヤフーが通知した時点では、気象台の注意報・警報もなく、勧告を出す検討はまだしていなかったという。

　このため、通知を見た利用者からは「避難した方がよいのか」などの問い合わせが相次いだ。市は「必要な場合は市が勧告や指示を出すので、情報に注意してほしい」と回答したが、「通知は市民にとって紛らわしかったようだ」としている。

大雨危険度通知：天気や災害情報を提供する「ヤフー」と「日本気象」が気象庁の協力事業者となり、今月10日から提供しているサービス。大雨や洪水で避難準備を呼びかける「警戒レベル3」相当になった場合などに同庁からの伝達を受け、両社は居住地などの市町村を登録済みの利用者にスマートフォンのアプリやメールを通じて情報を知らせる。気象庁は「早めに避難してもらうための判断材料」と位置付けている。（読売新聞（東京朝刊）2019年7月30日付、群馬23ページ）

これらの事例ではいずれも、ヤフーは「警戒レベル」のルールに則って経路［ｃ］を遂行したに過ぎません。しかもわかりやすく最大限の工夫をこらして遂行したのです。前掲の橋下氏の表現を借りるなら、ヤフーは「リアルな生情報を、住民が判断しやすいように視覚的に加工して直接住民に届けた」のです。これによって「⑵住民」は、かつてのように「⑷避難情報」を待ったり依存したりせずとも、「⑶防災気象情報」に基づいて「とるべき行動（警戒レベル）」を判断できるヒントをはるかに確実かつ容易に入手できるようになったはずです。前述のような「⑷避難情報」にまつわる弊害をも払拭し得るヤフーによるこの絶妙なサポートについて、批判にさらされるべき箇所は微塵も見当たらない、と個人的には思います。

なお、市からの「⑷避難情報」は未発表であり、それがあたかも発表されたかの如くみえて「紛らわしい」とのことですが、掲載されたのは「警戒レベル」と「とるべき行動」です。もとより市民にとっては、「⑷避難情報」が出ようと出てなかろうと「とるべき行動（警戒レベル）」は（ヤフーなどのおかげで）すでに明らかなはずです。にもかかわらず、あらためて市に「⑷避難情報」の有無を問い合わせるような事態は、依然として「⑵住民」が「⑷避難情報」に対する「待ち」や「依存」の弊害を抱えた状態からいまだ抜け切れていないことの証左のようにも思えてきます。市側については、「⑷避難情報」が「防災気象情報の横流し機能」を遂行できなかったことを悔やむ意味での「曇り顔」ならば理解はできます（が、実際にはそうではなかったようですが）。

いずれの立場の人々も、「⑷避難情報」に「行動指南情報」としての役割を過度に期待するのには無理があることを強く認識する必要があるように思います。いずれの事例も、より端的にいえば「ヤフーでよいじゃないか」とも表現し得る事態です。

6　ここまでのまとめ

「警戒レベル」の導入によって、「⑷避難情報」における「行動指南型情報」としての役割がより強く明確になったとみる向きもあるようですが、筆者の見解は真逆です。むしろ、「行動指南型情報」として「⑷避難情報」が如何に冗長（ムダ）であるのかがより鮮明に整理されたといえるでしょう。やはり「⑷避難情報」に「行動指南型情報」としての役目をすべて担わせるのにはムリがあるといわざるをえません。浸水被害が生じ得る場所で暮らす「⑵住民」にとって、いち早く危険を察知して速やかに行動を起こすには、その判断のヒントを「⑷避難情報」にではなく「⑶防災気象情報」に求めるほうがはるかに確実で健全であるといえるでしょう。そのような判断を可能とする環境がようやく整いつつあるということです。「避難情報廃止論」を議論する土台がいよいよ整ったとみるべきではないでしょうか。

なお、以上までの議論は、あくまでも「⑶防災気象情報」および経路［c］が十分に完備された環境下という強い仮定のうえでのものであることからも明らかなように、引き続きより一層の「⑶防災気象情報」および経路［c］の充実化に向けた技術的な検討が重要であることはいうまでもありません。

7　避難情報は本当に不要なのか？

①あらためての問い

「避難情報廃止論」を議論する土台が整ったのだとすれば、ここでなお、あらためて「⑷避難情報」の意義を問い直しておきたいと思います。「⑶防災気象情報」および経路［c］だけで事足りる状況が完全に整備されたならば、本当に「⑷避難情報」を廃止してしまってよいのか、という再度の問いかけでです。ここまで目を通していただいた読者の皆さんにも、いまいちど、ここで想像し直していただきたいと思います。

もしも住民と自治体とが互いを「大切な他者」として認識しており、両者の間に信頼関係や一体感が存在する間柄だったとするならばどうでしょうか。

その場合、自治体が住民に向けて、迫り来る危機や避難に関するメッセージを何らかの形態で発信することは、むしろ当然のことのようにも思われます。このとき、そのメッセージの形態は、たとえば「⑷避難情報」などのような既存の形態をとるのでも構いませんし、あるいは別の形態をとるのであっても、どちらでもよいはずです。そこでは、たとえ「⑷避難情報」に「行動指南型情報」としての価値が皆無であったとしても、両者で「この地域から犠牲者を一人も出さない」という決意を共有・確認し合うための役割（価値）を「⑷避難情報」は担い得る、と思うのです。「⑷避難情報」は、まさに「儀式」として存在し続ける価値が「ある」と思います。このような価値は、「⑷避難情報」を、国でも都道府県でもなく、「⑵住民」にとって最も身近な行政である自治体が発信するからこそ発揮し得るものであると考えられるのです。自力での避難が困難な独居高齢者や障害者などへの周囲からの避難支援、自治体の範囲を超えた広域避難、避難所の環境改善など、従前のルールに縛られない柔軟な議論を許容し、そのうえで有効な政策や工夫を可能とするのは、このような「儀式」を必要とするような風土であるように思われます。このような風土のもとでの「儀式」としての「⑷避難情報」には、もはや空振りも見逃しも存在しません。アタリやハズレという概念もナンセンスなものとなります。あえていえば、そこで人々が望むのはアタリではなくハズレです。

一方、もしも住民と自治体とが互いを「大切な他者」として認識しておらず、責任の追求と回避を応報的に繰り返す殺伐とした分断の関係性にあるとするなら、どうでしょうか。

その場合、そのような「儀式」はきっと必要とはされないでしょう。ならばもはや「⑷避難情報」の存在意義はありません。廃止してしまって何ら問題はないでしょう。あたかも「行動指南型情報」としての役割を高度に担うことが可能であるかのような「フリ」をした「⑷避難情報」を中途半端に存続させたとしても、住民は空振りや見逃しによって生じたハズレの損害の責任を自治体に向かって執拗に追及し続けるでしょうし、それを回避すべく自治体は、より早めに広範囲に機械的に「⑷避難情報」を淡々と出し続けるでしょう。その場合の「⑷避難情報」は、水害時の人的被害を最小限に食い止めるために出されるものではなく、それはもはや、住民からの責任追及を回避するための単なるアリバイづくりに過ぎなくなってしまいます。だとするなら、そのような不毛な悪循環を抜け出すために、いっそのこと、その「元凶」である「⑷避難情報」を廃止して経路［c］に依拠する社会を目指したほうが、住民と自治体の双方にとってよほど健全なのではないでしょうか。

経路［c］だけで事足りる社会において、「避難情報は本当に必要か？」「避難情報を本当に廃止してしまってよいのか？」という問いかけに対する答えは、前述のとおり、当該地域の住民と自治体との間の関係性の如何によって大きく異なる可能性が高い、ということです。本当に避難情報を廃止してもよいと考える場合、その人が準拠する地域社会においては、住民と自治体との間に殺伐とした分断の関係性が存在する可能性が高いと予想されます（以降、この関係性のことを「分断的な関係性」と呼称）。一方、避難情報は廃止しないほうがよいと考える場合、その人が準拠する社会には、住民と自治体との間に信頼関係や連帯感が存在する可能性が高いと予想されるのです（以降、この関係性のことを「連帯的な関係性」と呼称）。

②仮説検証のための調査

以上の考察に基づけば、避難情報廃止論という思考実験が問いかけるものは、単に「⑷避難情報」を廃止すべきか否かという表面的な議論だけではなく、それへの賛否をもってして、その人の準拠社会における住民と自治体との関係性についての認識のありようを問いかけてくるものである、といえます。このような仮説の妥当性について、以降では簡便なアンケート調査に基づき検証を試みた結果を紹介します。

アンケート調査は２０１９年10月29日から30日にかけて、インターネット調査の形式で行いました。調査対象は、インターネット調査会社が保有するモニターリストから抽出（対象は全国、年齢階層・性別で均等割付）された１０００名であり、そこから逆転項目に矛盾のある回答者を除外した７４１件を有効回答としました。検証にあたっては、まず、回答者が「避難情報廃止論」の要点を正しく理解しているか否かを判別する必要があります。不理解のままに字面だけで反射的に賛否の反応を示している可能性を排除する必要があるためです。「避難情報廃止論」の理解の要点とは、前節までにも繰り返し強調するように、「住民自身の避難判断には避難情報よりも防災気象情報のほうが有用である」という点です。このことに対する正確な理解を得ぬままに、単に「避難情報廃止論」への賛否を問うたところで無意味ですので、調査では、避難情報廃止論の要点に関する説明を回答者へ丁寧に施したうえで、「避難判断には避難情報と防災気象情報のどちらの情報が有用と思うか」を問うています。これを［Ｑ１］と呼称することとします。

次に、避難情報廃止論への賛否を問う質問を設けています。調査の簡便さや回答者への負担を考慮し、ここでは、避難情報廃止論における四つのバージョンのいずれかを特定せず、より端的に「避難情報を廃止することへの賛否」として問うこととしました。これを［Ｑ２］と呼称することとします。

最後に、防災をめぐる行政と住民との関係性に関する認識を問う質問を、表現を若干変化させた計三つのパターンで設けました。これらを［Q3a］、［Q3b］、［Q3c］と呼称することとします。

③検証結果

まず、図5―2に示す結果に基づき、避難情報廃止論の要点に関する回答者の理解の状況を確認します。［Q1］の回答状況からは、「避難判断には避難情報よりも防災気象情報のほうが有用」と考えている回答者、すなわち、避難情報廃止論の要点を了解した回答者は、有効回答者の約20％にあたる148人であることがわかります。残りの424人（57・2％）は「どちらともいえない」としており、169人（22・8％）は「避難判断には防災気象情報よりも避難情報のほうが有用」と考えている様子がわかります。

防災気象情報よりも避難情報のほうが有用と考える回答者（169人）において、［Q2］の避難情報を廃止することへの賛否について「反対（廃止すべきではない）」が大多数（81・1％）を占めるというのは、いわば当然のことであり、特段の違和感はありません。自分が信頼するもの（避難情報）を廃止しようとするアイデアに対して、反対の意向を示すことは、ごく自然な反応といえます。

一方、避難情報よりも防災気象情報のほうが有用と考える回答者（148人）においては、［Q2］に対して、ならば避難情報は廃止してよい（賛同）との回答が大幅に増加し、避難情報は廃止すべきではない（反対）との回答が大幅に減少してもよさそうなところではあるのですが、そのような傾向は若干にとどまっており、依然として、避難情報は廃止すべきではない（反対）とする回答が過半数（56・1％）を占めるに至っています。避難判断には避難情報よりも防災気象情報のほうが有用である（つまり、経路［c］だけで事足りる）ということを了解しつつも、ならば避難情報を廃止してもよいと考えるか、それでもなお避難情報を廃止すべきではないと考えるか、両方の見解が混在した状況であるといえるでしょう。

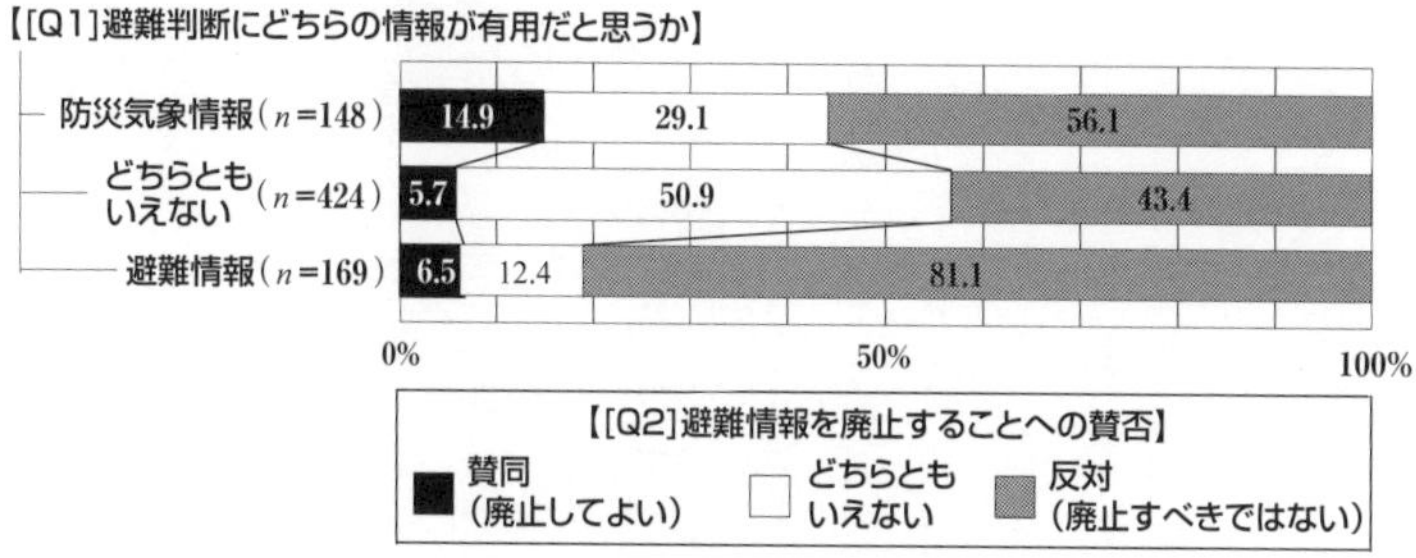

図 5-2　「避難判断にどちらの情報が有用か」の認識別にみる「避難情報を廃止することへの賛否」

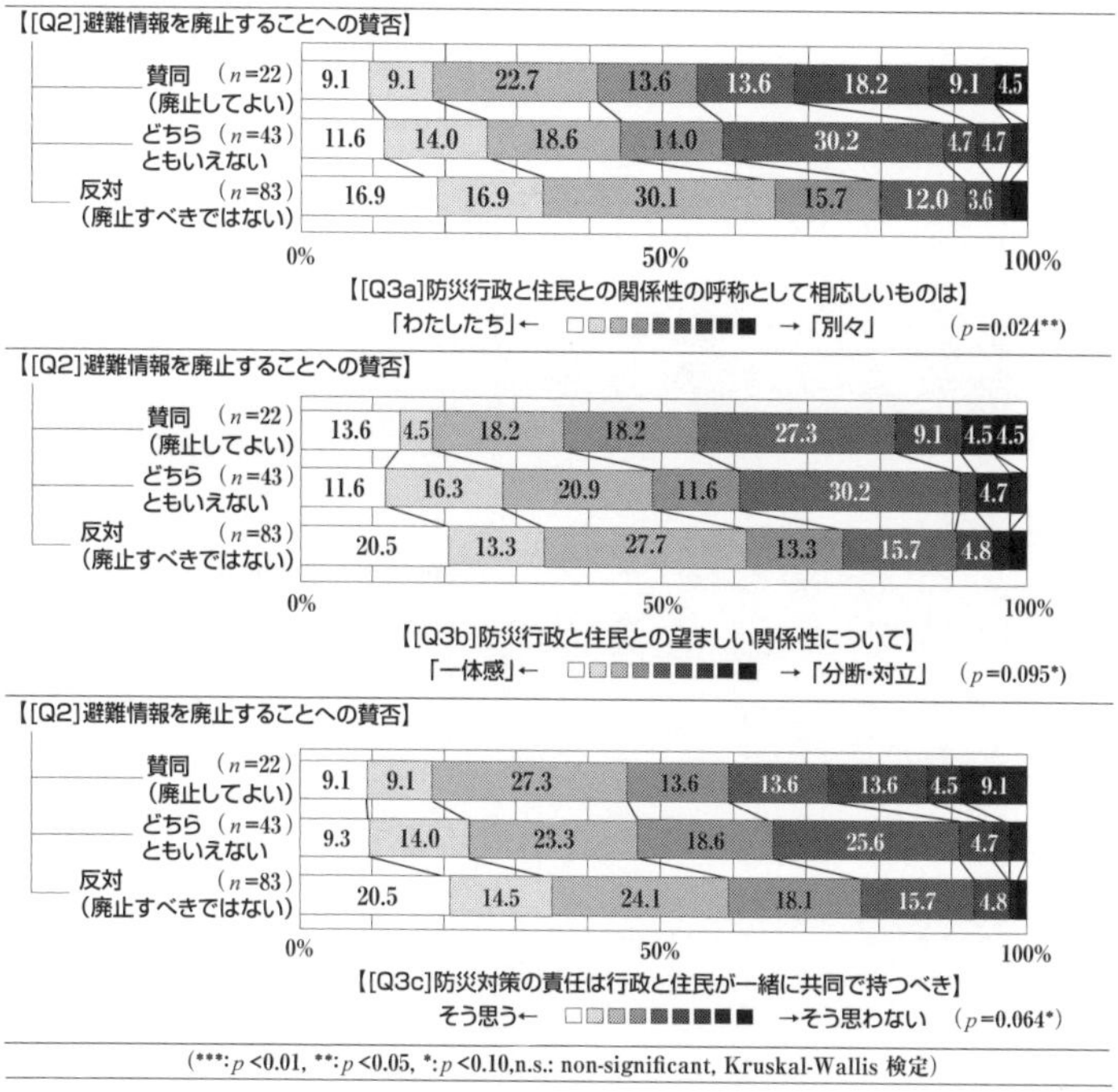

図 5-3　避難判断には避難情報よりも防災気象情報のほうが有用と考える回答者における「避難情報を廃止することへの賛否」と「防災行政と住民との関係性の認識」の関連性

この状況において、避難情報を廃止すべきではないと考える場合、その人が準拠する地域社会においては、防災をめぐる行政と住民との間に信頼関係や一体感が色濃く存在する（＝連帯的な関係性）と予想するのが第5章における仮説でした。逆に、そこで避難情報を廃止してもよいと考える場合、その人が準拠する地域社会においては、防災をめぐる行政と住民との間には信頼関係や一体感は存在しにくい（＝分断的な関係性）と予想するのが第5章における仮説でした。図5―3からは、その予想をおおむね支持する傾向を読み取ることができます。すなわち、［Q3a］、［Q3b］、［Q3c］のいずれの表現においても、避難情報を廃止すべきではないとする回答者においては、廃止してよいとする回答者に比べて、防災行政と住民との間に「私たち」と呼ぶに相応しい関係性、あるいは「一体感」と呼ぶに相応しい関係性、あるいは「防災の責任を一緒に共同で」担っていこうとする気概が、より強く存在する可能性を示唆する結果となっていることがわかります。

以上の検証から、「避難情報廃止論という思考実験は、それへの賛否をもってして、その人の準拠社会における住民と自治体との関係性のありようを、その人がどのように認識しているのかを問いかけてくるものである」との解釈には、一定程度の妥当性があるといえそうです。

ただし、このような解釈にのみ立脚するなら、ともすると「避難情報廃止論」という思考実験は、その人の準拠社会における住民と自治体との関係性のありようを尋問するだけの単なる「踏み絵」のような位置づけへと矮小化されて解釈されてしまうのではないかと危惧するところでもあります。ここでみたような「避難情報廃止論への賛否意識」と「防災行政と住民との関係性に関する認識」とのあいだに見出される関連性は、どちらかのみが原因でどちらかのみが結果といったような因果関係として短絡的に解釈すべきではないと思うのです。筆者は、避難情報廃止論という思考実験は、けっして「踏み絵」などではなく、防災をめぐる行政と住民との関係性のあるべき姿に関する熟議をもたらし得るものとして、より前向きな立ち位置をそこに付与したいと考えています。

8　まとめ

氾濫が生じ得るエリアに居住する住民にとって、水害時に「⑷避難情報」の対象か否かだけで一喜一憂するのは本質的ではありません。「⑷避難情報」に「行動指南型情報」としての役割を期待するのには無理があるのです。より生の情報、すなわち「⑶防災気象情報」に目を向けるほうが得策である、というのが避難情報廃止論の最も基盤となる論点であることが、第5章における考察を介してあらためて整理されたといえます。

一方、避難情報廃止論という思考実験が私たちに問うものは、実は、単に「⑷避難情報」を廃止すべきか否かといった表面的な議論、すなわち、

D1：避難情報を廃止すべきではない。
D2：避難情報を廃止してもよい。

という二者択一の形式的な制度上の話だけではありません。もしも「⑶防災気象情報」で事足りる環境が十分に整うのであれば、そのもとでなお「⑷避難情報」が必要と考えるのか否かの判断は、住民の避難判断とは別の論理、すなわち、その人の準拠社会における住民と自治体との関係性についての認識の如何によって大きく異なる可能性があるということを提起するものでありました。私たちはそこで、防

災行政と住民との間に「連帯的な関係性」が存在する社会を目指すのか、それとも、「分断的な関係性」を目指すのか、あるいはそれらとは別な社会のあり方を模索するのか、と問われることになるわけです。私たちはこの議論を避けるべきではありません。真摯な熟議が必要だと思うのです。

「⑷避難情報」のあり方をめぐる議論において、たとえば矢守氏や辻大介氏なども、当事者の「関係性」に目を向けることの重要性を強調していました。矢守氏は「『いかにも避難指示が出そうだ』という〈感覚〉を、実際に避難する人たちが事前に共有するための営みが死活的に重要となる」と指摘します[10]。辻氏は「主体Aが客体Bに避難を指示・勧告するという〈関係性〉から、BがAとともに主体となって『私たち』が避難宣言をするという〈関係性〉へ」と言及しています[11]。いずれも、現実の状況が「分断的な関係性」により近くなってしまっているのではないかという問題意識に端を発し、それに対して、「一体的な関係性」を目指すアプローチの重要性を指摘するものであるといえます。この点に関して筆者もまったく異論はありません。

一方、典型的な都市的コミュニティなどのように、そのアプローチに沿った実践が困難であり「分断的な関係性」に留まらざるを得ない状況である場合、それでもなお、ただひたすらに「一体的な関係性」を寡黙に目指すことだけが唯一の選択肢ではないこともまた現実であろうと思うのです。「分断的な関係性」にあることを甘受せざるを得ないとするならば、そこでの次善の策として「⑷避難情報」を廃止することも選択肢の一つであることを提示したうえで、そのどちらの関係性を目指すのか（甘受するのか）を迫るのが「避難情報廃止論」である、といえるでしょう。

ところで、第5章で用いた調査は2019年実施のものですが、それ以降の出水期においても、甚大な浸水被害が日本各地を立て続けに襲っています。「⑷避難情報」に関していえば、空振りもありましたし見逃しもありました。空振りをおそれず早めに広範囲に出された「⑷避難情報」の対象者も膨大な人数に上っています。「⑷避難情報」が自治体全域を対象に発せられるという事態も、そう稀なことではなくなりました。その意味では、すべてではないにせよ、少なくない自治体において、現時点での「⑷避難情報」はもうすでに、水害時の人的被害を最小限に食い止めるために出されるものではなく、住民からの責任追及を回避するための単なるアリバイづくりに成り下がってしまっているのかもしれません。

そのような現状において、私たちの住む社会が、互いに責任の追及と回避を応報的に繰り返す殺伐とした社会と化しているということを認めるならば、いっそのこと「⑷避難情報」は本当に廃止してしまったほうが健全だと思います。すなわち、

Ｄ２：避難情報を廃止してもよい。

ということです。その実践のためのバージョンは少なくとも四つほど提起されているので、それらから相応しいバージョンを選べばよいということになります。

しかし、私たちの住む社会には防災行政と住民との間に信頼関係や一体感が存在する、あるいは、現状ではそれは薄れつつあるとしても将来的にはそれの再構築を目指すべきとの信念がわずかでも存在するのであれば、その限りではないのかもしれません。すなわち、その場合においてはじめて、真の意味で、

Ｄ１：避難情報を廃止すべきではない。

という選択肢が浮上してくることになります。第５章の冒頭にて「Ｄ１：避難情報を廃止すべきではな

い。」を選択した皆さんには、この「信念」あるいは「覚悟」が備わっていたことを期待したいところです。

9　補論：トンガ沖噴火から考える避難情報廃止論

①経緯

南太平洋・トンガ諸島の海底火山で大噴火が発生したのは日本時間で2022年1月15日の午後1時ごろでした。その後、トンガに近い洋上の観測点で潮位変化が小さいことなどから、気象庁は午後7時過ぎに、「若干の海面変動が予想されるが、被害の心配はない」と発表しました。通常の「地震に伴う津波」のみなら、この判断はけっして間違いではなかったはずです。

しかし、発表からおよそ1時間後の午後8時ごろから、日本各地で予想よりも2～3時間早いにもかかわらず潮位変化が観測され、午後11時以降には津波警報の基準となる1m超の潮位上昇も観測され、トンガから遠く離れた日本のほうが、トンガに近い洋上観測地点より潮位上昇が大きくなるなど、通常の「地震に伴う津波」のみでは説明できない事態を観測することとなりました。

これらの事態に、気象庁は16日午前0時15分、全国各地に津波警報および津波注意報（以下では二つあわせて〝津波情報〟と呼称します）を発表しました。このときすでに、通常とは異なる潮位変化を観測してから約4時間が経過していました。

②気象庁による津波情報の〝目的外利用〟

この4時間という時間経過をどう考えるか、という点を少しだけ深く議論してみたいと思います。筆者は、少なくとも気象庁の担当職員は、津波情報を「出す／出さない」という二つの対立意見の板挟み状態で、この4時間を「ためらいと葛藤」とともに過ごすことになったのではないかと想像します。

厳密には通常の「地震に伴う津波」とはいえないかもしれないので、ルール順守の観点からは「津波情報は出すべきではない（出せない）」というものが、一つ目の意見です。「気象庁は職務上のルールを順守したまでです」と言い張ることもできたでしょう。そのような判断もきっと十分にあり得たと思います。

しかし、通常とは異なる潮位変化が観測され、その後も継続することが予想されるなか、少なくとも気象庁は「危機感と不安感」を抱えたに違いありません。この「危機感と不安感」を「何らかの方法」で広く国民へ伝え、共有し、注意を喚起することは必要だと判断したのだと思います。「何らかの方法」に津波情報を充てた場合、厳密には通常の「地震に伴う津波」とはいえないかもしれないので「それは〝目的外利用〟なのではないか」と咎められてしまうかもしれません。「だとしても出すべきだ」という判断が、二つ目の意見です。このような意味での〝目的外利用〟だとされたとしても、それを咎める者は少ないはずだ、という確信もきっとあったのだろう、と筆者は推察します。

このたびの運用が本当に〝目的外利用〟にあたるのか否かを科学的に判断することは、ここでの主旨ではありません。もし仮にこのたびの運用が〝目的『内』利用〟ならば、それは単に「情報発信の遅延」の問題として発信者側が猛省すればよいだけの話です。

より重要な論点はそこではありません。なぜなら、このような事態においても必ず〝目的『内』利用〟と呼ぶに相応しい「何らかの方法」が整っているとは限らないからです。「方法」が整っていれば発信し、整っていなければ発信しないだけなのであれば、プログラムか何かで自動化しておきさえすればよい、というだけの極めてシンプルな話となります。「方法」が整っていない想定外や予想外の事態で、人的被害最小化の観点からより根源的に問われるのは、「危機感と不安感」を〝目的外利用〟も辞さずに共有しようとする「気概」が情報発信者側にあるのか否かという点だ、と筆者には思えてならないのです。

少なくともこのたびの事態においては、その「気概」は「あった」といってよいのではないでしょうか。ただし、4時間という沈黙の時間は「長すぎた」とも感じます。この間に注意喚起を発信した民間気象会社も現に存在します。気象庁にもできたはずです。きっと、国民の多くも、「津波情報の発表までに4時間もの沈黙の時間を費やす必要はない。危機や不安を感じたらすぐに共有してほしい」と願っているはずです。気象庁は今回の件を受けて、それが厳密な意味で「地震に伴う津波」に該当せずとも、住民生活に影響を及ぼすような潮位変化であるならば津波情報を運用できるよう、ルールの見直しなどを進めました。もちろん、こうした具体的な見直し作業は大事なことではあります。しかし、それに加え、このような「ためらいと葛藤」が存在した可能性、〝目的外利用〟も辞さずに「危機感と不安感」を共有しようとした「気概」が存在したという可能性を、もっと早くに実行できたはずだという猛省とセットで今後に語り継ぐことにも、非常に重要な意義が潜んでいるのではないか、と思うのです。

③自治体による避難情報の〝目的外利用〟

気象庁が発表した津波情報を受けて、その影響を受ける地域住民に避難情報（避難指示および高齢者避難）を発表した自治体が、すべてではなかったにせよ、ほとんどでした。しかし、前述のとおり、津波情報が発表されない事態というのは十分にあり得たことだったのです。その場合、避難情報のほとんどは発表されていなかったものと想像されます。

「当たり前だ」と嘲笑されるかもしれません。「津波情報が出たら即座に避難情報を出します」などというように、「津波情報＝避難情報」という構図をことさら強調する自治体も少なくありません。しかし、もし、これが当たり前なのだとすれば、避難情報とはいったい何なのでしょうか。このたびの事態では、津波情報の発出があろうとなかろうと、潮位の変動にともなう避難の必要性は同じなはずです。にもかかわらず、津波情報が発出されれば避難情報が出され、津波情報が発出されなければ避難情報が出ないのならば、この場合における避難情報は、もはや「避難が必要な人に、避難の必要性を指示する情報」などではありません。ただ単に「津波情報が発表されたことをお知らせする情報」に過ぎなかったということになってしまいます。

厳密な意味でいうと、避難情報にはその程度の役割しか担わせられないのだろう、とも思うわけです。避難情報は万全ではありません。避難をするかしないかを判断するきっかけや根拠として避難情報に頼ったり依存したりすることを住民に推奨するような物言いは、自治体は本来なら避けるべきなのです。

このたびの事例でいえば、「津波情報＝避難情報」という構図に徹するのなら、その大元の情報である津波情報だけでことは足ります。わざわざ避難情報を経由すると、避難情報が遅れたり、発出されなかったり、内容が歪んだり、「避難情報に従って避難したのに無駄だった」、などというオオカミ少年的感覚を助長したりなどのデメリットを抱えることとなりかねません。極論すれば、避難情報は冗長であり、端的にいって不要です。

そうはいいながらも、「いや、だとしても、そんなことはない、避難情報は必要だ、避難情報こそが担い得る役割があるはずだ」という反論を期待したいのです。遠い太平洋上の大噴火によって国内でも想定外の潮位変動が観測され、しかし気象庁からは「津波の心配はない」との情報がそれ以前にあったのみで、津波情報の発出はないまま、そんな事態において、自治体職員が抱かずにはいられなかった「危機感と不安感」を広く地域住民へ伝え、共有するための手段として、避難情報という既存のルールをいわば〝目的外利用〟することは、許されないのでしょうか。そのような意味での〝目的外利用〟なら、それを咎める者は少ないはずです。むしろ、そのような「気概」を持った職員がわが自治体にいたことを、誇りに感じ、勇気づけられる者だってきっと少なくないはずです。

もちろん、前述の想像は、「ためらいと葛藤」を抱かずにはいられず、なおかつ、「危機感と不安感」を地域住民と共有する必要性を感じずにはいられない自治体職員の存在を大前提としたものです。その前提がもし間違っているのなら話は別です。もしもそうなら、繰り返しになりますが、避難情報は端的にいって不要です。廃止してしまったほうがよほど健全というものです。

それでは、自治体はどんな情報の出し方ができたでしょうか。たとえば、

《トンガで海底火山が噴火しました。気象庁は津波の心配はないと発表しました。その後、津波情報は発表されていません。しかし、原因不明な潮位変動が生じているという情報もあります。○○市としては、『もしかしたら、避難が必要な住民が出るかもしれない』という危機感をいま、持っています。そんな危機感を皆さんと共有する目的で、避難情報という既存の制度を用いて、皆さんにお声掛けを実施します。避難情報は万全ではないので、『空振り』や『見逃し』は避けられませんが、○○市から災害による犠牲者を一人も出さないという願いで発表するものです》（補注1）

といったメッセージの発出があったとするならば、それは極めて真っ当なものだと筆者には思えます。筆者にいわせれば、自治体が発表する避難情報こそが担い得る役割があるとするならば、それは「避難が必

要か、必要でないかを指示する役割」でも「津波情報が発表されたことをお知らせする横流し的な役割」でもありません。それは「自治体が抱いた『危機感や不安感』を共有するための道具としての役割」であるはずです。今回もできたはずです。現状のルールに照らし合わせれば、それは〝目的外利用〟ということになってしまうのかもしれません。だとしても、それのいったい何が問題だというのでしょうか。

④「避難情報廃止論」の本意

津波が本当に来るか否かわからない不安感と危機感が渦巻く状況下で、その危機感と不安感を行政と住民との間で共有されるきっかけが、津波情報や避難情報などによってもたらされ得る、そんな意味で、災害情報は「いらない」ものなどではけっしてなく、本来は行政と住民をつなぐ「私たちのツール」として十分に機能し得るものであるはずです。そんな「私たちのツール」としての災害情報を、これからも大事にすべきですし、失いたくないと筆者は思います。しかし、現状はむしろ逆行しているようにもみえるのです。この「私たちのツール」が災害のたびにどんどんと形骸化していってしまっているような気がしてならないのです。空振りや見逃しの責任を糾弾するだけなら、発信者側はどんどん萎縮し、アリバイづくりに徹するようになってしまうのではないかと危惧するのです。

そんな心配は無用であってほしい、という願いが「避難情報廃止論」の主旨でした。

補注１：避難情報廃止論の主旨を踏まえたとき、この場合はどのようなメッセージがあり得ただろうかという点に関して、飯田和樹氏からは貴重な助言をいただきました。ここに記して謝意を表する次第です。

第5章　参考文献

1　棚瀬孝雄（1994）：現代の不法行為法，有斐閣．

2　片田敏孝（2012）：人が死なない防災，集英社新書．

3　田中淳（2008）：災害情報のジレンマ，災害情報論入門，田中淳・吉井博明編，弘文堂，p.214.

4　内閣府（防災担当）（2014）：避難勧告等の判断・伝達マニュアル作成ガイドライン．

5　橋下徹（2018）：住民が「なかなか避難してくれない」避難勧告の見直し方，橋下徹通信，vol.59, プレジデント，2018．10．1号，プレジデント社，p.16.

6　熊谷晋一郎（2012）：自立は、依存先を増やすこと。希望は、絶望を分かち合うこと。，TOKYO人権，Vol.56, 2012年冬号，公益財団法人 東京都人権啓発センター，pp. 24.

7　伊藤亜紗（2015）：目の見えない人は世界をどう見ているのか，光文社新書，p.135.

8　中央防災会議 防災対策実行会議 平成30年7月豪雨による水害・土砂災害からの避難に関するワーキンググループ（2018）：平成30年7月豪雨を踏まえた水害・土砂災害からの避難のあり方について（報告）．

9　内閣府（防災担当）（2019）：避難勧告等に関するガイドライン1，避難行動・情報伝達編．

10　矢守克也（2016）：言語行為論から見た災害情報——記述文・遂行文・宣言文——，災害情報，No.14, pp.1-10.

11　辻大介（2016）：災害情報研究の言語行為論的展開へ向けて——矢守克也論文へのコメンタリー——，災害情報，No.14，pp.11-16.

第6章　「高い災害意識」は必要か？

1 災害意識は高いほうがよいのか？

リスク軽減行動（避難など）が実施されるには「高い危機意識が重要！」などとよくいわれますが、このことについて「あなた自身はどのように考えますか？」というのが、第6章の冒頭での問いかけです。如何でしょうか。

Ｅ1：「危機意識」は高いほうがよい。
Ｅ2：「危機意識」は低いほうがよい。
Ｅ3：（行動がともなうなら）「危機意識」の高低はどちらでもよい。

一般常識的にいえばおそらく、「Ｅ2」は論外であり、リスク軽減行動がしっかりと行われるのであるならば「Ｅ3」を強く否定する必要はなさそうであり、やはり最善の策としては「Ｅ1」である、といったところが現時点でのおおかたのイメージでしょうか。

私たちの多くはおそらく、防災に対して主体的である姿勢のことを、防災に対して能動的であることとほぼ同義であると考え、そして、その能動性を推進するエンジンとしての「防災意識」なるものの存在を前提とする「常識」のなかにいるのではないかと思います。このことは、矢守克也氏が「こころの前提」「心の情報モデル」と呼称し[1]、あるいは筆者が「〝意志→行動〟仮説」と呼称し[2]、それを批判的に検討する議論とほぼ同義です。この仮説に立脚するならば、望ましい防災行動が行われるためには、高い防災意識なるものは必須であるように思われます。しかし、このような仮説は、本当に実効性を持つものなのでしょうか。

第6章では、このような、いわゆる「防災意識」なる概念の必然性について「懐疑（問い）」のまなざしを照射します。「習慣」というキーワードを手掛かりとしつつ、また、「防災意識」という概念は多様なとらえ方および定義が存在し得ることから、これを「リスク認知」としてとらえたうえで、議論を展開します。

2　行動の習慣化、非行動の習慣化

たとえば自然災害のように、そこで対象とするリスクが潜在的には長期にわたって存在し続けたり周期性や地域性を帯びる性質のものであったりする場合、そのリスクを軽減しようとする個人の対応行動（以降、リスク軽減行動と呼称）は、一度きりの一過性のものに留まるのは望ましいとはいえません。願わくば、その行動が継続的に実行されること、ひいては、その行動が習慣化され地域や集団やコミュニティにとっての文化の一部となるまでに昇華されることが望まれるといえるでしょう。より多くの人々のリスク軽減行動の喚起を企図した種々の政策や取り組みのほとんどが、このような問題意識のもとで検討・実践されているといっても過言ではありません。一方、その行動の非実行が強固に習慣化された状態においては、一般には、たとえ一度きりの行動喚起ですら困難を極めることとなり、そのような習慣を如何にして解凍するのかが第一義的な目標として据え置かれることになります。

このような認識に立つならば、リスク軽減行動の喚起を目指した防災教育や政策などの方針や戦略は、リスク軽減行動の実行が習慣化した人々と非実行が習慣化した人々の思考特性をしっかりと把握したうえで検討されることが肝要であるように思われます。少なくとも、それを正しく把握しようとする努力を怠って、根拠に乏しい単なる先入観に基づいた方針や戦略が検討されるようなことが仮にあるとするならば、それはけっして好ましいとはいえません。たとえば「リスク軽減行動の非実行が習慣化しているのは、リスク認知の度合いが低いが故である」などという先入観ですら、今一度疑ってかかってみる必要があるのではないか、というのが第6章の問題意識であり主旨であります。後述しますが、「リスク軽減行動の非実行が習慣化している人のほうがむしろ、リスク認知の度合いが高い」という可能性すらあり得ることが、第6章の事例分析で示唆されます。だとするならば、リスク軽減行動の非実行が習慣化した人々に対して、リスク認知のさらなる向上のみを強調するような防災教育や政策などは不毛である可能性も否めません。そこでは、リスク認知とは別の要因に対して訴えかける方針や戦略などの検討がより重要になるはずです。

このような認識のもと、以降では、リスク軽減行動の実行が習慣化した人と非実行が習慣化した人における思考特性の違いについて検証を試みます。この試論を介して、リスク軽減行動の喚起を企図した取り組みや政策の立案者ならびに実践者に期待される視点や姿勢について考察を深めることを主旨としたいと思います。

3　先行研究と本研究の位置づけ

リスク軽減行動の実行に至る人々の思考特性に関しては、すでに多様な視点から数多くの調査研究の蓄積があります。そのレビューに関しては、たとえば元吉忠寛氏[3]、中村功氏[4]、海上智昭氏ら[5]、山田忠・柄谷友香の両氏[6]など、近年にも多数存在しています。

このなかで、たとえば葛藤理論[7]、保険購買モデル[8]、警報反応モデル[9]、災害対応行動システムの一般モデル[10]など、人々の意思決定（情報処理）の過程を段階的かつ連続的なフローチャートのように記述しようとする一連の試みがあります。このような、いわゆるプロセスモデル（連続過程モデル）について中村氏は、「意思決定段階は飛び越えられたり、そもそも明確な意思決定がなされない場合もある」などとし[4]、より単純な足し算式のモデル（オーバーフローモデル）を提唱しています。

また、計画的行動理論[11]は、近年よく引用される行動モデルの一つとして挙げることができます。ここでは、当該行動の実行に先立つ先行要因（媒介変数）として「行動意図」なるものの存在を仮定しています。すなわち、計画的行動理論においては、個人の意思に基づく意図的な行動決定を前提として、「私は～をしたい」という意識的な動機によって行動が生じるという考え方が基となっているようです[12]。しかし、習慣化とは、「個人の意識や意志を必要とせずに、ほぼ自動的に生じること」と同義であり、非意図的もしくは非意識的にリスク軽減行動を行う状態を指すものととらえることができます[12]。

したがって、リスク軽減行動の実施が習慣化された状態および非実行が習慣化された状態を、単純にこの計画的行動理論のみによって説明することは難しいのではないか、とも考えられます。この点に関して藤井聡氏[13]は、計画的行動理論に対人行動理論[14]や習慣効果[15]を追加して拡張することを通じて、当該行動の非実行が習慣化された状態を如何にして解凍し、実行が習慣化された状態を実現するために求められる方策とは如何なるものなのかについて、多様な視点から検討および提案を行っています。

なお、このような「行動意図」に類似した概念として、別途「防護動機」という概念を基軸とした防護動機理論[16]も、前述の計画的行動理論と並んで数多く引用される行動モデルの一つであるといえます。これについて池田謙一氏は「『防護動機づけ』という媒介概念は不要だと考えている」として静観しつつ、「緊急時の情報処理モデル」を提案しています[17]。池田氏による緊急時の情報処理モデルにおいては、当該行動の習慣化は「行為スクリプトの形成」として記述されることになります。

このように、リスク軽減行動にまつわる人々の思考特性の記述に関しては、多様なモデルや記述方法が提唱されている一方、それらの適用に際しての限界や問題点を指摘する反論もまた多様に存在しているというのが実情のようです。ただし、それらのほとんどにおいて、以下に掲げる四つの要素については、少なくとも、何らかのかたちで（記述方法は少しずつ異なりつつも）共通して考慮されているように見受けられます。そこで第6章では、リスク軽減行動の実行が習慣化した人と非実行が習慣化した人における思考特性の違いを把握するにあたっては、以下の4要素（ρ、D、R、C）のふるまいに着目することとしたいと思います。

第一には、当該リスクが現実のものとして自分に迫ってくる可能性のイメージです。第6章では、この度合いをρ（$0 \leqq \rho \leqq 1$）と表記し、これを「発生可能性」と呼称することとします。

第二には、そのリスクがどの程度の脅威として当人にイメージされているのかについてです。第6章では、この度合いをD（$D \leqq 0$）と表記し、これを「深刻さ認知」と呼称することとします。一般に「リスク認知」とは、これらを掛け合わせた$\rho \cdot D$を指すものと解釈されます。

第三には、当該行動の実施によってそのリスクをどの程度軽減できそうかという、いわば効果性に関するイメージです。第6章では、この度合いをRと表記し、これを「効果性認知」と呼称することとします。$R=0$の状態とは、当該行動の実施はリスクの軽減についてまったく効果がないと認識されていることを表し、$0<R<1$では当該行動の実施によりリスクをある程度軽減できるという認識を、$R=1$の状態は当該行動の実施によってリスクを完全に排除できるという認識を表します。$R<0$の状態は、当該行動の実施によって逆にリスクが増すという認識を表すこととなります。$1<R$の状態は、当該行動の実施によってリスクを完全に排除し、かつ、それ以上のさらなるメリットを当該行動の実施

に対して抱いている認識状態を表すこととなります。

第四には、当該行動の実行にともなうコストのイメージです。第4章では、この度合いをC（$C \leqq 0$）と表記し、これを「コスト認知」と呼称することとします。

前述の既往研究における知見などを踏まえるならば、概して、p・D（リスク認知）の絶対値が大きいほど、C（コスト認知）が少ないほど、R（効果性認知）が大きいほど、リスク軽減行動が実施されやすい傾向にあるものと想像されます。しかし、そこにおいて、リスク軽減行動の実行が習慣化している人々（以降、「習慣的実行者」と呼称）と非実行が習慣化している人々（以降、「習慣的非実行者」と呼称）、さらには、リスク軽減行動が習慣化されていない人々（その都度判断する人々であり、以降、「非習慣者」と呼称）との間で、p・DとC、Rがどのように認識される傾向にあり、そこにどのような差異があり得るのか、という第6章の問題意識に対して直接的・明示的に言及する既往研究は、筆者の知る限り見受けられません。

4　分析の枠組み

①調査のデザイン

以上のような問題意識に関して、第6章では、質問紙を用いた簡便な心理実験を行い、その調査結果に基づき考察を行うこととします。

ところで、リスク軽減行動の非実行が習慣化した人（習慣的非実行者）の思考特性について、藤井氏の「思い込み認知」に関する言及に沿って改めて推察してみるならば[13]、以下のようになると思われます。

すなわち、習慣的非実行者は、当該のリスク軽減行動の実行について過度に否定的な信念を、非実行について過度に肯定的な信念を形成している可能性がある、ということです。つまり、習慣的非実行者は、当該のリスク軽減行動を実行したところでよいことなどないだろう、実行することは自分にとって得な選択ではないだろう、非実行が自分にとって得な選択に違いない、と過度に考えてしまっている可能性がある、ということです。このような「思い込み認知」が生じてしまうメカニズムとして藤井氏は、「当該の行動について、たまたま悪い側面を知覚してしまえば、その悪い印象のみを記憶にとどめ、それ以後、その行動を行わなくなってしまう」という点のほか、認知的不協和理論[18]、あるいは自己正当化[19]のバイアスを前提とする心的メカニズムを挙げています[13]。認知的不協和理論とは、個人は複数の認知を持っている場合、それらの認知の間に〝不協和〟が存在していれば、その不協和を低減するように動機づけられる、という理論です。

たとえば、習慣的非実行者は、「自分は習慣的に非実行である（認知A）」ということを自認しているとします。その認知は、「非実行は自分にとって得である」という認知とは協和します（少なくとも、矛盾はしません）。ところが、「実行は自分にとって得である（認知B）」という認知とは不協和な関係です（すなわち、矛盾します）。よって、認知的不協和理論により、その個人は、その不協和を低減するべく動機づけらます。そして人々は、そうした認知的な不協和を低減するべく、自らの行動についての認知Aに、実行に関する信念である認知Bをすり合わせるように、認知Bを歪めて変更して修正するかもしれません。すなわち、「実施は自分にとって損である」と、知らず知らずのうちに考えるようになるのです。換言するなら、習慣的に非実行である自分を〝正当化〟するために、「実行は自分にとって得策ではない。非実行が自分にとって得策である。だからこそ、自分は習慣的に非実行なのである」

という自己正当化の論理を知らず知らずのうちに形成してしまうかもしれない、ということです。

以上のような見通しに立つならば、第6章で実施する調査においては、当該のリスク軽減行動の習慣的非実行者・習慣的実行者・非習慣者のそれぞれが、「実行」と「非実行」という二つの選択肢をどのようにとらえているのかを観測することが肝要となるでしょう。第6章では、これを以下のような手続きによって把握することにしました。

まず、各個人が「非実行」をどの程度望ましいと感じているのかの程度をV_Nと表すこととします。ここで、「非実行」を遂行するに際して特段の労力は要しないことから、V_Nを、

$$V_Y = \rho \cdot D \qquad (1)$$

と表すことにします。すなわち、当該リスクの「可能性認知 ρ」が大きいほど、そして、「深刻さ認知 D」がマイナスに大きいほど、つまり「リスク認知 $\rho \cdot D$」がマイナスに大きいほどに、個人が感じる「非実行」という状態の望ましさV_Nは減少する、という意味です。

同様に、各個人が「実行」をどの程度望ましいと感じているのかの程度V_Yを、

$$V_Y = \rho \cdot D \cdot (1 - R) + C \qquad (2)$$

と表すことにします。すなわち、当該のリスク軽減行動を「実行」することはコストC（$C \leqq 0$）をともなうので、その分だけ望ましさは減少するものの、その代わりに、もしも「非実行」であれば何も軽

表6-1　リスク軽減行動の「実行／非実行」に関する設問

「△△を実施しないときに■■を被る可能性」が以下のような確率でわかっているとした場合、あなたはその状況下で△△を実施すると思いますか？それとも実施しないと思いますか？		
(a) 0%のとき ____	□実施すると思う	□実施しないと思う
(b) 10%のとき ____	□実施すると思う	□実施しないと思う
(c) 20%のとき ____	□実施すると思う	□実施しないと思う
……		
(k) 100%のとき ____	□実施すると思う	□実施しないと思う

※実際には■■の部分には調査で想定するリスクを表現する語句が、△△の部分にはそれに対するリスク軽減行動を表す語句が入る。
※回答者には (a) 〜 (k) のいずれか 1 つのみ提示され、それに対してのみの回答を得る。

減されずにそのまま被っていたであろう「リスク認知p・D」を「実行」することによって、それを（1−R）だけ軽減することが期待される、という様子を表しています。

　ところで、前述のとおり、「非実行」と「実行」のどちらが「損である」と感じられ、どちらが「得である」と感じられるのかを問題としていることから、ここでは、V_NとV_Yとの差分、

$$V_Y - V_N = C + (-p \cdot D \cdot R) \qquad (3)$$

のみが問題となります。この値が正となる場合は「実行が非実行よりも望ましい」ととらえられていることを表し、この値が負になる場合は「非実行が実行よりも望ましい」ととらえられていることになります。

　ここで、調査において被験者には、あるpを提示し、その提示条件のもとで「実行」を採るか「非実行」を採るかを問うとすれば（表6—1）、式(3)は、目的変数を「実行／非実行」とし、定数項をC、説明変数p

表6-2 CとDの負担感の比較に関する設問

<table>
<tr><td colspan="3">「■■が発生したときのダメージ」の印象と、「△△を実施することの負担感（費用・時間・苦痛など）」の印象を比べたとき、どちらがどれくらい重いと感じますか？</td></tr>
<tr><td rowspan="2">■■が発生したときのダメージの印象</td><td>左のほうが重い ←← 同じくらい →→ 右のほうが重い</td><td rowspan="2">△△を実施することの負担感(費用・時間・苦痛など)</td></tr>
<tr><td>□―□―□―□―□―□―□―□―□</td></tr>
</table>

に対する偏回帰係数を（$-D \cdot R$）とした単純な二項ロジスティック回帰分析として解釈することもできます。しかし、そのままではDとRの値を峻別できないため、調査では別途、CとDの負担感の比較に関する設問を用意することで（表6―2）、式(4)における相対的なウェイトkの値を各個人について特定しておきます。いわば被験者がそれぞれ保持しているであろう個人特性（嗜好）のようなものです。

$$D = k \cdot C \quad (4)$$

これを式(3)に代入することで、次の式(5)を得ます。

$$V_Y - V_N = C + (-\rho \cdot k \cdot C \cdot R) \quad (5)$$

ここであらためて、定数項Cをα_0、説明変数である（$\rho \cdot k$）をx、偏回帰係数（$-C \cdot R$）をβ_0、と書き直せば、式(5)は次の式(6)となります。

$$V_Y - V_N = \alpha_0 + \beta_0 \cdot x \quad (6)$$

これは、説明変数をxとした通常の二項ロジスティック回帰分析の定義式にほかなりません。そこで、前述の手続きを経ることにより、被験者集団においてD（深刻さ認知）とC（コスト認知）とR（効果性認知）がどのように認識されているのかを以下の式(7)~(9)のように容易に把握することが可能となります。

$$D = k \cdot \alpha_0 \qquad (7)$$

$$C = \alpha_0 \qquad (8)$$

$$R = -\frac{\beta_0}{\alpha_0} \qquad (9)$$

なお、第6章の主旨は、当該リスク軽減行動の「習慣的非実行者」と「習慣的実行者」と「非習慣者」における$\rho \cdot D$とCとRのふるまいの差異を観察することにあるので、調査ではこの3集団を峻別する質問を設ける必要があります。これに対する回答に基づき、「非習慣者」を表すダミー変数をz_1、「習慣的実行者」を表すダミー変数をz_2として、これらを式(6)に追加すると式(10)のようになり、「習慣的非実行者」と「習慣的実行者」と「非習慣者」におけるDとCとRの値は表6—3のとおり把握されることとなります。

$$V_Y - V_N = (\alpha_0 + \alpha_1 \cdot z_1 + \alpha_2 \cdot z_2) + (\beta_0 + \beta_1 \cdot z_1 + \beta_2 \cdot z_2) \cdot x \qquad (10)$$

表6-3 式(10)に基づく各集団の D と C と R の算出方法

	D 深刻さ認知	C コスト認知	R 効果性認知
(1) 習慣的実行者	$k \cdot (\alpha_0 + \alpha_2)$	$\alpha_0 + \alpha_2$	$-\left(\frac{\beta_0 + \beta_2}{\alpha_0 + \alpha_2}\right)$
(2) 非習慣者	$k \cdot (\alpha_0 + \alpha_1)$	$\alpha_0 + \alpha_1$	$-\left(\frac{\beta_0 + \beta_1}{\alpha_0 + \alpha_1}\right)$
(3) 習慣的非実行者	$k \cdot \alpha_0$	α_0	$-\left(\frac{\beta_0}{\alpha_0}\right)$

ここで、α_0、α_1、α_2、β_0、β_1、β_2は二項ロジスティック回帰分析の手続きにおける未知パラメータであり、α_0は定数項、α_1、α_2、β_0、β_1、β_2はそれぞれz_1、z_2、x、$z_1 \cdot x$、$z_2 \cdot x$の偏回帰係数として求められます。また、「リスク軽減行動(予防接種)の実行」が選択される確率P_Yは式(11)のように表されます。

$$P_Y = \frac{1}{1 + \exp\{-(V_Y - V_N)\}} \qquad (11)$$

②調査実施概要

調査の実施にあたっては、被験者集団のなかに、当該リスク軽減行動の「習慣的非実行者」と「習慣的実行者」と「非習慣者」をそれぞれ一定程度に担保できるよう配慮する必要があります。そこで、表6—1および表6—2のなかの■■の部分(対象とするリスク)を、(調査実施時点において)一般に馴染みの深いことが想定された「インフルエンザ罹患」とし、同表のなかの△△の部分(リスク軽減行動)を「予防接種」とすることとしました。また、「習慣的非実行者」と「習慣的実行者」と「非習慣者」の3集団の峻別に際しては、予防接種を「毎年実施している」とした回答者を「習慣的実行者」、「１度も実施したことがない」とした回答者を「習慣的非実行者」、その他の回答者（実施することもあれば実施しないこともあり、その都度判断しているという回答者）を「非習慣者」としました。

調査は、２０１８年12月６日から11日にかけて、インターネット調査会社が所有するモニターリストから性別・年代別均等割付（計10セル）のうえで各セルごとの無作為抽出で４００人、計４０００人を対象に実施しました。矛盾した回答を寄せた人を除く有効回収数は３４７２人となり、このうち「習慣的非実行者」は１１６７名、「習慣的実行者」は９６６名、「非習慣者」は１２９４名となりました。

表 6-4　二項ロジスティック回帰分析の結果

	Coeff.（Sig.）
α_0	−1.805（0.000）***
α_1	0.590（0.000）***
α_2	1.549（0.000）***
β_0	0.432（0.000）***
β_1	0.118（0.047）**
β_2	0.519（0.000）***
χ^2	1385.639 ***
Cox & Snell R^2	0.333
Nagelkerke R^2	0.444
Hit Ratio	0.774
n	3427
目的変数	1：リスク軽減行動を実行 0：リスク軽減行動を非実行

（*** : 1% 有意 , ** : 5% 有意 , * : 10%有意）

5　推定結果

式⑽に基づく二項ロジスティック回帰分析の結果は表６―４のとおりです。モデル全体の適合度はおおむね良好と判断できます。この結果を用いて、まず、「リスク軽減行動（予防接種）の実行」が選択される確率P_Yを式⑪に基づき描画すると、図6―1のようになりました。

これによると、「⑴習慣的実行者」においては、わずかでも「発生可能性 p」が認識された段階からすぐにP_Yが0・5を超えはじめており、容易に「リスク軽減行動（予防接種）の実行」が選択されやすい傾向にあることがわかります。

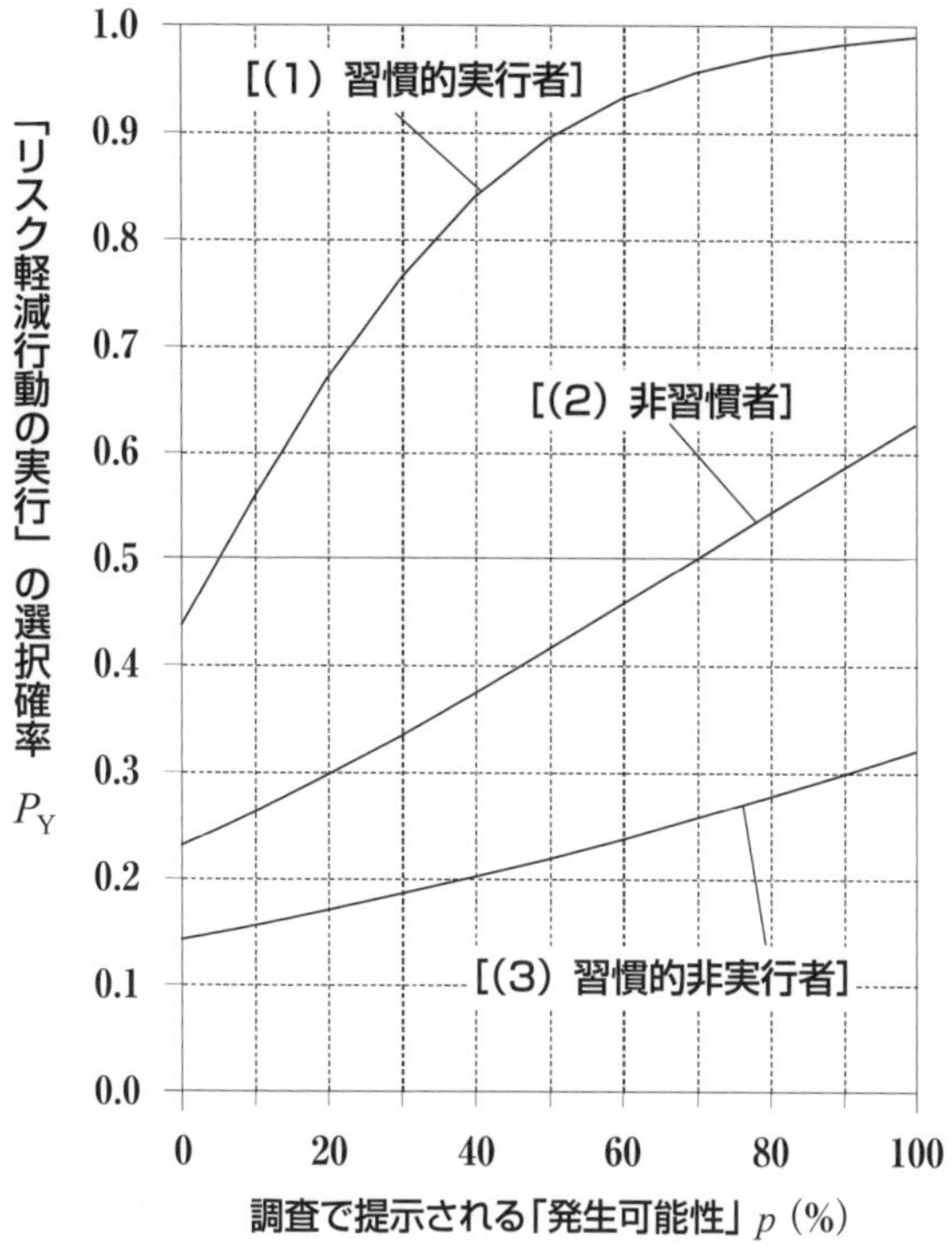

図 6-1　「リスク軽減行動の実行」の選択確率

一方、「⑶習慣的非実行者」においては、「発生可能性 p」が十分に高くなった段階でもなおP_Yは0・5を超えることはなく、「リスク軽減行動（予防接種）の実行」は選択されにくい傾向にあることがわかります。「⑵非習慣者」はそれらの中間的なふるまいとなっており、「発生可能性 p」が70％を超えたあたりからP_Yが0・5を超えはじめる動きとなっています。

実際の場面で表面上観測される行動も、ここで示されたような振る舞いに近い傾向となるも

表6-5　各集団のDとCとRの推定結果

	D 深刻さ認知	C コスト認知	R 効果性認知
(1) 習慣的実行者	−1.276	−0.256	3.715
(2) 非習慣者	−3.803	−1.215	0.453
(3) 習慣的非実行者	−4.359	−1.805	0.239

のと想像されます。しかし、このような観測結果のみによるとき、私たちはしばしば、「習慣的非実行者の実行率が低いのは、リスク認知の度合いが低いが故である」などのような根拠のない〝先入観〟に基づいてこのふるまいを解釈してしまいそうです。

なお、それが〝先入観〟に過ぎない可能性が高いことは、前節で触れた手続きに沿って「⑴習慣的実行者」と「⑵非習慣者」と「⑶習慣的非実行者」のD（深刻さ認知）とC（コスト認知）とR（効果性認知）の各値を推定した表6―5をみれば明らかです。すなわち、この3者のなかで最もDを深刻に認識しているのは「⑶習慣的非実行者」であり、逆に、最もDを軽く認識しているのが「⑴習慣的実行者」となっています。「⑶習慣的非実行者」はすでにDを十分に深刻なものとして承知し尽くしている可能性が示唆されるわけですが、そこにおいてなお「⑶習慣的非実行者」に対して「リスク認知が低いので、もっと高く認識するべき」などという指摘を繰り返すことが仮にあるとすれば、当該の「⑶習慣的非実行者」にしてみれば「百も承知（そんなことはいわれなくてもわかっている）」の状態であり、不毛な議論に陥ってしまう可能性が否めません。そこにおいてリスク軽減行動が実行されにくい理由は、リスク認知の欠如などではなく、Cを大きく感じている（実行にともなう負担感が大きい（⇒面倒くさい））こと、ならびに、Rが低い（実行しても無駄であると感じている）ことの比重のほうがはるかに大きいことが、この推定結果からわかります。

当該の「⑶習慣的非実行者」はきっと、そのように考えることで、自身の「非実行」という行為が習慣化している自分のことを正当化しているのだと思われます。あるいは、当該リスクの軽減に際しては「予防接種」以外の別の対策行動のことが強く念頭にある、という可能性もあるかもしれません。しかし、いずれにおいても、もしも「⑶習慣的非実行者」のリスク軽減行動の実施率の向上を企図するならば、そこで求められる戦略は、リスク認知の向上などではないことは明白であり、どちらかといえばそれは、「*C*の軽減」ならびに「*R*の向上」に重きが置かれるべきです。

一方、「⑴習慣的実行者」においては、別の特徴的な傾向をうかがうことができます。まず、ほかの集団に比して*C*に関してそれほど負担感を感じていないということです。前述のとおり、「実行」の習慣化は〝自動化〟と同義であり、「実行」すること自体が先行的に決定している行動様式であるととらえるならば、毎度の「実行」の都度に*C*を大きく感じる（面倒くさいと考える）ことは単なる習慣の遂行の阻害要因にほかならず、そのような余計な思考プロセスを省略化するのは、理にかなっていると解することもできます。ほかの集団に比して*D*の認識が軽微であることも、それと同様の理論として解釈することができます。すなわち、「実行」することがすでに決定しているにもかかわらず、その都度に*D*を甚大なものとして感じることのメリットは見出し難く、甚大な*D*の認識はもはや単なる不快の要因でしかありません。ならば、そのような余計な思考プロセスを省略化するのは、理にかなっていると解することもできるでしょう。また、*R*に関しては、ほかの集団に比して大幅に大きい値となっているばかりか、1より大きい値を示しており、当該行動の実施によってリスクを完全に排除することはもちろんのこととして、なおそれ以上の価値を当該行動の実施に対して抱いている認識状態にあることがうかがえます。総じて、「⑴習慣的実行者」においても、「実行」すること自体が先行的に決定している行動様式であるとの理解に立てば、DとCとRに関するこれらの特徴的な振る舞いは前述の認知的不協和理論[18]ならびに自己正当化[19]に沿ったものと解することもできるでしょう。

さらに深読みするならば、この「⑴習慣的実行者」の集団においては、「当該のリスク軽減行動が身体に沈着した状態」にあると解釈すること、あるいは、より大きな広がりをともなって「文化として定着した状態」にあると解釈することも可能であるように思われるのです。身体に沈着した状態および災害文化が定着した状態とは、けっして「リスク認知が高い状態で維持された状態」を指すものではなく、むしろリスク認知の高低などはどちらでもよく、本質的に重要なのは「リスク認知などのような不安要素を払拭するほどに十分に、防災対応行動が習慣化されて備わった状態」であるといえます[20]。だとするなら、リスク認知は低いがリスク軽減行動は習慣的に実施されている「⑴習慣的実行者」の集団においては、その行動習慣がまさしく身体にしみ込み、文化として定着していると解することもできるのではないでしょうか。

なお、「⑵非習慣者」のDとCとRの値については、「⑴習慣的実行者」と「⑶習慣的非実行者」の中間的な振る舞いとなっていることも観察されます。Dの値は、「⑶習慣的非実行者」よりは若干弱めではあるものの、「⑴習慣的実行者」に比すればリスクを十分に深刻に受け止めていると解釈できます。CおよびRについても同様です。すなわち、「⑵非習慣者」は、「⑴習慣的実行者」ほどに「実行」を安定的に正当化しているわけでもなく、また、「⑶習慣的非実行者」ほどに「非実行」を安定的に正当化しているわけでもなく、その中間的かつ中立的な思考特性を持つ人間像、換言すれば、「リスク認知ρ・D」と「コスト認知C」と「効果性認知R」によってもたらされる葛藤のなかで試行錯誤して揺れ動く人間像として解することもできるでしょう。

6　まとめ

第6章では、リスク軽減行動の「習慣的実行者」と「習慣的非実行者」と「非習慣者」における思考特性の差異について考察しました。ここでの事例分析は、あくまでも「インフルエンザ罹患」というリスクを対象とした分析であることから、この結果のみからあらゆるリスクを対象とした一般的かつ汎用的な結論を導くことには無理があります。さまざまなリスクを対象としたさらなる検証が望まれるところです。

しかしながら、たとえばリスク軽減行動の喚起を目指した防災教育や政策などの立案者およびその実践者を標榜する者ならば、ことさらに、「リスク軽減行動の非実行が習慣化しているのは、リスク認知が低いが故である」などという先入観を今一度疑ってかかってみることの重要性、そして、「むしろリスク軽減行動の非実行が習慣化している人々のほうがリスク認知の度合いが高いという可能性」すらも排除せずに念頭におくことの重要性を、ここでの事例分析から示唆的知見として読み取ることはけっして無駄ではないと思われるのです。

すなわち、そこでの防災教育や政策などのターゲットとなる人々の思考特性を真に正しく見極めることもなく、場合によって誤った見立てに基づいて方針や戦略が検討され実践されるようなことが万が一にもあるとするならば、それはもはや、その立案者および実践者の勝手な先入観や単なるエゴの押しつけでしかないといわざるをえません。このような知的怠惰な態度からはけっして前向きな成果は期待できないどころか、負の影響すら及ぼしかねないのではないか、というのが第6章の問題意識であり最も強調したい点です。このような論点について、さらなる議論の深まりと広がりを期待したいところです。

第6章の冒頭で掲げた問いを振り返ってみますと、次のような内容でした。リスク軽減行動(避難など)が実施されるには「高い危機意識が重要！」などとよくいわれますが、このことについて「あなた自身はどのように考えますか？」というものでした。それに対する考え方として、

Ｅ1：「危機意識」は高いほうがよい。
Ｅ2：「危機意識」は低いほうがよい。
Ｅ3：(行動がともなうなら)「危機意識」の高低はどちらでもよい。

という選択肢が提示されていましたが、第6章のここまでの議論で示された論点は「Ｅ3」そのものです。筆者の考えは「Ｅ3」そのものですが、皆さんはどのように考えるでしょうか。

なお、その他の課題および展望として、たとえば、「⑴習慣的実行者」や「⑵非習慣者」や「⑶習慣的非実行者」などの状態間の遷移は如何なる理由によって生じるのか、という論点などは興味深いところです。「⑶習慣的非実行者」は最初から習慣的非実行者であったとは考えにくく、また、「⑴習慣的実行者」も最初から習慣的実行者であったとは考えにくいわけです。おそらくは、はじめて当該リスクに直面した際には、実行も非実行も決め込んでいない中立的な「⑵非習慣者」であったことが想像されます。だとするなら、初期状態としての「⑵非習慣者」から如何なる理由やきっかけによって「⑴習慣的実行者」もしくは「⑶習慣的非実行者」へと変貌していったのかについて、そのロジックをDとCとRの値の変遷とともに追跡・把握することは興味深い論点の一つです。あるいは、当該リスクの存在すら意識されていない「⑷無意識」のような状態(DもCもRもすべて意識されていない状態)を第四の状態として

別途新たに定義し、それを初期状態として位置づけるほうが適切であるかもしれません。いずれにおいても、リスク軽減行動の習慣化に関する議論においては、その時間的変遷過程に着目した議論への展開が肝要であるように思われます。

ところで、ここで取り上げてきた話題、すなわち、「〝防災意識〟なる概念」および「防災行動の習慣化」に関する議論については次章以降でも、もう一歩、別の角度から深めていきたいと思います。後続の章との関連性をここで先んじで述べておくならば、次の3点を挙げておくことができると思います。

一つには、後続の章においては、防災行動の「実行/非実行」に関して「防災意識なる概念」が大きな役割を担うという考え方はけっして客観的な因果関係でもなく科学的な事実でもなく、それは一つの幻想(仮説)に過ぎない、ということを種々の哲学的知見などを援用しながら考察します。

もう一つには、後続の章では、能動的な防災と受動的な防災とを対比させつつ、そのどちらでもない(厳密にはそのどちらでもあり得る)中動態的な防災というあり方について言及します。中動態的な世界観では、行動が先にまず反応として生起するのであって、その原因や理由などは後づけ的に仮構されるものに過ぎない、という世界観が示されます。このことは、第6章で紹介した分析手続きがちょうど、被験者の行動(結果)の有無のみを観測するだけで、そのような結果に至る「理屈を後づけ的に分析者サイドが一つの仮説として勝手に措定し、その仮説を検証している作業に過ぎない」こととほぼ同義であるということは、けっして偶然ではありません。

第6章で筆者が勝手に仮構した理屈というのは、どちらかといえば、一つひとつの要素を的確に合理的に観測して判断できる人間像からくるロジックだといえるでしょう。そして、そのような合理的ロジックによって説明が可能だったのは、習慣的非実行者の振る舞いでした。大雑把に括れば、このような合理的ロジックは、習慣的非実行者が事後的に行う自己正当化のための理屈としてしか役立っていなかった、ともいえてしまいそうです。この合理的ロジックによって習慣的実行者の振る舞いは十分に説明できてはいませんでした。習慣的実行者の振る舞いは、どちらかといえば「理由もなく、強いて言えば、ただなんとなくよさそうだから実行している」とすらいえる状態でした。この「理由もなく、ただなんとなく」という点が、実は、次章以降の考察において極めて重要な意味を持つことになります。

さらにもう一つ、後続の章との関連性として、第6章では筆者が勝手に「合理的なロジック（一つひとつの要素を的確に合理的に観測して判断できる人間像）」というものをイメージして仮構しましたが、そのような内容に限る必然性など実はまったくなかった、という点を強調しておく必要があると思われます。別なストーリーであってもよかったのです。しかし、完全にランダムに何でもよいというわけではなく、ストーリーを仮構する者にとって「そのストーリーがもっともらしく思える」ことが根源的に大事になってきます。おそらく、習慣的実行者においては、今回たまたま採用して分析してみたストーリー（合理的ロジック）はあまりフィットしていなかったようです。習慣的実行者においてはもっと別なストーリー（ロジック）で自己正当化が行われていた可能性もあるように思われます。

後続の章をこのような焦点からもご覧いただければ、第6章で紹介した内容との連続性を感じられるのではないかと思う次第です。

7　補論：集落のルール

ところで、ここまで述べた「行動がともなうなら、危機意識なる概念の高低などはどちらでもよい」

という論点について、ある集落で筆者らがかつて実施したヒアリング調査の話題を、ここで補論として付け加えておきたいと思います。

それは２００７年９月、台風９号の豪雨災害により被害を受けた群馬県において実施したヒアリング調査でした。そこは比較的、成熟したコミュニティ特性を有しているといえる地域であり、そこでは当時、１００％に近い住民避難率を達成していたということを耳にし、素朴に「なぜそのような高い避難率が達成できるのか？」という疑問に対するヒントを得たいという思いで、現地に入ったのでした。その場所は、群馬県藤岡市上落合地区です。

まず10月５日に藤岡市役所の当時の担当者にヒアリングを行い、その後の10月21日と28日の２日間、自主避難の呼びかけ対象地域の居住者に対面形式でヒアリングを行いました。不在の場合は調査票を留め置きして後日に郵送回収（回収期日は11月５日）とし、対面形式と郵送回収の両方を合わせて最終的には全78世帯中67世帯からの回答を得ることができました。

以下の内容はその回答結果からみえてきた主な知見を要約したものです。

①経緯

２００７年９月６日から７日にかけて関東および東北地方を縦断した台風９号により、群馬県では主に西部を中心として総雨量５００㎜を超す豪雨となっていました。藤岡市上落合地区においては、鏑川の水位がはん濫危険水位の３・６ｍを大きく超える４・５ｍに達しましたが、幸いにも上落合地区でははん濫には至らず、人的被害も生じませんでした（図６―２）。

台風９号接近にともなう豪雨により、藤岡市上落合地区では鏑川の水位が急激に上昇し、被害が生じ

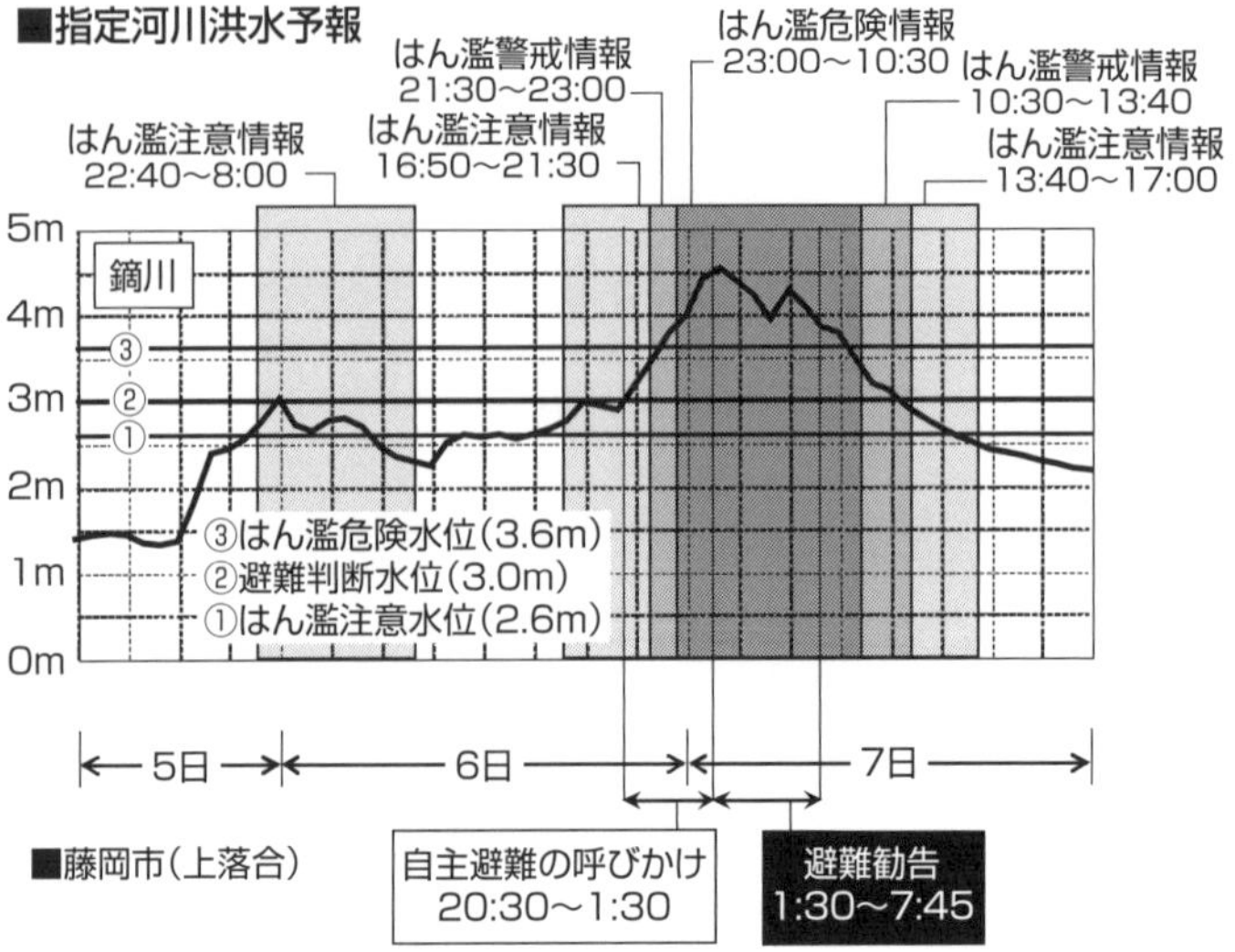

図 6-2　鏑川の水位と情報

る可能性が高まりました。藤岡市役所では当時、避難勧告や避難指示の発表タイミングについては特に検討しておらず、時々刻々と急激に変化する河川状況に応じて逐次的に判断を迫られる状況となっていたようです。

一般的には「はん濫危険水位」に及んだ状態においては〝住民の避難は完了〟されていることが望ましいとされます。このことのみをすべての地域にそのまま一律に適用することは必ずしも適切ではありませんが、少なくともこのような事態における住民避難に関するオペレーションについては、さしあたり明確な行動指針や基準を持っていなかったというのが実情だったようです。

一方、市当局は当時、住民避難を安全かつ円滑に誘導すべく、以下に挙げるようなさまざまな対応をとっています。

まず、6日の20時30分の「自主避難の呼びかけ」および7日の1時30分の「避難勧告」を発表するに際して、上落合地区のなかでもとりわけ洪水の

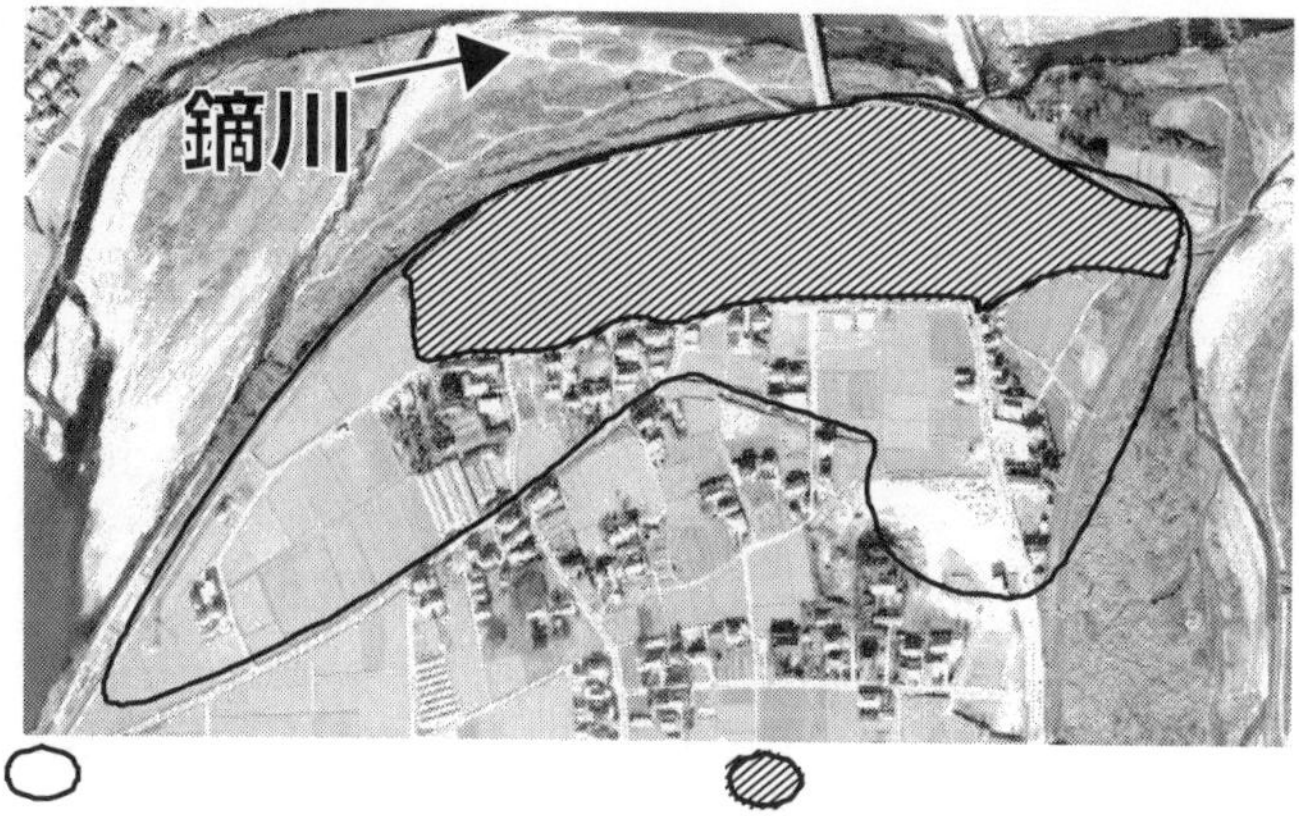

図 6-3　藤岡市上落合の避難情報の対象地域

危険性の高いエリアにスポット的に発表することにより、本当に避難が必要な地域とそうでない地域との明確な差別化を図りました（図6—3）。

また、避難場所が「長尾公会堂（自主避難の呼びかけ時）」から「美土里小学校体育館（避難勧告時）」へと変更となった際に、市長の判断でその間の移動用にマイクロバスを手配しています。結果としてマイクロバスの利用者は8名に留まりましたが、豪雨のなかでの避難が困難な住民の移動手段をこのようなかたちで確保することは、異例ではありますが、非常に現実的な対応でしょう。

さらには、「避難勧告」の対象である31世帯には、より避難の必要性が切迫している状況であるという防災当局の危機感を的確に伝達する必要性と、深夜の時間帯であることを鑑みて、一般的な広報車や拡声器などによる伝達では限界があるとの判断で、班長を介したルートを通じて各戸の玄関まで出向き直接口頭で伝達する方法をとりました。その結果、1時間程度で31世帯へ伝達され、その後の迅速な避難につながる結果

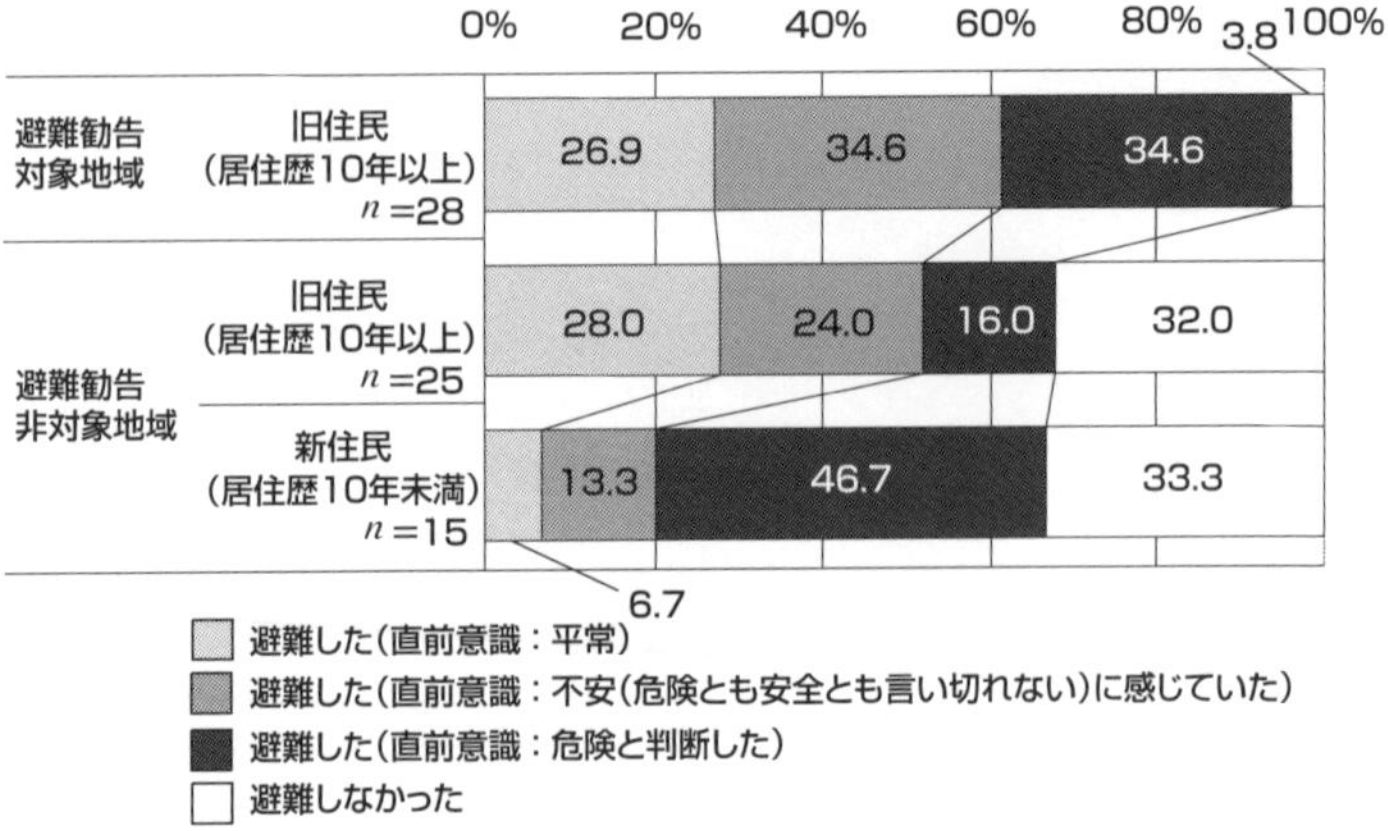

図 6-4　避難行動の有無と直前の意識

となったのです。

②住民の避難行動と危機意識

高い住民避難率が達成された背景には、前述のような市役所のきめ細やかな対応によるところが大きく、それを受け止め的確な避難行動に結びつけることのできる住民側の素地も大きいと考えられます。そこでここでは、市役所の対応の差異（避難勧告対象地域と非対象地域）の区分に加えて、旧住民（居住歴10年以上の住民）と新住民（居住歴10年未満の住民）との観点で分類したうえで、避難率を図6―4に示します（ただし、避難勧告対象地域は新住民が1世帯のみであったことから分類せず）。

これによると、避難勧告の対象地域における避難率が約96％に至っており、極めて高くなっていたことがわかりますが、非対象地域における避難率も一般的にけっして低いものではありません。

また、非対象地域の旧住民と新住民での避難率そのものの差異はここでは見受けられません。しかし、避難に至る直前の意識状態別に詳しくみてみると、新住民においては「危険」

と判断しての避難行動が46・7％を占めるに至っているのに対して、旧住民においては、それほどの危機意識を持たずに「平常」もしくは「不安」程度の意識状態で避難していたことが確認できます。すなわち、旧住民においては、必ずしも高い危機意識を動機づけとして避難していたわけではなかった様子を読み取ることができるわけです。

③上落合地区の高避難率の達成のための行動規範

住民ヒアリングにおいて、当時の状況を語る声のなかに、「まだまだ大丈夫、安心だと思っていたよ」と発言する住民（旧住民）が印象的でした。この住民は、危機意識はそれほど高くはなかったものの、避難はしたということでした。

「危険だと思っていなかったのに、何で避難したのですか？」という調査員（筆者ら）の質問に対し、その住民は「だって、夜中に地区の班長さんがわざわざ自宅の玄関まで出向いて避難勧告を伝えてくれているのだよ。集落でやっていることを乱しちゃいかん。そもそも班長の顔をつぶしちゃいかん」とのことでした。つまり、このときのこの住民の行動規範は、危機感が高いから避難するとか危機感が低いから避難しないとかではなく、より単純かつ広範に「集落のルールは乱さない」ということであったようです。幾人かの住民からも同様な声をうかがいました。このような行動規範は、すべての住民に共通するものであったとは必ずしもいえませんが、少なくともこの地区での住民避難率を向上させる一要因として存在していたことには間違いなかったようです。

以上を踏まえるならば、旧住民において高い避難率が実現されるためには、高い危機意識が醸成されていることは必ずしも必須条件ではなく、より多くの旧住民に「集落の皆が避難するので」といった、一種の共同体意識が喚起されたことが大きな効果をもたらしていたと考えられます。

一方、新住民においては、そのような共同体意識による影響というよりは、個人が「危険だ」と判断することが重要だったわけですが、災害に対峙した住民がそのような冷静な危機意識を持つためには、正常化の偏見やオオカミ少年効果などの影響に打ち勝つことが求められるため、新住民において避難行動が生起するために乗り越えなくてはならないハードルは、旧住民よりも高く難しい状況にあったといえるでしょう。

④間接的なアプローチ

一般的にいって、河川洪水の避難勧告での住民避難率は低調であり、多くの人は避難しないのが常となっています。「自然災害による犠牲者ゼロ」という上位目標には多くの同意が得られるものの、その上位目標を達成するための「避難」とか「備え」といった下位目標（具体の行動）についてはなかなか実施されにくいという現実は、これまでに各地で実施されてきた災害実態調査の結果を概観しても明らかです。

ただ、そのなかでわかっていることは、危機を感じた人が避難しているということでした。このような認識のもと、これまでの対策には、災害情報の伝達方法の工夫や、平時からの災害情報の提供の一環としての洪水ハザードマップの配布とその内容の工夫など、主として個人の危機意識の向上を促して具体の行動喚起を期待するという、いわば「直接的なアプローチ」が多くを占めていたように思われます。

しかしながら、上落合の住民の対応事例を概観すると、根源的に重要なのは強固なコミュニティの存在であったことが改めて認識されるわけです。地域防災力向上のためにコミュニティの強化を謳う施策が多いなか、この地域においては、取り立てて防災力向上のためだけにコミュニティが活性化しているのではけっしてないことは明らかです。そこの住民たちがそこで生きていくうえで結果的にそうなっているに過ぎません。

このように考えると、防災などの文脈とは別の動機で結果的に避難や備えが実施されるような仕組みが存在する社会をデザインするという、いわば防災を前面には出していない「間接的なアプローチ」も、あわせて取り組む必要があるという思いに至ります。これは、けっして「直接的アプローチ」は無駄で否定するという意味ではなく、より強固で安定的な「自然災害による犠牲者ゼロの社会デザイン」が達成されるには、両アプローチが相互に補完しあうことが有効であり、さらには、そこで形成された住民の災害に対する意識・態度・知識などが社会のルールとして継承され、そしてそれがやがて習慣となり文化となって存在し続けることが重要であると考えられるのです。

第6章　参考文献

1　矢守克也（２００９）：再論――正常化の偏見――，実験社会心理学研究，第48巻，第2号，pp.137-149.
2　及川康（２０２０）：主体的避難の可能性について，災害情報，No.18（2），pp.135-140.
3　元吉忠寛（２００４）：災害に関する心理学的研究の展望――防災行動の規定因を中心として――，名古屋大学大学院教育発達科学研究科紀要，心理発達科学，Vol.51，pp.9-33.
4　中村功（２００８）：避難の理論，災害危機管理理論入門，吉井博明・田中淳編，弘文堂，pp.153-176.

5　海上智昭・海藤千夏・幸田重雄・相川沙織・堀田哲郎（２０１２）：自然災害対策行動を予測する行動モデルに関する研究動向と課題，愛知工業大学研究報告，第47号，pp.35-47.
6　山田忠・柄谷友香（２０１４）：時間軸と主体を考慮した水害に関する社会科学的研究の動向分析，自然災害科学，Vol.33, No. 3, pp.271-292.
7　Janis, I.L. & Mann, L.（1977）：Emergency decision-making：A theoretical analysis of responses to disaster warnings, Journal of Human Stress, 3, pp.35-45.
8　Kunreuther, H., Ginsberg, R., Miller, L., Sogi, P., Slovic, P., Borkan, B. & Katz, N.（1978）：Disaster Insurance Protection：Public Policy Lessons, Wiley.
9　Perry, R.W.（1979）：Evacuation decision-making in natural disasters, Mass Emergencies, 4, pp25-38.
10　三上俊治（１９８２）：災害警報の社会過程，災害と人間行動，東京大学新聞研究所編，東京大学出版会，pp.73-107.
11　Ajzen, I.（1991）：The theory of planned behavior, Organizational Behavior and Human Decision Processes, 50, pp.179-211.
12　大友章司（２０１４）：個人的リスクの回避態度と行動の不一致：なぜリスク行動を止められないのか?，リスクガヴァナンスの社会心理学，広瀬幸雄編，ナカニシヤ出版，pp.35-48.
13　藤井聡（２００３）：社会的ジレンマの処方箋，ナカニシヤ出版.
14　Triandis, H.C.（1977）：Interpersonal Behavior, Books, Monterey, CA：Books/Cole.
15　Verplanken, B. & Aarts, H.（1999）：Habits, attitude and planned behavior：Is habit an empty construct or an interesting case of goal-directed automatic? European Review of Social Psychology,

10, pp.101-134.

16 Rogers, R.W.（1983）：Cognitive and psychological processes in fear appeals and attitude change：A revised theory of protection motivation, Social Psychophysiology（J. T. Cacioppo & R. E. Petty Eds.）, New York：Guilford Press, pp.153-176.

17 池田謙一（１９８６）：緊急時の情報処理，東京大学出版会.

18 Festinger, L.（1957）：A theory of cognitive dissonance, Evanston, IL：Row, Peterson.（末永俊郎（監訳）認知的不協和の理論，誠信書房，１９６５）.

19 Aronson, E.（1992）：The Social Animal,（6th ed.）, San Francisco：W.H. Freeman and Company.（古畑和孝（監訳）ザ・ソーシャル・アニマル，サイエンス社，１９９４）.

20 及川康・片田敏孝・石井雄輔（２０１５）：時間経過に伴う住民の防災意識と防災対応行動の変遷過程に関する研究，土木学会論文集F6（安全問題），Vol.71, No.1, pp.58-72.

第7章　防災の責任の所在

1　誰が防災を担うのか

「『避難』とは『難』を『避』けることです」と中央防災会議が強調するように[1]、たとえばこの意味での避難が確実に実施されれば、人的被害を最小限に食い止めることができるはずです。ただ、日本では大規模な風水害のたびに、住民避難の問題や課題が繰り返し議論される状況にあります[2]。自力で避難できない人への配慮が必要なことはいうまでもありません。しかし、問題は自力で避難できる人にもあります。命にかかわる事態においてさえ、避難情報が出なければ避難せず、避難情報が出ても避難しないというケースがあとを絶ちません。防災をめぐる日本国民の態度は、どこか行政任せで受動的です。自身の安全の問題であるにもかかわらず、その責任を他者の意志に委ねる（帰する）かの如くの事態です。防災の責任の所在はどこにあるのでしょうか。日本の防災の基本方針を記す災害対策基本法によれば、防災の責任は行政にあるとされます。ならば、そのすべてを行政に任せておけば万事うまくいくのでしょうか。そうではない事例が多発する現状において私たちは、別の方向性も模索してみる必要があるのではないでしょうか。

たとえばアメリカは日本とは対照的です。２０１７年秋のハリケーン・イルマ襲来時にフロリダ州で顕在化したのは shadow evacuation[3,4] あるいは over-evacuation problem[5] と呼ばれる現象、すなわち、州政府が発する避難命令対象者数を上回る人々による避難行動でした。自身が危険だと判断すれば、避難命令の対象であろうとなかろうと避難するという防災をめぐる米国民の態度は、概して主体的で能動的であるようにみえます。永松伸吾氏によれば、米国では、災害時における行政の責任は極めて限定的にとらえられているといいます[6]。このため、災害による人的被害が発生したとしても、それを行政の責任として検証するという動きがそもそも乏しいのです。原則として、米国の政府機関は、意図的な過失行為などを除き、その行動について法的責任を問われないという原則（Sovereign immunity）が存在するのです。大量に提起される裁判は、真実の解明や責任の追及を求める動きというよりは、多くの賠償を獲得するための手段としての意味合いが強いといいます。このような日米の比較を踏まえ、永松氏も、日本における住民の行政依存体質の強さを問題意識として指摘しています[6]。

近年の日本の防災研究者たちは「行政に任せきりではなく、住民は主体的に行動すべき」と主張してきました。「受動的な態度を改めて、能動的に行動すべき」という方向性です。しかし、そこでの理想像と現状との隔たりは依然として大きいといわざるをえません。この方向性に則って改善を継続していきさえすれば、やがてその理想像にたどり着く日がやってくるのでしょうか。いや、そもそも、その理想像を目指すことが私たちの唯一の道なのでしょうか。理想とすべき像はほかにもあるのではないだろうか、第7章の問題意識の出発点はこのような問いにあります。

そこで第7章では、防災の責任の所在について、「する（能動）」の徹底を図る米国と「される（してもらう）（受動）」を求める日本を対置させたうえで、そのいずれでもない（あるいは、そのいずれでもある）第三形態としての防災の存立可能性について考察します。すなわち、以下に示す防災の方向性のうち、私たちはそのいずれを目指すべきなのか、というのが第7章での問いです。

Ｆ１：受動的な防災。
Ｆ２：能動的な防災。
Ｆ３：それ以外の第三の方向性の模索。

日本が「F1」であり問題含みであるという現状認識と、日本が目指すべき羨望のまなざしの先にあるのが「F2」であるという見立ては、前述の「受動的な態度を改めて、能動的に行動すべき」という方向性に沿ったものといえるでしょう。しかし、そこで「その理想像を目指すことが私たちの唯一の道なのか？　理想とすべき像はほかにもあるのではないか？」と懐疑の目を照射してみようという試みが、第7章の主旨です。

その糸口として第7章では、言語の態である能動態と受動態、そしてそのどちらでもない（厳密にはそのどちらでもあり得る）第三の態である「中動態」の概念を参照しながら、論を進めていきます。

なお、中動態の概念を参照する防災研究は本書が最初ではありません。筆者らのほかにも、たとえば矢守克也氏は、「津波てんでんこ」に依拠する避難行動の生起過程などを詳細に検討・解釈するなかで中動態的発想の重要性を強調しています[7]。渥美公秀氏は、災害ボランティアにおける「助ける／助けられる」の関係性ではなく「助かる」社会の重要性を中動態の概念に関連づけたうえで言及しています[8]。松原悠氏は「中動態と避難」に関するこれまでの議論の丁寧な整理をベースにしつつ、避難研究に中動態の概念を導入することによって新たに開かれる可能性について論じています[9]。いずれの議論も、そこでの主要なキーワードは「主体」であり「意志」であり「責任」であるということは、その引用元にもなっている國分功一郎氏の『中動態の世界——意志と責任の考古学』[10]などを参照することで即座に理解されることと思います。

2　中動態とは

まず、言語の態である能動態と受動態、そしてそのどちらでもない（厳密には、どちらでもあり得る）

第三の態「中動態」の概念について、第7章に関係する要点を國分氏の『中動態の世界——意志と責任の考古学』[10]から引用・要約して確認しておきたいと思います。

私たちは能動態か受動態かを明確に区分する言語に慣れ親しんでいます。それしかないとすら思いこんでいるともいえます。ところが、じつはこの区別はいかなる言語にも見出される普遍的な区別ではなく、歴史的にはかなり後世になってから出現した新しい文法法則だといいます。かつては、「能動態／受動態」という区別ではなく、「能動態／中動態」という区別であったのです。そして、受動とは、この中動態が持っていた意味の一つに過ぎなかった、というのです。

ここにおいて、かつての能動態が持っていた意味と現在の能動態の意味は異なることに注意を要します。その峻別のために、仮に、前者を〝旧能動態〟、後者を〝新能動態〟と呼称することにしておきます。再掲すると、かつての対立構造は「旧能動態／中動態」、現代の対立構造は「新能動態／受動態」、ということになります。

新能動態と受動態の対立は、自分が「作用を及ぼすか／作用を受けるか」、という対立です。では、旧能動態と中動態の対立はどうかというと、これは、「外か／内か」という対立です。動詞が指し示す作用が主語から出発して、主語そのものがその作用の場所になっているときに中動態が使われ、その作用が主語の外で完結する場合には旧能動態が使われます。つまり、主語の外で終わるか、主語の内に完結するか、という違いです。

このような「外か／内か」という対立構造が、「する／される」の対立構造へと変化したというのが言語の歴史であり、このような変化は、以下のような社会的要請によってもたらされたといいます。たとえば、ギリシャ語の「ファイノー」という動詞は旧能動態であり、その意味は「I show something」

です。これの中動態活用である「ファイノマイ」という語の意味は、「I appear」あるいは「I am shown」などとなります。「I appear」と「I am shown」は、現在では新能動態と受動態として断固として区別されますが、その両方の意味の複合体が中動態「ファイノマイ」です。「I appear」であろうと「I am shown」であろうと、どちらとも私の姿が現われていることを示しているに過ぎないのに、何としてもこれらを区別するのが現代の「新能動態／受動態」の区分です。それはつまり、この現代的区分は私に、「あなたは自分の意志で現れたのか？　それとも現れるのを強制されたのか？」と尋問してくるわけです。

つまり、「新能動態／受動態」の対立への変化は、行為の原因としての意志の所在の有無をことさらに強調し、責任の所在を執拗に明確化しようとする社会的要請によってもたらされた、ということなのです。これに対して、中動態にて表現される事態においては、その原因としての意志や責任の有無は問いません。明確な意志に基づき意図的に（いわゆる現代的な意味での新能動的に）行ったのか、何かに強制されて（いわゆる現代的な意味での受動的に）行ったのか、それらの区別に関心を払わない表現方法なのです。結果的にその状況・行為・現象が現前しているという事態だけを表現する態なのです。

3　中動的防災における責任の所在

前述のとおり、防災の責任の所在を一般住民がどうとらえる傾向にあるのかという点で、日本と米国は対照的です。自ら「する」の徹底を図る〝米国型防災〟に対して、防災行政に「される（してもらう）」を求めるのが〝日本型防災〟だとするならば、〝米国型防災〟は能動態に、〝日本型防災〟は受動態に、それぞれなぞらえることができるでしょう。そして、そのいずれでもない（あるいは、そのいずれでもある）中動態的な防災なるものが存在するならば、それは「防災の責任の所在を問わず、結果として防災がそこに現前する状態」を指向する社会の姿をそこに想起することができそうです。

しかし、そのような中動的防災なる実践は本当に存在し得るのか否かは、受動的防災に拘泥した人々や、能動的防災に拘泥した人々にとっては、にわかに想像し難いというのも事実です。それはちょうど、言語の態としての区分には能動態か受動態しかないという深い思い込みが、中動態の概念への理解を大きく妨げている状況と同じだといえます。

そのような思い込みを解凍する契機として、たとえば以下に紹介するようなキューバおよびニュージーランドの防災を参照することは、第7章で試みる議論にとって非常に示唆に富むと思われるのです。

①キューバ型防災

筆者らはキューバの防災の実情を体感すべく、２０１７年末から２０１８年始にかけてと２０１８年8月の計2回にわたり現地を視察しました。はじめて訪れるキューバは、防災の探求を生業とする身としてあらゆる意味で衝撃的でした。

「その調子じゃ、今夜はいつまでも寝られないねぇ」

ホテルのフロントデスクの女性スタッフは肘をつきながら、まるで他人事かの如く、到着したばかりの汗だくの筆者をあざ笑うかのように、こうつぶくのでした。

まったくもって腹立たしい限りです。いったい何度、部屋をチェンジしたと思っているのでしょうか。シャワーが出ない、便座がない、窓枠にガラスがない、ドアの鍵が閉まらない、セーフティボックスが壊れている（これはセーフティでない）、シャワーが止まらない、お湯が出ない、かび臭い、エアコンが壊れている、テレビがつかない、照明が点灯しない、洗面シンクが崩れ落ちる……。このホテルにマトモな部屋というものは存在しないのでしょうか。そもそも、フロントにたたずむあなたはなぜにそんなに他人事なのでしょうか。あんたの仕事はいったい何なのでしょう。お前たちが事前にしっかりと整備しておきさえすればすんでいた話ではないのか、はっきりいってこの事態の責任のすべては貴様たちホテル側にあるのではないか、と何度も心のなかで大声で繰り返しました。キューバ滞在先のホテルに着いたのは深夜2時ごろのことで、そんな諸々があり、ほとほと疲れ果て、結局就寝できたのは朝の5時過ぎであったと思われます。

第7章の趣旨は、そんなチープな旅日記をお気楽に披露することではありません。経済的にはけっして恵まれているとはいえないキューバが、なぜに防災先進国と呼ばれているのか、その背景や実状について幾ばくかの理解を得ておくことは、防災研究者の端くれとしてはけっして無駄ではないはずだ、というのが訪問の目的でした。

２０１７年に米国と同じくハリケーン・イルマが襲来したキューバでは、地域社会そのものが一体となって整然と避難しました。キューバでは、被害が予測される事態になると、気象観測機関が早期から対象住民に丁寧な情報を伝え、避難所が開設されます。避難所には、潤沢な食料や水、医薬品が配備され、医師や看護師、またペット同伴のための獣医師まで派遣されます。できるだけ日常生活を損なわず、避難しやすいような環境づくりが行われているのです。というより、むしろ普段の生活レベルに比べてはるかに快適な環境が避難所にて提供されるケースも少なくありません。老人や妊婦、子どもや障害者を優先避難させ、移動には国営バスが提供されます。避難後は、軍が警備を行うなど、アフターケアも徹底しています。自主防災組織も住民の避難支援を行います。平時からの防災教育やコミュニティ単位での主体的な避難訓練も抜かりはありません。こうして、ハリケーン襲来時には、危険な地域に住民はまったく存在しなくなるといいます。これでは、犠牲者など生じようがありません。経済的にはけっして恵まれているとはいえないキューバが防災先進国と呼ばれる所以はここにあるといえるでしょう[11]。

無論、それは政治体制も影響してのことでしょうし、経済事情などにより常にすべてが円滑に実行されるとは限らないのも事実だと思います。しかし、キューバ政府は、国民の安全を守るためのあらゆる手立てを徹底的に真剣に考え抜いています。そんな真剣な政府を信頼して依存することの、いったいどこが悪いというのでしょうか。前述の「能動 vs 受動」という評価軸を無理矢理あてはめるならば、確かにキューバ国民は、そんな真剣な政府に行政依存的で受動的であるといえなくもありません。しかし同時に国民それぞれが極めて主体的で能動的でもあります。いや、もはやこのような評価軸を適用すること自体がナンセンスなのかもしれません。政府と国民はともに最善を尽くしており、その間には強固な一体感が存在するのです。そこにおいては、防災の責任の所在は行政にあるのか住民にあるのかという問い自体が、虚しく感じられもします。「する」だけでも「される（してもらう）」だけでもない、災害という共通の敵に対して住民も行政もそれぞれができる限りの最善を尽くす、そんな一体感を根源的にともなう防災のありようが〝キューバ型防災〟といえるでしょう。誰がやろうともそこに防災の営みが現に存在することこそが重要という点において、それはまさに中動態的と表現されるべきではないでしょうか。

キューバは社会主義国です。筆者らのインタビューに協力してくれた50歳手前のキューバ人男性の職業はタクシー運転手でした。彼は「最近は変わってきてね」と嘆いていました。筆者の訪問時、規制緩和や米国との国交回復を契機に資本主義が大量に流入しはじめていました。その影響下で「キューバ型防災」における一体感は、首都ハバナ近郊、とりわけ若年層を中心に急速に薄れはじめている、とこの男性は言います。その変化の過程はちょうど、責任の所在を尋問する社会的要請の台頭によって中動態が失われ、「能動／受動」の対立軸でしか物事をとらえられなくなった言語の態の変遷過程に、奇しくも重なるようにみえてなりません。

そんな嘆きを放ちつつ、彼は、馬車がしばしば低速で行き交う高速道路の道端にタクシーを急停車し、立ち小便を野に放ちます。馬の糞も散在する高速道路の道端の様相は、けっして経済的に余裕のある国ではないことを今一度再確認するのに十分な情報量を筆者らに提供してくれます。そんな彼と馬の糞を眺めつつ、短期間の滞在ではありましたが少しだけこの国について腑に落ちるようになった気がしました。

「国は、国民に〝最高〟の保証とサービスを提供する義務がある」とするキューバと、「国民は、〝最低限〟の生活が保障される」とする日本とでは「国情が違う」といってしまえば、それまでなのかもしれません。しかし、少なくとも、いわゆる日本の防災研究において自明とされてきた価値観や評価軸のようなものを、何の疑いもなく自明なものとして思い込み、それを盲目的に当てはめてようとする姿勢の愚かさや滑稽さというものには、常に自覚的であって損はないと思います。責任の所在を明確にすること自体、常に自明とは限らないようです。

そして、資本主義的発想に基づく「する／される」の評価軸を勝手に持ち込み、部屋のボロさの責任の所在を追及すべく、汗だくになって怒りまくっているニッポンジンに、かけてやる言葉はせいぜい冒頭の「その調子じゃ、今夜はいつまでも寝られないねぇ」といった程度が丁度よいというところなのでしょう。そんなフロントの彼女の心情を、いまならようやく想像し理解することができるような気がします。

②ニュージーランド型防災

中動的防災の様相は、社会主義体制下における固有のものではけっしてありません。資本主義体制下であっても為政者のスタンスや風土のありようによっては十分に可能であることが、たとえばニュージーランド（以下、ＮＺ）における災害にともなう補償と検証の理念を参照することで即座に理解されます[12など]。

ＮＺの事故補償制度は、ＮＺ内で起きた自動車事故や労災事故など、事故の態様にかかわらずすべての被害者に対して治療費や生活補償などを行う制度であり、補償対象者にはＮＺにいる外国人も含まれ、ＮＺ国民においては海外事故も対象とされます。第７章の議論にかかわる注目すべき特徴は、加害者の故意・過失にかかわらず、補償を受ける者には、その代わりに、加害者に対する追加的な不法行為訴訟を原則として禁止している点です。原因や責任の追及よりも傷害などを被ってしまったという結果に着目し、すみやかに事故補償を行うことにより、被災者の早期回復と社会復帰に要する時間を短縮しようとする強くて明確な意図がそこにあり、世界で最も徹底した究極のノーフォルト制度といわれています。ここに、責任の所在を執拗に尋問しようとする意図は見当たりません。それどころか明確に禁止しているのです。そこに防災の営みが現に存在することこそを重視しようとする姿勢は、まさに中動態的と表現し得る事態といえるでしょう。

ＮＺの同制度について、たとえば大澤真幸氏も、「過失の有無やその責任を特定するより前に、まず被害者の救済や補償を行うのが先である」という理念を貫徹するものとして、その中動的なスタンスを評価しています[13]。

一方、棚瀬孝雄氏は著書『現代の不法行為法』のなかで、

《こうしたやり方は、補償のためのシステムとしては効率的であることがわかっていながら、必ずしも世界的には普及しなかった。たとえば米国は、ノーフォルト保険の立法化に失敗した。このことは、こうしたやり方が、伝統的な道徳や正義に対する脅威として受け取られたからであろう》[14]として、米国との相違に言及しています。同様の言及はほかにも、たとえば佐野誠氏などにもみられます[15]。

同制度は、1967年に報告されたウッドハウス・レポートの五原則（共同体の責任、包括的な受給資格、完全なリハビリテーション、現実的な補償、運営上の効率性）を基礎として、1972年に立法化され、1974年に施行されました。このうち、第7章の議論にかかわる要点として、五原則の一つ目である「共同体の責任」に着目する必要があります。この部分に関する記述を増田幹司氏の『ニュージーランド事故補償制度（通称ACC）と医療事故に関する一検討――治療行為による傷害（Treatment Injury）という概念が誕生するまでのACCの沿革』から引用すると以下のとおりです。

《この一つ目の原則は根本的なものである。また、二重の論点に拠っている。近代の社会は、まさに構成員たる市民の生産的労働から利益を得ているのだから、社会は進んで働く彼らに対してだけではなく、就労不能によってそうすることを妨げられてしまった彼らに対しても責任を負うべきなのである。そして、我々は皆、以下に述べるような共同体の活動（この活動は、毎年、予測可能だが避けることのできない身的傷害の代償を必要とする）を主張するのであるから、ランダムだけれども統計的には必然な犠牲者となる者を我々皆で共に支えていくべきなのである。これらの共同体の諸目的に係る固有のコスト

は、公平の原理に基づいてその共同体によって負担されるべきである》[16]

ここに謳われている社会保険的な理念は、1998年にいったん、新自由主義に基づく徹底した規制緩和・規制改革が行われた折に、市場化・民営化の方向へ強力に押し切られた時期を経験しています。45年を超える長きにわたり存続し続けている同制度ですが、けっして順風満帆な道を歩んできたわけではないのです[16]。この市場化・民営化は1999年に撤回されました。NZはあらためて同制度を選択し直したのです。この民営化の撤回の動き、すなわちウッドハウス・レポートの理念への回帰の動きについて、浅井尚子氏は、政治的要因はあったにせよ「民営化への消極的評価は、存在したと考えられる」と評しています[17]。佐野氏は、「NZ国民の心理の根底部分では不法行為制度の価値観が残存しており、わずかなきっかけによって不法行為訴権廃止に対する不満が表面化する（不法行為制度からの完全な決別には困難がともなう）」可能性に言及しつつも、「この価値観の対立は究極的にNZ国民により選択されることとなる」としています[15]。

ところで、NZにおける災害にともなう「補償」システムが責任の所在の追及を禁じているからといって、災害や事故の原因究明や真相究明が蔑ろにされるわけではけっしてありません。真相究明のための「検証」システムは、「補償」とは無関係に独立したかたちで機能するよう位置づけられているのです。「補償」と「検証」が、相互に独立したかたちで同時並行的に行われるからこそ、「補償」の迅速性が担保されるというわけです。なお、この「検証」システムにおいてさえ、証言した者に対して「免責」が与えられており、特定の者に対する責任の所在の追及を禁じるという点で徹底しています。NZにおいては、追及すべきものは責任ではなく、あくまでも真相と再発防止策なのです。このような「補償」と「検証」のシステムは、２０１１年のカンタベリー地震の被災者に対しても適用されています[12]。

中動的防災は、キューバのような社会主義体制においてのみ特権的に見出されるものなのではありません。ＮＺのような資本主義体制のもとであってもそれは十分に実践可能なのであり、その為政者のスタンスや風土のありようによっては十分に選択可能なのです。「なぜＮＺなのか」と問われれば[15]、その答えは「ＮＺである必要はない。ＮＺでなくとも選択は可能である。無論、日本も例外ではない」ということになるのではないでしょうか。

４　防災の各類型における責任の所在感覚

①各類型の相対的な付置関係に関する仮説

日本と米国とキューバとＮＺでは、国情が大きく異なります。日本の防災は今後如何なる方向を目指すべきなのでしょうか。

一つには、防災行政と住民が分断し、双方が責任の追及と回避を応報的に繰り返す殺伐とした関係性のもと、住民は受動的な態度であり続けるという現状維持の姿勢を貫くという事態も、想像することは可能です。住民は自らの安全の問題であるにもかかわらず、自分から積極的に動くことはなく、防災行政からのはたらきかけがなければ動こうとしないというスタンスです。自身に責任はないのです。自身に何か被害が生じた場合には、はたらきかけがあったのかなかったのかに着目し、もしもなかった場合には防災行政の責任を問いただす、さながら「帰責ゲーム」[13]の様相です。それで防災の万事がうまくいくのならそれでもよいのでしょう。しかし、もしもそうでないならば、私たちは、別の方向性を模索してみることもけっして無駄ではないと思われます。

たとえば、日本型防災に顕著な受動的態度の脱却を図り、米国型防災に顕著にみられる能動的態度の獲得を目指すという方向性、すなわち自己責任意識の強化を図るという方向性も、少なくともあり得るかもしれない一つの方向性として選択肢から除外する必要はありません。帰責ゲームに絡めて記すならば、「自らの責任を自覚して帰責ゲームをしないよう努める」という方向性ともいえます。以下では便宜上、「防災に関する自己責任意識」と呼称する軸を設け、それが強い場合を「能動的（能動性が強い）」、それが弱い場合を「受動的（能動性が弱い）」と呼称することで、この方向性を記述することとしたいと思います。

しかし、この方向性は従来から再三再四、繰り返し指摘され続けてきた「受動的な態度を改めて、能動的に行動すべき」という方向性と何ら変わりはありません。それらとは異なる第三の方向性の可能性を見出そうとするとき、中動態の概念を参照することは示唆に富むと思われるのです。國分氏自身も「皆を『能動的な責任主体』に仕立て上げようとする近代的な発想を抜け出さなければならないというのはさまざまな分野で求められていることでしょう。『中動態の世界』で目指しているのもそれです」と述べています[18]。それは、帰責ゲームに絡めて記すならば、「帰責ゲームがそもそも成立し得ない世界を目指す」方向性と換言できます。帰責ゲームが成立する条件を無効化するためには、大きく分けて二つの戦略が存在すると思われます。

一つには、その行為に対する責任はどこにも「ない」とする中動態の根源的な思想（超越論的な態度）に立脚する戦略です。責任がそもそも「ない」のだから、当然、それをどこかに押しつけることもできず、帰責ゲームは成立し得ない、という論理です。確かに、國分氏[10]のみならず小坂井敏晶氏[19]や大澤真幸氏[20]などが指摘するように、意志の存在を前提とした「責任」と呼ばれる社会現象は「虚構」であるとの主張には、論理的根拠も明確で、筆者も同意するところです。一方、より事実的な視点に立脚するとき、しかしながら多くの人々は、たとえ「自由意志による行為だから責任を負うという近代個人主義的了解は誤りである」と懇切丁寧に説明されたところで、「責任」の存在を前提とする一般常識的な了解をそう簡単には手放さないでしょう。確かに、「意志」や「責任」なる概念は、反応として生起した「行為」のあとで、後づけ的に、事後的に擬制された虚構に過ぎません。しかし、その蓋然性故、擬制というプロセスは自身の手により隠蔽されます。この擬制と隠蔽というプロセスを経て、「意志」や「責任」という幻想は「規範」としてあたかも最初から本当に存在していたかの如くの様相で存在権を得るようになるわけです。実社会においてこのようなプロセスがどうしても不可避だとするなら、中動態の論理のみに立脚し続けることの実践的な意義は必ずしも豊かではないかもしれません。より事実的な態度に立脚した戦略というものも想起し得るはずだからです。すなわち、その行為に対する責任はどこかに「ある」とする認識を否定せずにおいて、その所在を問うこと自体を「しない（できない）」状態を目指す、という戦略も、実践的には十分に考え得る選択肢の一つであるように思われるのです。第7章で採るのはこの後者の戦略です。

後者の戦略が中動態の原理的な思想から若干逸脱しているからといって、それが即座に中動態の概念とまったく無縁であるということにはなりません。そもそも帰責ゲームの成立には、責任を押しつける「相手」が、主語であるところの「自身」とは別に独立して存在していることが絶対的に必要なのでした。第7章の議論の場合、自身とは住民であり、相手とは防災行政です。住民と行政は分離独立して存在していることが必要なのです。しかし、この両者が分離独立した状態ではなく一体化した状態、つまり主客未分な「私たち」であったとするならばどうでしょうか。主語の範囲の拡張と言い換えてもよいかもしれません。拡張された主語を「包括的な［We］(inclusive［we］)」[21]と呼んでもよいでしょう。とにかく、そこで行われる所作はまさしく、「動詞が指し示す作用が主語から出発して、主語そのものがその作用の場所になっている」状態であり、「主語の内に完結する」状態であり、それはすなわち、中動態によって表現されるべき事態にほかなりません。その場に及んで「(防災行政と住民とのあいだの)帰責ゲーム」はもはや成立しえません。この状態を表現すべく、以下では便宜上、「住民と防災行政の一体感」と呼称する軸を設け、それが強い場合を「一体的」、それが弱い場合を「分断的」と呼称することで、この方向性を記述することとしたいと思います。

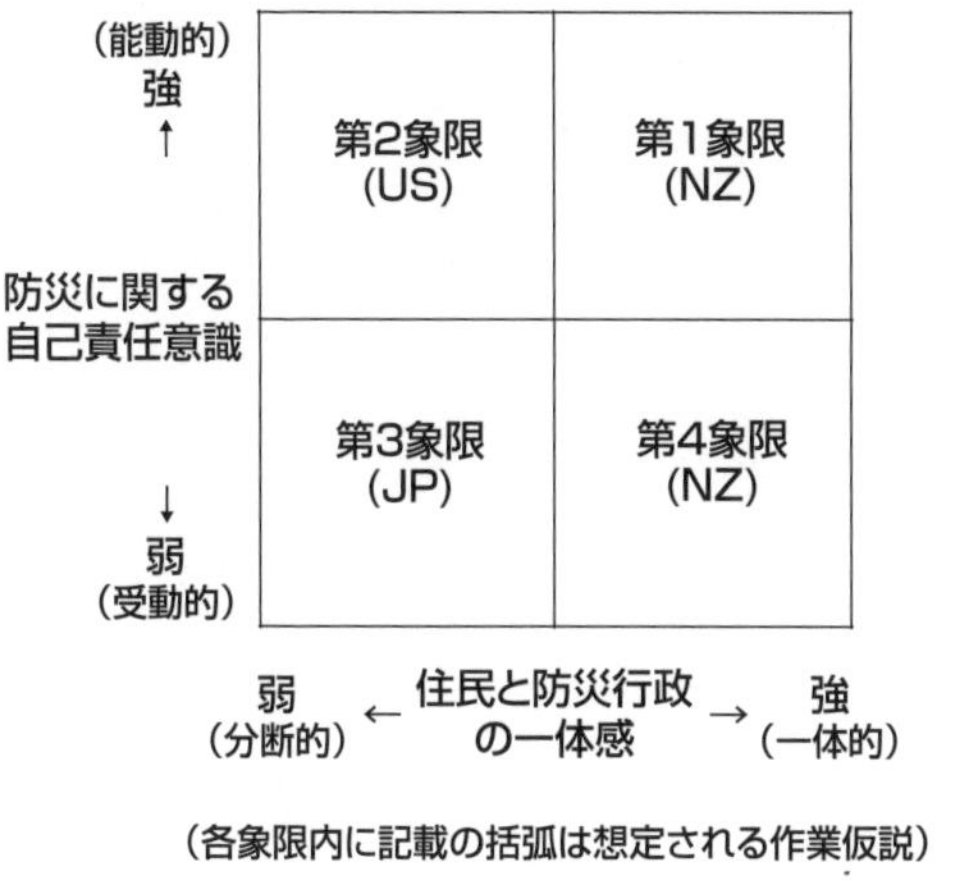

(各象限内に記載の括弧は想定される作業仮説)

図 7-1　防災の各類型の相対的な付置関係の把握のための座標空間と作業仮説

　この二つの分類軸に基づけば、図7―1に示す四つの象限を描くことができます。私たちの関心は、日本型防災・米国型防災・キューバ型防災・NZ型防災のそれぞれが、この相対的な付置空間のなかのどの位置において特徴づけられるかということです。相対的には、受動的防災(日本型防災)は第3象限に、能動的防災(米国型防災)は第2象限に、それぞれ付置されることになるでしょう。そして、中動的防災が付置される領域は、それらの右側(第1象限と第4象限)ということになろうかと思われます。ただし、このうちの第1象限と第4象限には、同じ中動的防災の領域にあったとしても、そこで表現される社会状況の特徴には微妙な差異が存在します。

すなわち、第4象限にて表現される住民の状況は、防災行政との一体感のもとにありながら、自身の責任については無自覚な状態です。それは単に「責任が破壊・抹消されてしまった状態」[7]に過ぎないともいえます。あるいは「moral-hazard または free-rider の状態」[14]とほぼ同類であるともいえます（補注1）。前述のとおり、筆者らがキューバ型防災にみたものは、第4象限ではなく第1象限にて表現される姿でした。このことの延長線上に演繹的に考えれば、NZ型防災の付置領域も第4象限ではなく第1象限であることを期待することはできそうです。

しかし一方で、NZ型防災に関しては、前述のとおり、わずかなきっかけ（たとえば市場化や民営化などの非一体化を指向するような施策）がひとたび表面化すると、とたんに第3象限へと転落する危険性を帯びているともとれます。だとするなら、NZ型防災は、もともとは第3象限の状態を起源とし、そこで具体的な施策や方策をかなり自覚的に選択することによって半ば強制的に一体感だけが醸成された状態、すなわち第4象限に付置されるという可能性も否定できません。NZ型防災が付置する可能性は、第1象限と第4象限の双方に存在しているということになるでしょう。

②仮説検証のための調査

ただし、とりわけキューバ型防災およびNZ型防災の付置領域に関するこのような印象には、これまでの節でみたようないくつかの文献に基づく考察のほかには、筆者らによる各国の一般住民に対するかなり限定的なヒアリング調査の知見以外の客観的な論拠を定位できていないのが現状です。

そこで以下では、受動的防災（日本型防災）・能動的防災（米国型防災）・中動的防災（キューバ型防災、

表 7-1　調査実施概要

実施期間	2019 年 11 月 6 日～ 12 日
実施方法	インターネット調査。インターネット調査会社が保有するモニターリストから抽出。対象国ごとに年齢階層(20 歳代／ 30 歳代／ 40 歳代／ 50 歳代／ 60 歳以上)と性別(女性／男性)で均等割付。JP 調査は日本語表記、US 調査と NZ 調査は英語表記であるが、設問は各国とも同一内容
有効回答	1200 票（JP: 400 票、US: 400 票、NZ: 400 票）
［主な設問］ ［Q1］：自然災害から命を守るには住民自身が自己責任をもつべきだ(1：そう思わない～ 9：そう思う) ［Q2］：「防災に関する行政と住民との関係の現状」について、次の「A」と「B」には対立する意見を示してあります。あなたのお考えはどちらに近いでしょうか。「A：それぞれ一定の距離を置いている“別々”という関係性にある」「B：“わたしたち”と呼べるような一体感がある」(1：A に近い ～ 9：B に近い)	

ＮＺ型防災）の相対的付置関係に関する前述の仮説について、簡便なアンケート調査に基づき検証を試みます。なお、キューバに関しては、一定程度のサンプル数を確保したうえでの一般住民に対する質問紙調査やＷｅｂ調査の実施は事実上、不可能です。このことから、ここでの検証では、中動的防災に関してはＮＺのみを検証対象とせざるをえません。キューバに関して、あるいは、その他の中動的防災の可能性を秘める地域に関して、住民調査データに基づく検証は今後の課題としたいところです。

アンケート調査の実施概要は表７―１に示すとおりです。サンプル数は合計１２００票であり、その内訳は、日本（以下、ＪＰ）と米国（以下、ＵＳ）とＮＺの３か国それぞれ、性別と年代別の均等割付のもとで４００票（＝10区分×40票）ずつとなっています。設問内容は各国調査ともに同一です。ＪＰ調査は日本語表記、ＵＳ調査とＮＺ調査は英語表記の質問文です。検証にあたっては、回答者の「防災に関する自己責任意識」および「住民と防災行政の一体感」に関する認識を把握する質問を設けています。これらをそれぞれ［Q1］および［Q2］と呼称しておきます。

分析に際しては、対象国ごとに［Q1］および［Q2］の平均値で考察を進める集計的な手続きではなく、各人ごとの回答状況に着目する非集計的な議論が望ましいと思われます。そこでまず、全サンプル（1200名）のうち、特徴が類似する者同士を［Q1］と［Q2］に基づくクラスター分析によっていくつかのグループに類型化します。各グループの特徴を図7―1の座標空間内における相対的付置関係として把握したうえで、各グループに属する回答者が、JP、US、NZのどの地域に偏在する傾向にあるのかを読み取ります。

③検証結果

［Q1］（標準化値）と［Q2］（標準化値）に基づくクラスター分析（Ward法、平方ユークリッド距離）により全サンプル（1200名）をグルーピングした結果、C1～C4の四つのグループが見出されました。各グループに属する回答者の［Q1］平均値を図7―2の⑴に、各グループに属する回答者の［Q2］の平均値を図7―2の⑵に、それぞれ示します。これにより、図7―1の座標空間内における相対的付置関係としての各グループの特徴は、以下のように読み取ることができます。

［C1］グループに類型化される回答者においては、「防災に関する自己責任意識」は「能動的（能動性が強い）」傾向にあり、また、「住民と防災行政の一体感」は「分断的」である傾向が強いことがわかります。すなわち、図7―1の座標空間内における相対的付置関係としては「第2象限」に対応づけられます。したがって、［C1］グループに類型化される回答者には、能動的防災の傾向が読み取られる

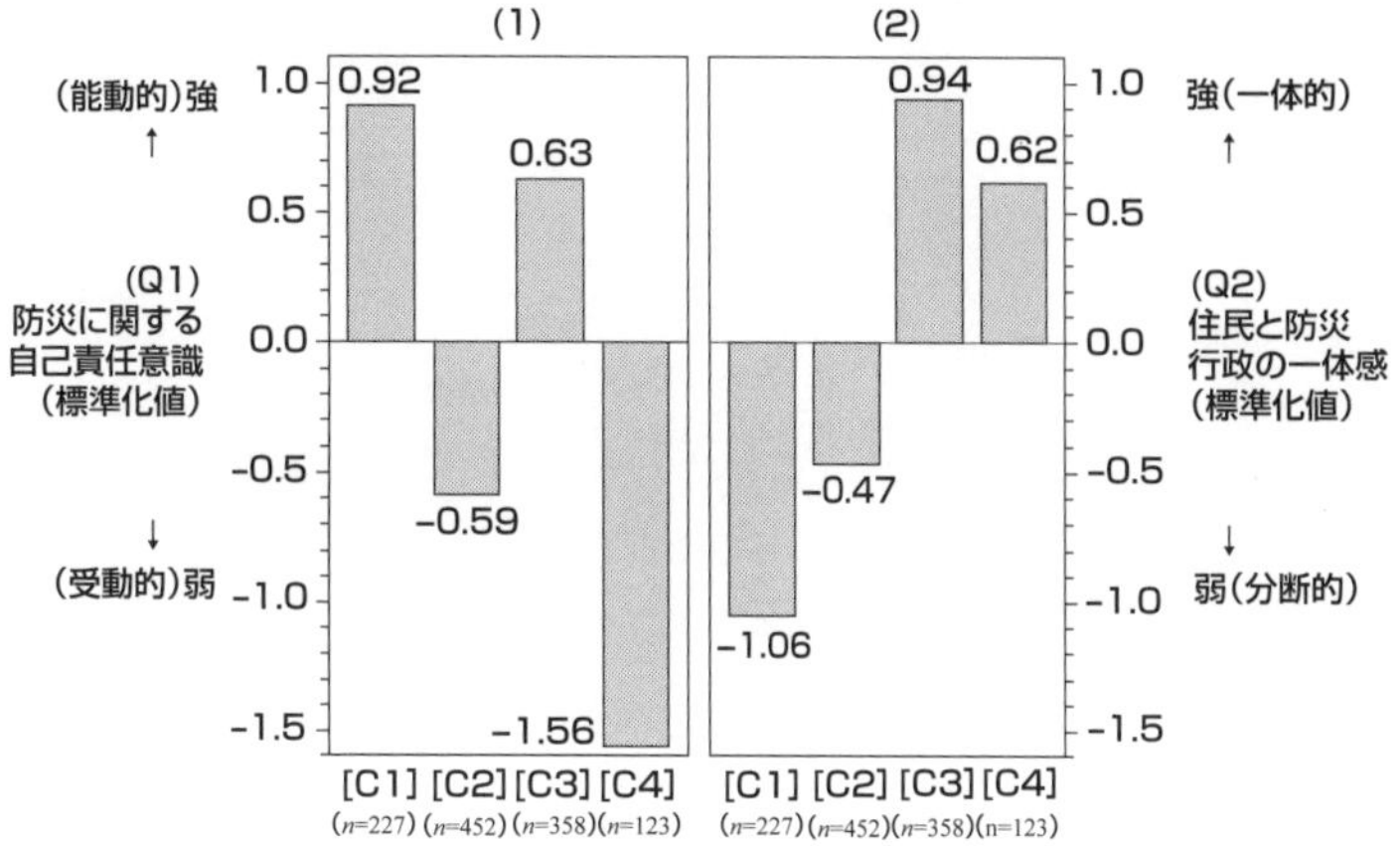

図 7-2　各グループの「防災に関する自己責任意識」と「住民と防災行政との一体感」

ことから、ＵＳへの偏在傾向が存在することが予想されます。現に、［Ｃ１］グループに類型化される回答者２２７人の地域偏在傾向を示した図７―３の⑴の［Ｃ１］をみると、ＵＳへの偏在傾向が確かに見受けられます。この偏在傾向の統計的有意性については、表７―２に示した調整済み残差にて確認することができます。能動的防災はＵＳにおいて特徴的である、といえるでしょう。

［Ｃ２］グループに類型化される回答者においては、「防災に関する自己責任意識」は「受動的（能動性が弱い）」傾向にあり、また、「住民と防災行政の一体感」は「分断的」である傾向が強いことがわかります。すなわち、図７―１の座標空間内における相対的付置関係としては「第３象限」に対応づけられます。したがって、［Ｃ２］グループに類型化される回答者には、受動的防災の傾向を読み取ることができるため、ＪＰへの偏在傾向が存在することが予想されます。現に、［Ｃ２］グループに類型化される回答者４５２人の地域偏在傾向を示した図７―３の⑴の［Ｃ２］をみると、ＪＰへの偏在傾向が確かに見受けられます。この偏在傾向の統計的有意性については、表

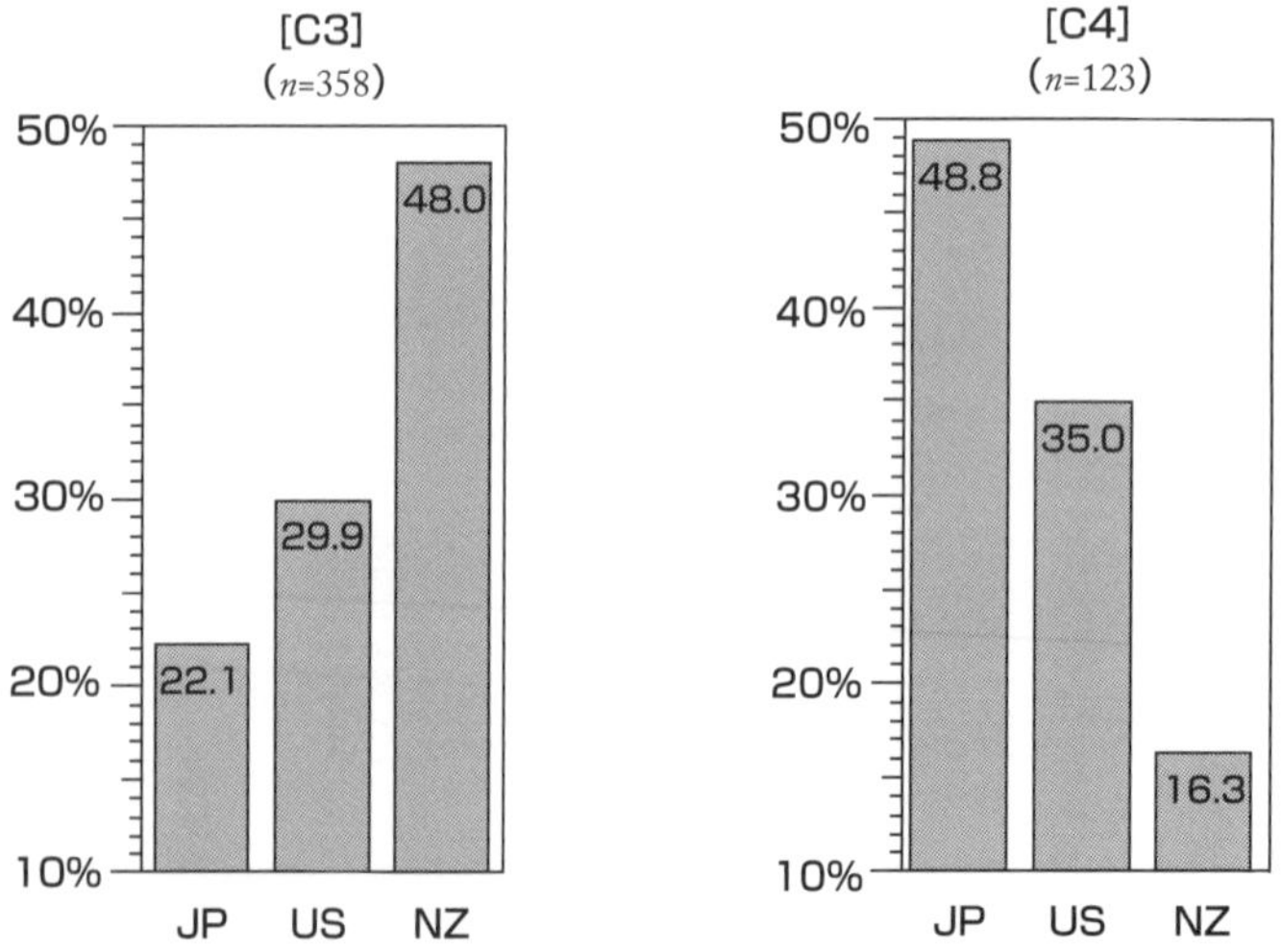

図 7-3　各グループに属する回答者の地域偏在傾向（2）

7―2に示した調整済み残差にて確認することができます。受動的防災はJPにおいて特徴的である、といえるでしょう。

［C3］グループに類型化される回答者においては、「防災に関する自己責任意識」は「能動的（能動性が強い）」傾向にあり、また、「住民と防災行政の一体感」は「一体的」である傾向が強いことがわかります。すなわち、図7―1の座標空間内における相対的付置関係としては「第1象限」に対応づけられます。つまり、［C3］グループに類型化される回答者は、中動的防災の傾向が読み取られることから、NZへの偏在傾向が予想されます。現に、［C3］グループに類型化される回答者358人の地域偏在傾向を示した図7―3の⑵の［C3］をみると、NZへの偏在傾向が確かに見受けられます。この偏在傾向の統計的有意性については、表7―2に示した調整済み残差にて確認することができます。中動的防災、とりわけ第1象限に位置づけられる意味での受動的防災は、NZにおいて特徴的である、といえるでしょう。

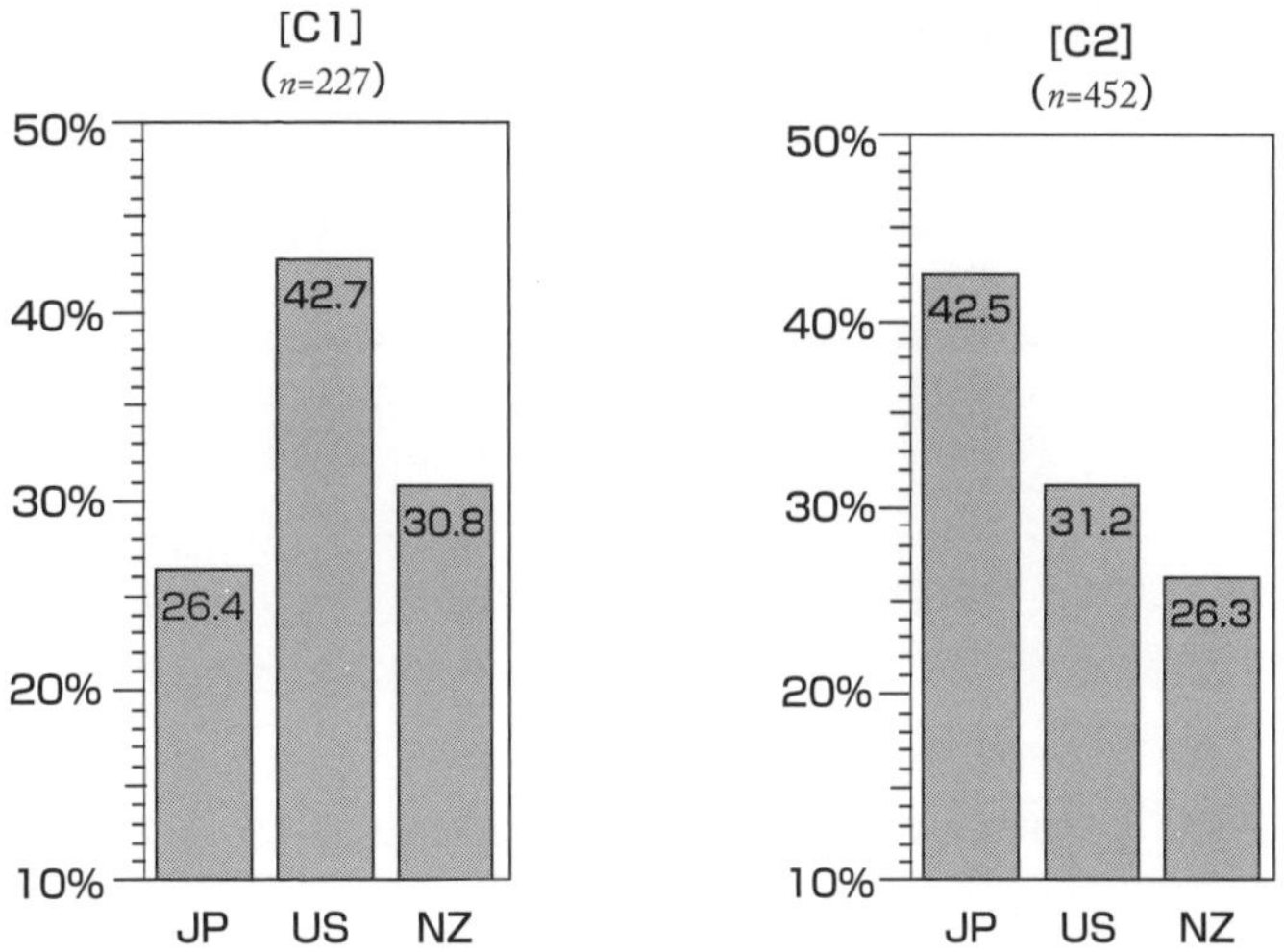

図 7-3　各グループに属する回答者の地域偏在傾向（1）

［C４］グループに類型化される回答者においては、「防災に関する自己責任意識」は「受動的（能動性が弱い）」傾向にあり、また、「住民と防災行政の一体感」は「一体的」である傾向が強いことがわかります。すなわち、図7―1の座標空間内における相対的付置関係としては「第４象限」に対応づけられます。つまり、［C４］グループに類型化される回答者は、中動的防災において危惧されていた moral-hazard あるいは free-rider の状態である可能性が示唆されます。問題は、どの地域への偏在傾向があるのか（あるいはないのか）ですが、［C４］グループに類型化される回答者１２３人の地域偏在傾向を示した図7―3の⑵の［C４］をみると、そのほとんどはＪＰに偏在していることが明瞭に確認されます。この偏在傾向の統計的有意性については、表7―2に示した調整済み残差にて確認することができます。moral-hazard あるいは free-rider の問題は、ＮＺにおいて危惧される問題ではなく、ＪＰにおいて特徴的なのです。

以上の結果を図7―1と同じ座標空間内に記してま

表 7-2　各グループの特徴のまとめ

			[C1] (*n*=277)	[C2] (*n*=452)	[C3] (*n*=398)	[C4] (*n*=123)
(1)	防災に関する自己責任意識		**強**	弱	**強**	弱
	住民と防災行政の一体感		弱	弱	**強**	**強**
(2)	JP (*n*=400)	度数	60	192	88	60
		期待度数	75.7	150.7	132.7	41.0
		調整済み残差	−2.450*	5.224**	−5.810**	3.839**
			少	**多**	少	**多**
	US (*n*=400)	度数	97	141	119	43
		期待度数	75.7	150.7	132.7	41.0
		調整済み残差	3.336**	−1.222	−1.778	0.404
			多			
	NZ (*n*=400)	度数	70	119	191	20
		期待度数	75.7	150.7	132.7	41.0
		調整済み残差	−0.886	−4.002**	7.587**	−4.240**
				少	**多**	少
(3)	責任追及意向			**大**	**小**	

(*：p<0.05, **：p<0.01)

とめたものが図７―４です。図７―１にて提示した相対的付置に関する検証仮説のうち、第４象限以外に関しておおむね支持するものであることがわかります。加えてこれは、とりわけ日本型防災の意味を単に「防災行政と住民が分断し、双方が責任の追及と回避を応報的に繰り返す殺伐とした関係性のもとで営まれる受動的な防災」として〝のみ〟とらえることは不十分であり、そこにさらにmoral-hazardあるいはfree-riderの状態をも含めてとらえ直す必要があることを示唆するものであること、すなわちさらにより一層に問題含みであることがわかります。

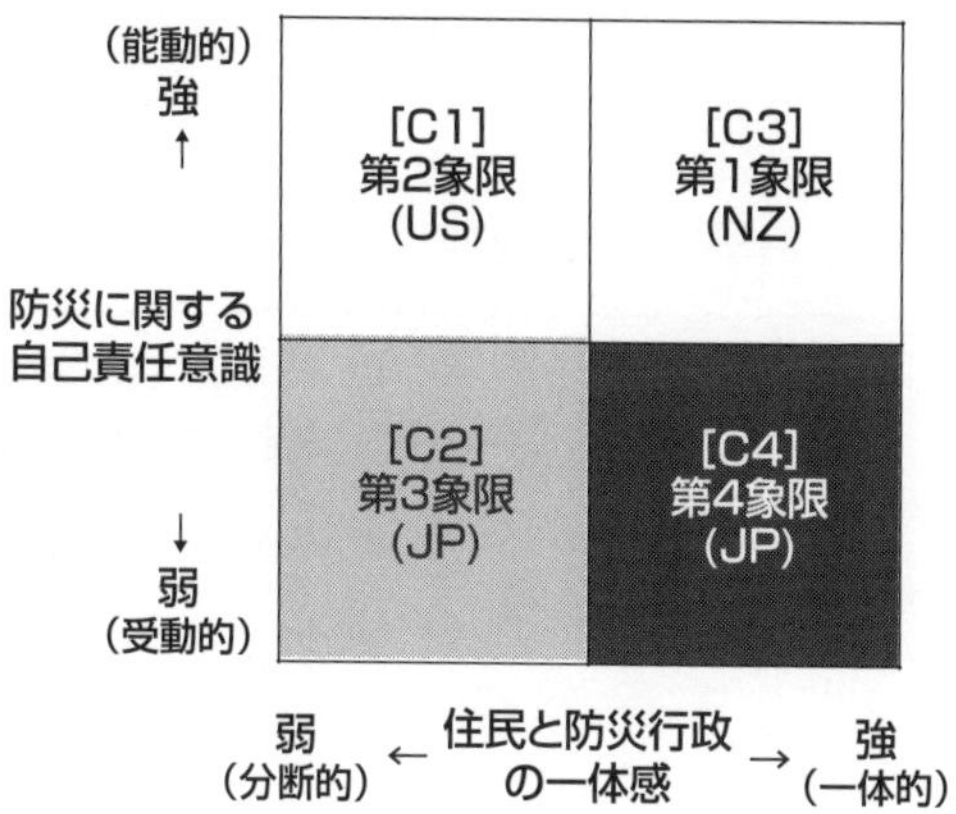

図 7-4　防災の各類型の相対的な付置関係の把握に関する検証結果

④防災の責任追及意向

中動的防災は、その定義からも明らかなように「防災の責任の所在を問わない」ことが最大の特徴なのでした。このことについて、ここで改めて確証を得ておきたいと思います。具体的には、［C３］［C４］に属する回答者は、そのほかのグループに属する回答者よりも、防災の責任追及意向が少ない傾向にあることを確認しておく必要はあるように思われるのです。

確認には、前掲の調査にて設けてある［Q３］を用います。［Q３］では、まず、回答者に表７―３に記したような架空の状況を想定することを要請しています。

表 7-3　責任追及意向の設問における状況想定

［Q 3］：以下の文章（状況想定）は、あなたがお住まいの国における出来事だと想像してください。

もっとも地震が起きやすいと想定されたある地域について、地震予知の最先端で活躍する専門家（大学教授）が、数日先の大地震の発生を予知する作業をしている。政府は、この専門家の地震予知に基づいて、当該地域に非常事態宣言を発し、数日先に発生する大地震に備えて地域住民に迅速な避難を指示する。

ある日、この専門家は、観測網から送られてくる大量のデータを分析していて、大地震発生の予兆を察知した。専門家は、直ちに政府に連絡を入れた。首相は、当該地域に非常事態宣言を速やかに発した。

しかし、3日経っても、1週間経っても、半月経っても、1ヶ月経っても、大地震はまったく起きなかった。その間、非常事態宣言のために避難を強いられた地域の住民や事業者は、政府に対して不平不満を口にするようになった。

専門家は、ついに地震予知の失敗を認めた。政府も、40日経過した時点で非常事態宣言を取り下げた。

そして、人々が戻ってきて平常に復するかに見えた45日目に大地震が起きた。人々は地震発生の危機が過ぎ去ったと安堵し油断していたこともあって、多くの人々の命が失われた。

この状況想定は、イタリア・ラクイラ地震での地震予知情報の適否を巡って争われた実際の訴訟をモデルに、記述としては若干のデフォルメをともなってフィクションとして描かれたストーリーを、斎藤誠氏の『〈危機の領域〉非ゼロリスク社会における責任と納得』[22]からそのまま引用したものです。その架空の状況想定に対して回答者が抱いた防災の責任追及意向を、「誰も悪くない」という問いかけに対する「1：そう思

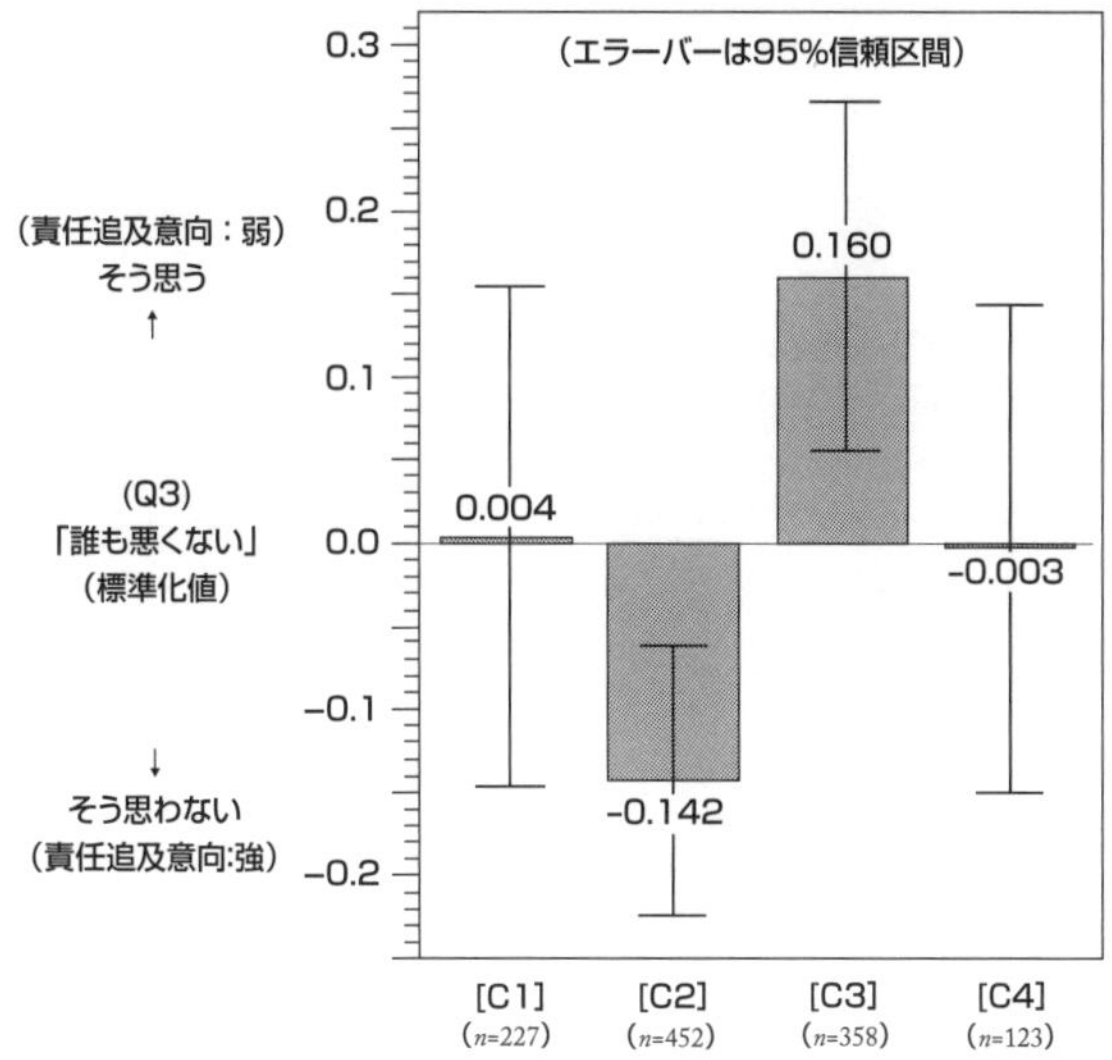

図 7-5　責任追及意向

う〜9：そう思わない」の反応として把握してあります（平均値＝5・61、標準偏差＝2・28）。図7―5は、その反応を［C1］〜［C4］の四類型ごとに平均値（標準化）として示したものです。もとより、曖昧な問いかけ故、それに対する反応も幅を持ったばらつきの大きなものとなることが想像されます。現に、［C1］と［C4］に類型化される回答者の反応はそのようなばらつきの大きい状況となっています。しかしながら、［C2］および［C3］に類型化される回答者の反応は、そうはなっていません。［C2］の回答者（JPに顕著な受動的防災のタイプ）においては、防災の責任追及意向が明確に強くなっています。それに対して、［C3］の回答者（NZに顕著な中動的防災のタイプ）においては、防災の責任追及意向が弱いことが明瞭にわかるものとなっています。

中動的防災が「防災の責任の所在を問わない」という点で特徴的であるという見立ては、［C4］に属する回答者には該当せず、［C3］の回答者のみ、すなわち第1象限の意味での中動的防災においてのみ当てはまる、といえるでしょう。［C3］の人々によって営まれる中動的防災は、自らの責任を自覚してはいますが、しかしながら、防災の責任の所在がどこにあるのかは問い詰めない、という点で特徴的なのです。

5　まとめ――日本型防災のこれから

第7章の冒頭で掲げた問いは、以下に示す防災の方向性のうち、私たちはそのいずれを目指すべきなのか、というものでした。

F1：受動的な防災。
F2：能動的な防災。
F3：それ以外の第三の方向性の模索。

防災研究、とりわけ防災の責任に関する議論に中動態の概念を持ち込むことの意義は、以下の点にあると思います。すなわち、日本型防災において繰り広げられる帰責ゲームという因習からの脱却を促す大きな契機となり得る、という点です。この帰責ゲームは、「防災行政と住民が分断し、双方が責任の追及と回避を応報的に繰り返す殺伐とした関係性のもとで営まれる受動的な防災（すなわち「F1」）」をベースとして繰り広げられているといえます。私たちはここからの脱却を試みなくてはいけないと思うのです。そのために何が必要なのかを考えるとき、その脱却の行き先は「能動的防災（すなわち「F2」）」だけではなく、別の方向性もあり得る（すなわち「F3」）ということについて、中動態の概念からは多くの示唆を得ることができるはずです。

しかし、その中動態の概念に関しては、いまだ十分な理解が浸透しているとはいえません。ともするとそこには、単に責任の所在を曖昧にしただけではないのか、責任の曖昧化に便乗した moral-hazard あるいは free-rider といったような無責任な行動を肯定しているだけではないのか、さらには、それは単なる全体主義や集団主義の賛美に過ぎないのではないかなどといった懸念がつきまといます。第7章で掲げた防災の類型に関する相対的付置関係のうち、第1象限および第4象限が中動的防災の占め得る領域ということになるわけですが、この懸念は第4象限に相当するものです。

しかし、そのような懸念は少なくともNZ型防災においては杞憂でした。むしろ日本型防災において憂慮すべきものであるということが、第7章の分析にて示されました。日本型防災のこれからの方向性を模索するという冒頭に掲げた主旨に立ち返るなら、日本においてもしも「防災行政と住民との一体感」を醸成するという方向性のみを推し進めたならば、その帰結として予期されるのは、残念ながら、まさにこの懸念がさらに助長されてしまった最悪の事態です。

では、日本型防災は今後如何なる方向を目指すべきなのでしょうか。この大きな問いに対する明瞭で実践的な回答をここで示すことは困難ですが、しかし、少なくとも、日本型防災はNZ型防災を「参照するに値する貴重な先行事例として認識すべき」ということだけは指摘できそうです。

そして、そこでの最大の論点は、「NZ型防災ではなぜ、ノーフォルト制度をはじめとした一体化を指向する種々の施策が推し進められてもなお、第4象限に陥ることなく第1象限に留まることが可能なのか」という点です。この点について小松隆二氏も「それらの成果・実績が生み出された所以をたずねる場合、たんなる『やる気のあるなし』といった精神論で理解、評価する人がいるとしたら、安易にすぎるであろう」と釘を刺します[23]。「体制としては一貫して資本主義と民主主義を基調としてきた。それでいて、競争のみを是とせず、国民の間には安定志向、それを土台にした相互扶助と共生の理念が基本的なところ・大切なところでは根づき、機能してきたのである」としているのです。そして、その理念は、あらゆる場において垣間みられるといいます。

たとえば、NZで広く受容されている修復的司法（Restorative Justice）[24]などは、その最たる例の一つでしょう。修復的司法とは、被害者・加害者・コミュニティの三者の対話による紛争解決形態です。加害者を司法によって断ち、処遇を決定していく西洋型司法システムではNZの伝統的文化に馴染まないのではないかとの違和感のもと、マオリの伝統的習慣である拡大家族などを含む集団による対話で加害者を再統合していく紛争解決方法を踏襲し、それはファミリーグループ・カンファレンス（Family Group Conference）として結実されています[25]。

あるいは、NZにおける障害者政策の理念にもそれははっきりと表れています。ともすると私たちは、障害（disability）を「個人が有する機能障害（impairments）」ととらえがちですが、NZの障害者施策はそうではありません。障害とはあくまでも「機能障害を有している人たちを考慮しない社会がつくりあげる障壁（barriers）」であるとの認識なのです。そのもとで、無知や偏見を含むそれらの障壁を取り除くことが、障害者の完全参加が図られる社会の形成に不可欠であると謳います[26]。このような理念は、NZの公用語が英語とマオリ語と手話の3言語となっていることにも通底しているように思われます[27]。

さらには、クライストチャーチモスク銃乱射事件（2019年3月日）におけるアーダーン首相（当時）の声明にも、それを確実に読み取ることができます。「They are us.（被害者には移民や難民が多く含まれていたかもしれないが、彼らはニュージーランド人であり、彼らは私たちである）」[28]というフレーズが当時よく知られるところとなりましたが、ここだけを切り取るなら、それは「移民難民政策の寛容さ」と「国民と行政との一体感」をあらためて確認するに留まるものです。注目すべきはそこだけではありません。ともすると私たちは、しばしば容疑者に制裁を与えたいと希求します。もちろん殺人犯には司法に則り処罰が下されます。しかし、首相が声明として強調するのはそのような表層的なことではありませんでした。「He may have sought notoriety, but we in New Zealand will give him nothing, not even his name.（容疑者は悪名を求めるかもしれないが、ＮＺの私たちは彼には何も与えない。だから私は彼の名前さえ口にしない）」[29]ということです。ここで強調されるのは、容疑者を引きずり出してきて公衆の面前で土下座させることではなく、責任の所在を強く尋問することでもありません。最も強調されるのは、あくまでも被害者の救済なのであって、ここでは遺族とともにあることなのです。このことは、事件発生直後の米国トランプ大統領（当時）からの「米国が提供できるサポートは何か」との問いかけに対するＮＺアーダーン首相の返答が、宗教上の対立を煽ることにつながりかねない報復攻撃の協力要請などではけっしてなく、「sympathy and love for all Muslim communities.（すべてのイスラム教徒コミュニティに共感と愛を）」[30]という内容であったことにも同様に感じ取ることができると思うのです。

このような声明に至った背景としては、無論、アーダーン首相個人のパーソナリティによるところも大きいでしょう。しかし、その声明の具体の内容が重要なのではありません。より重要なことは、それを多くのＮＺ国民が支持しているという現実です。極論すれば、ここで「We will give him nothing.」なのか、あるいは「We will give him punishment.（罰を与える）」なのかの違いは、その拠り所としての国の風土のありようの違いであるといっても過言ではないと思われるのです。そして、前者の「We will give him nothing.」といわしめる風土が存在するNZにおいては、もはや第1象限としての中動的防災を実践することなどは必然とすらいえるのではないでしょうか。

中動的防災の実践の有無だけを切り出して議論しても、その背景に及ぶ真相はみえにくいと思います。中動的防災を、たとえば前掲の修復的司法や障害のとらえ方などと並列に位置づけることではじめて、それらを可能とさせる背景としての風土の様相、それらを実現せずにはいられない風土の様相が浮かび上がるような気がするのです。その意味では、「なぜNZなのか」という問いは、NZ国民には当然すぎる愚問と感じられることでしょう。

この問いは、後者の「We will give him punishment.」が声高らかに叫ばれる社会においてのみ、あるいは、責任の所在の追及と回避が応報的に繰り返される国情においてのみ、成立し得る問いです。問いというよりは、羨望と言い換えてもよいかもしれません。そして、その問いが問い（羨望）として成立する社会であり続ける限り、第1象限としての中動的防災の実践など不可能に近いといわざるをえません。隔たりがあまりにも大きすぎるのです。日本では到底、それを実践することなど不可能なのかもしれません。悲観的に過ぎるかもしれないが、そう考えずにはいられないのです。

しかし、だとしても、日本型防災のこれからを考えるうえでは「悲観的に諦めるのはまだ早いのかもしれない」という一筋の光（最後の砦）の存在可能性を何としても絞り出しておく必要があるようにも思うのです。

概して私たちは、修復的司法、障害者施策、クライストチャーチモスク銃乱射事件での首相の声明、第1象限としての中動的防災などの幾多の実践を可能とさせるNZの風土なるものが、幾多の実践に先立って「根本的な価値観」としてあらかじめ存在していた、と考えがちです。無論、部分的にはそのような側面もあるでしょう。より厳密には、国民自身がそのような因果の方向（風土が原因。修復的司法、障害者施策、クライストチャーチモスク銃乱射事件での首相の声明、第1象限としての中動的防災などはその結果）を信じることができる状態にあることが重要です。

しかし、実際には主たる因果の方向は逆です。幾多の個別具体の実践の積み重ねにより、それらの背景としての風土なる概念が「根本的な価値観」として事後的にかたちづくられるのです。したがって、幾多の個別具体の実践者たちが、そこで如何なる「根本的な価値観」を確信しながら実践するのかによって、その国や地域の風土のありようも異なってくるといえるのではないでしょうか。風土なる概念は所与の条件ではありません。私たちがつくり上げるものなのです。

だとするなら、日本型防災の可能性は、「防災行政と住民が分断し、双方が責任の追及と回避を応報的に繰り返す殺伐とした関係性のもとで営まれる受動的な防災」が行われる社会にも、あるいは、「責任の所在の尋問に腐心するのではなく、防災行政と住民との一体感のもと、私たちの責任をそれぞれが自覚して営まれる中動的な防災」が行われる社会にも、如何なる方向にも開かれているといえるかもしれません。第1象限としての中動的防災の実践は、日本においても不可能ではないのかもしれません。悲観的に諦めるのはまだ早いのかもしれません。

第7章　参考文献

1　中央防災会議 防災対策実行会議 令和元年台風第19号等による災害からの避難に関するワーキンググループ（2020）：令和元年台風19号等を踏まえた水害・土砂災害からの避難のあり方につい

て（報告）.

2 牛山素行（２０２０）：特集 災害時の「避難」を考える――プロローグ 避難勧告等ガイドラインの変遷――災害情報，No.18-2，pp.115-130.

3 Palm Beach Daily News (2018)：Some state officials want "shadow evacuees" to stay home next hurricane, 3 Apr. 2018.

4 The Palm Beach Post (2018)：Irma forced mass evacuations; officials urge staying home next time, 3 Apr 2018.

5 NPR (2018)：Lessons from Hurricane Irma：When to Evacuate and When to Shelter in Place, 1 June 2018.

6 永松伸吾（２０１９）：米国における「災害検証」とは何か，災害情報，No.17-2, pp.53-56.

7 矢守克也（２０１９）：能動的・受動的・中動的に逃げる，災害と共生，３⑴，pp.1-10.

8 渥美公秀（２０１９）：〈助かる〉社会に向けた災害ボランティア：遊動化のドライブの活性化，災害と共生，３⑴，pp.49-55.

9 松原悠（２０２０）：中動態と避難，災害と共生，３⑵，pp.15-26.

10 國分功一郎（２０１７）：中動態の世界――意志と責任の考古学，医学書院.

11 中村八郎・吉田太郎（２０１１）：「防災大国」キューバに世界が注目するわけ，築地書館，pp.65-140.

12 Yasmin Bhattacharya (2019)：ニュージーランドにおける災害に伴う補償と検証――２０１１年カンタベリー自身における制度の運用と課題――，災害情報，No.17-2, pp.57-62.

13　大澤真幸（２０１５）：自由という牢獄――責任・公共性・資本主義，岩波書店.
14　棚瀬孝雄（１９９４）：現代の不法行為法，有斐閣.
15　佐野誠（２０１６）：ノーフォルト自動車保険論，保険毎日新聞社.
16　増田幹司（２０１８）：ニュージーランド事故補償制度（通称ＡＣＣ）と医療事故に関する一検討――治療行為による傷害（Treatment Injury）という概念が誕生するまでのＡＣＣの沿革――，公共政策学，Vol.12，pp.111-137.
17　浅井尚子（２００４）：効率的運用とは何か――ニュージーランド事故補償制度一部民営化の経験からニュージーランド事故補償制度，法政論集，２０１，pp.634-666.
18　國分功一郎・山崎亮（２０１７）：僕らの社会主義，ちくま新書.
19　小坂井敏晶（２００８）：責任という虚構，東京大学出版会.
20　大澤真幸（１９９０）：身体の比較社会学Ｉ，勁草書房.
21　東照二（２００９）：オバマの言語感覚，ＮＨＫ出版生活人新書.
22　齊藤誠（２０１８）：〈危機の領域〉非ゼロリスク社会における責任と納得，けいそうブックス.
23　小松隆二（２０１２）：ニュージーランドが日本、そして世界を先導してきたもの――日本はニュージーランドに何を学ぶか――，「小さな大国」ニュージーランドの教えるもの：世界と日本を先導した南の理想郷，日本ニュージーランド学会・東北公益文科大学ニュージーランド研究所（編），論創社.
24　Howard Zehr (1990)：Changing ZLenses:A New Focus for Crime and Justice, Herald Press.（西村春夫・細井洋子・高橋則夫監訳（２００３）：修復的司法とは何か――応報から関係修復へ，

新泉社）.
25 竹原幸太（2012）：ファミリーグループ・カンファレンスの研究動向と日本での実践課題，「小さな大国」16 ニュージーランドの教えるもの：世界と日本を先導した南の理想郷，日本ニュージーランド学会・東北公益文科大学ニュージーランド研究所（編），論創社.
26 綿貫由美子（2012）：罪を犯した知的障害者に対する処遇――「知的障害者法」を中心に――，「小さな大国」ニュージーランドの教えるもの：世界と日本を先導した南の理想郷，日本ニュージーランド学会・東北公益文科大学ニュージーランド研究所（編），論創社.
27 青柳まちこ（2019）：公用語は英語、マオリ語、そして手話，ニュージーランドTODAY，ニュージーランド学会（編），春風社，pp.44-45.
28 The New Zealand Herald（2019a）：“New Zealanders rally behind Muslim community in wake of Christchurch shootings,” 15 Mar. 2019.
29 The New Zealand Herald（2019b）：“Prime Minister Jacinda Ardern leads condolences to Christchurch mosque victims in Parliament,” 19 Mar. 2019.
30 The New Zealand Herald（2019c）：“Christchurch mosque shootings：Prime Minister Jacinda Ardern's message to Donald Trump,” 16 Mar. 2019.

第8章　主体的な防災をめぐる住民と専門家のコミュニケーション

1 リスク・コミュニケーションの前提に関するコミュニケーション

第7章では、中動態的な世界観に基づく防災を日本で実践することについて「悲観的に諦めるのはまだ早いのかもしれない」という一筋の光（最後の砦）の存在可能性を何とか絞り出しました。

しかし、その「一筋の光」なるものをどうやって具体化していくのかについての何らかの見通しや、そこで乗り越えなくてはならない障壁は如何なるものなのかについての問題意識を持っておくことは重要だと思われます。すなわち、「防災行政と住民が分断し、双方が責任の追及と回避を応報的に繰り返す殺伐とした関係性のもとで営まれる受動的な防災（以降では簡略化のために「状態a」と呼称）」から「責任の所在の尋問に腐心するのではなく、防災行政と住民との一体感のもと、私たちの責任をそれぞれが自覚して営まれる中動的な防災（以降では「状態b」と呼称）」への変化を引き起こすための指針およびそれを阻害する要因は何なのか、という議論です。

この論点を「責任追及意向の払拭」という視点で眺めるとき、齊藤誠氏の「〈危機の領域〉：非ゼロリスク社会における責任と納得」と題する論考[1]がとても参考になると思います。そこでは、危機対応の失敗に対する齊藤氏自身の考え方の変化、すなわち、原因と結果の一意な対応づけによる「危機管理の失敗の〝責任〟を問う」という当初の発想から、「危機は必ずしも回避できない」という非ゼロリスク社会を前提とした「危機管理の失敗に〝納得〟できるよう社会が危機への備えに合意する状態を目指す」という発想への変化のプロセスが詳述されています。そして、同様の変化が世間一般においてももたらされるための契機として必要なものが「熟議」であると強調します。実りある熟議の要件としてさまざまな視点からの考察が展開されるなか、本項で着目したいのが「（ボロボロの）無知のヴェール」と「無謬性の払拭」という二つの要件です。

「（ボロボロの）無知のヴェール」は、それがない場合に比べて少しだけ、あらゆる立場の熟議参加者に「自らの立場から自由になるとともに、他者の立場を自らにとりこむ契機」をもたらすとされ、自分と他者はほぼ対等、つまり自分と他者との立場の一時的な入れ替えを可能とし、境界線をいったん曖昧にする効果をもたらすとされます。この概念は米国の哲学者ジョン・ロールズによるものですが、そこに齊藤氏があえて「ボロボロの」という修飾語を付すのは、完璧な「無知のヴェール」を現実社会で実行することなど無理であり、ヴェールで覆いきれない部分が必ず残ってしまうのだという意味を含ませるためのものです。なお、これと同様な内容を財政学者の土居丈朗氏も指摘しています。土居氏は、２０１３年10月から２０１４年6月に内閣官房に設置された「国・行政のあり方に関する懇談会」の報告書[2]において、「政府を『お上』として、国民とは関係ない統治者であるとする見方」および「国民は政府とは何のつながりもない別の主体であり、都合のよいときだけただ乗りしようとする考え方」のことを「政府・国民二分法的発想」と称したうえで、これを「打破」することが行政と住民の健全なコミュニケーションの条件であると主張しています。端的に括れば、行政と住民との関係性についての認識を「別々」から「私たち」へ転換することを両氏は提言しているようにみえます。なお、土居氏が掲げる第二の条件が「行政当局が完全無欠でない対応を行うことを、一定の許容範囲のなかで国民が認める必要」があるとして「行政の無謬性の払拭」を強調する点も、齊藤氏[1]と一致するところとなっています。

以上を踏まえると、住民が防災行政に対して抱く「二分法的発想」の払拭と「無謬性信仰」の払拭が、住民の防災行政に対する「責任追及意向の払拭」につながるとする仮説を措定することができそうです。その確証を得るべく、ここでは、第7章で用いたデータ（調査概要は表8―1にあらためて再掲）を基

表 8-1　用いたデータの概要

実施時期は 2019 年 11 月 6 日～ 12 日。実施方法はインターネット調査。国内モニターリストから年齢階層（20 歳代／ 30 歳代／ 40 歳代／ 50 歳代／ 60 歳以上）と性別（女／男）で均等割付で抽出。有効回答は計 400 票。
【関係性の認識】:「防災に関する行政と住民との関係の現状」について、次の「A」と「B」には対立する意見を示してあります。あなたのお考えはどちらに近いでしょうか。「A：それぞれ一定の距離を置いている“別々”という関係性にある」「B：“私たち”と呼べるような一体感がある」(1：A に近い ～ 9：B に近い)（1 ～ 4 を〔別々（S)〕、5 ～ 9 を〔私たち（W)〕に区分して分散分析の条件として使用）
【防災行政の無謬性信仰】：防災対策に関して、行政は過ちを犯してはならない。(1: そう思う ～ 9: そう思わない)（1 ～ 4 を〔強（無謬）(M)〕、5 ～ 9 を〔弱（可謬）(K)〕に区分して分散分析の条件として使用）
【責任追及意向】：以下の文章（状況想定）は、あなたがお住まいの国における出来事だと想像してください。// もっとも地震が起きやすいと想定されたある地域について、地震予知の最先端で活躍する専門家（大学教授）が、数日先の大地震の発生を予知する作業をしている。政府は、この専門家の地震予知に基づいて、当該地域に非常事態宣言を発し、数日先に発生する大地震に備えて地域住民に迅速な避難を指示する。ある日、この専門家は、観測網から送られてくる大量のデータを分析していて、大地震発生の予兆を察知した。専門家は、直ちに政府に連絡を入れた。首相は、当該地域に非常事態宣言を速やかに発した。しかし、3 日経っても、1 週間経っても、半月経っても、1 ヶ月経っても、大地震はまったく起きなかった。その間、非常事態宣言のために避難を強いられた地域の住民や事業者は、政府に対して不平不満を口にするようになった。専門家は、ついに地震予知の失敗を認めた。政府も、40 日経過した時点で非常事態宣言を取り下げた。そして、人々が戻ってきて平常に復するかに見えた 45 日目に大地震が起きた。人々は地震発生の危機が過ぎ去ったと安堵し油断していたこともあって、多くの人々の命が失われた。// このような状況に関する下記の意見についてあなたはどのように思いますか？ / (1) 誰も悪くない。(1：そう思う ～ 9：そう思わない) (2) 徹底的に責任を追及すべきだ。(1：そう思う ～ 9：そう思わない)（設問 (1) と設問 (2) の相関係数は -0.33。向きを揃えた平均値の標準化値を分散分析に使用）

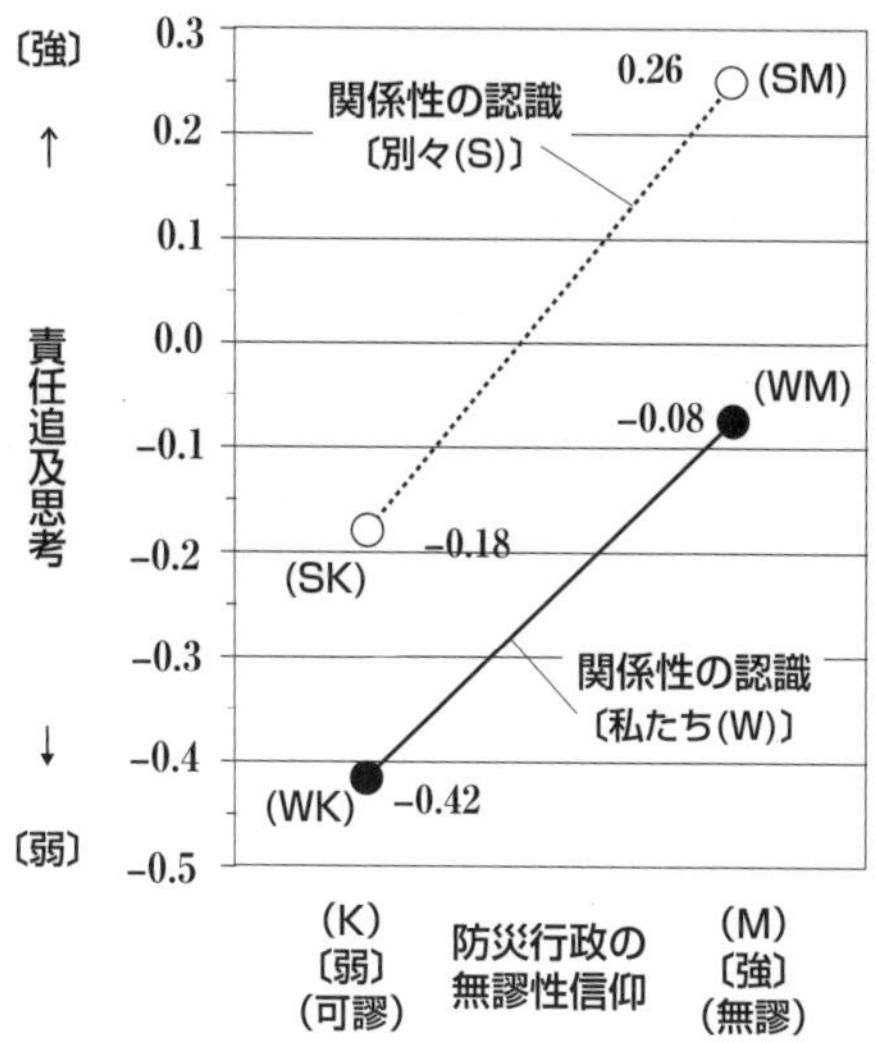

図 8-1　責任追及意向

に、「関係性の認識（〔別々（S）〕／〔私たち（W）〕）」と「防災行政の無謬性信仰（〔強（無謬）（M）〕／〔弱（可謬）（K）〕）」を被験者間要因とする二要因の分散分析を行いました。各条件の「責任追及意向」の平均値は図８—１のとおりでした。その結果、「関係性の認識」の主効果（F（1,396）＝6.03, p＝0.01）と「防災行政の無謬性信仰」の主効果（F（1,396）＝11.13, p＝0.00）が有意となり、交互作用（F（1,396）＝0.18, p＝0.68）は有意ではありませんでした。

やはり、齊藤、土居の両氏の見解および本節の検証結果を踏まえる限り、防災をめぐる行政と住民のリスク・コミュニケーションのあり方として、少なくとも、住民が防災行政に対して抱く「二分法的発想」の払拭と「無謬性信仰」の払拭が、「責任追及意向の払拭」につながるといえそうです。そして、ひいてはそれが状態ａからの離脱の契機となる可能性は大きいといえるでしょう。

しかし、以上のような防災をめぐる行政と住民のリスク・コミュニケーションのあり方に関する方向性について、筆者が関係する学生諸氏からは、一定の割合で否定的な反応が寄せられるのが通例となっているのです。その内容はおおむね次のような内容です。

《図8―1の［WK］点を目指すべきなどという、防災行政が犯した失敗をそのまま放置して、その責任を問わずに雲散霧消とするような議論には賛同できない。そんなことでは防災の進展など望むべくもない。行政と住民の立場を明確に分け、行政の過ちを許さず、責任の所在は明確にすべきだ（図8―1でいえば［SM］点を目指すべきだ）。》

このように、いわば筆者との間の「リスク・コミュニケーションの前提に関するコミュニケーション」が噛み合わずに平行線をたどるケースがしばしばなのです。

しかし、ここにはある種の齟齬があるようにも思われるのです。

熟議のないまま迎えた失敗には、仕方のない部分も確かにあるでしょう。ただ、齊藤氏[1]、土居氏[2]および筆者は無条件に「［WK］点を目指すべき」と主張しているのではなく、その主旨は「次への備えは、現状が［WK］点にあるという認識からはじめたほうがいい」ということなのです。そのような出発点に立つことで、立場や利害を越えた熟議がいくらか可能となり、法体系が強制する責任（法的責任）でもなく、社会が強いてくる責任（社会的責任）でもなく、それぞれの立場の人々が可能な範囲で「自分が自分に負う」責任が立ち上がる契機を担保できるようになるだろう、と主張しているのです。このような熟議を経てあらかじめ取りつけた合意なら、たとえそれが失敗に終わってもある程度の納得の余地が生まれるのではないか、ということです。この効用について齊藤氏は、

《危機対応の失敗に関する納得（失敗を納得して受け入れる覚悟）を担保するのも、法的責任や社会的責任ではなく、熟議を通じて見出された『自分が自分に負う』責任である》[1]

と主張しています。

ただし、齊藤氏の主張に対して少しだけ留保条件を付したい、と筆者は思うのです。というのも、法的責任も社会的責任も強制されない熟議の場において、それぞれに「自分が自分に負う」責任が〝常〟に立ち上がるのかといえば、必ずしもそうとは限らないだろうという疑問が残るのです。そこで「自分が自分に負う」責任が立ち上がるのか否かは、ボロボロの無知のヴェールで覆い切れない部分の如何にかかっているように思われるのです。ボロボロの無知のヴェールで覆い切れない部分が「バレなければサボる」「人の判断は損得がすべてであり、監視がなければズルをする」などという性悪説や損得勘定で占められてしまっているならば、「自分が自分に負う」責任の立ち上がりなどはほぼ期待できないことでしょう。なぜなら、そのような人にとっては、誰からも責任を問われないにもかかわらず、わざわざ、みすみす、自ら責任を負うなどという行為は、何ら得でないばかりか損なのです。多くの人が「自分だけでなくみんなもそう思っているはずだ」と信じている状態のことを「多元的無知」と呼びますが、ここでの性悪説についても多元的無知の状態に陥っているとするならば、互いの不信感は高まるばかりで、結局は互いの監視と責任追及が応報的に繰り返され、状態ａからの脱却も期待できるわけがありません。

怠惰を認めて諦めてしまおうとする性悪説のほうが、本質的に善良であろうとする性善説よりも楽だというのは理解できます。しかしこの際、思い切って、ブレグマンが力を込めて勧めるように、「（自分も他人も）ほとんどの人は、本質的にかなり善良だ」[3]と信じてみては如何でしょうか。あるいは、『君たちはどう生きるか』の著者として知られる吉野源三郎氏が強く主張するように、「人間が善を為す可能性」を信じてみては如何でしょうか。つまり、究極的には「人間を信じてみる」ということです[4]。そうすればきっと、それぞれに「自分が自分に負う」責任が立ち上がる契機、ひいては状態ｂへの変化の契機がもたらされる可能性は飛躍的に大きくなると思うのです。

前述した否定的な反応を筆者に寄せた学生諸氏のあいだでは、おそらく、ボロボロの無知のヴェールで覆い切れない部分が「バレなければサボる」「人の判断は損得がすべてであり、監視がなければズルをする」などという性悪説や損得勘定で占められており、人間を信じることができなくなっているのかもしれません。リスク・コミュニケーションの前提に関するコミュニケーションが噛み合なかった齟齬の最も根源的な原因はきっと、こういうことだったのではないかなと想像してしまいました。確かめたわけではありませんので、この想像がどうか的外れであってほしいと願います。

しかし、第7章で参照したキューバやニュージーランドは、少なくとも日本の現状よりは、「(自分も他人も)ほとんどの人は、本質的にかなり善良だ」と信じてみることを許容してくれる寛容さがある社会のように、筆者には映りました。あくまでも筆者らによるかなり限定的なインタビューなどからの印象に過ぎませんので、そのことを立証するデータなどは現時点では持ち合わせていません。こちらについては、今後もしもチャンスがあるならば、この印象が本当なのか否かを何らかの方法で確かめてみたいと考えているところです。

2 主体的な防災を阻害する「災害制御可能感」を払拭するには

米国の歴史家モリス・バーマンは著書『デカルトからベイトソンへ——世界の再魔術化』(柴田元幸訳、文藝春秋、2019年)[5]において、近代の世界観の際立った特徴について次のように述べています。

《我々の知識もまだ完璧とはいかないにせよ、残っている数少ない誤りも次第に改正されてきているのだし、いずれは完全な正確さをもって自然を解明し、アニミズム的思い入れや、形而上学的思い上がりからいっさい自由になるだろう――こんな思いを、近代は常識とした。以前の世界観を劣ったものとして、自分たちはもう卒業した幼稚な世界観として見る。昔の人間は、我々のような高度な科学を持たなかったので、ああいう子どもじみた考えに導かれていたけれども、いまや人間の知性は「成熟」したのだ、今世紀に至って、かつての迷信や混乱した思考の山はほぼ完全に捨て去られたのだ、と》[5]

「述べている」というよりは「嘆いている」という表現のほうが適切かもしれません。この「嘆き」をここで引用する意図は、これと同様の構図は防災技術全般に対する世間一般の認識（期待）にも見出し得ると思ったからです。

すなわち「対策を強化すれば災害を完全に防ぎきることができる」との過信です。本節では、これを片田敏孝氏に倣い「災害制御可能感」[6]と呼称することにしたいと思います。片田氏は、日本の防災に必要とされる根源的な論点の一つとしてこの災害制御可能感の「払拭」を強調します。強い災害制御可能感を抱く住民においては、自身で主体的に防災対策に取り組む姿勢が希薄となり、同時に、防災行政への依存意識が高まってしまう、という構図の存在を危惧しているわけです。このことを仮に「懸念ロジック」と呼称するなら、この懸念ロジックを無効化（すなわち住民の主体性を回復）すべく、その根源的な要因である災害制御可能感を払拭することが重要だと片田氏は説きます。

このような問題意識は筆者も共有するものであり異論はありません。しかし、このような「懸念ロジック」が現に存在するのか否かについての学術的確証は十分に得られているとは言い難いのが現状だと思

表8-2　調査実施概要

日時	2022年2月9～11日
方法	Webアンケート
対象者	東京都墨田区在住者（性別年代別で均等割付）
回答数	600票（回答に不備のある回答者を除いた有効回答は542票）
［主な設問手順］ (1)　墨田区洪水ハザードマップを閲覧 (2)【災害制御可能感】［Q1］このような浸水の可能性は、しかるべき部局の人たちが努力したとしても排除はできないと思う（1：そう思う～4：そう思わない） (3)【自身】［Q2］このような浸水の可能性があらかじめわかっているのなら、自分も対策を講じて致命的な被害を避ける努力をしていきたい（1：そう思う～4：そう思わない） (4)【他者】［Q3］このような浸水の可能性があらかじめわかっているのなら、対策を講じて浸水しないようにしてほしい（1：そう思う～4：そう思わない）	

われます。また、その災害制御可能感はどのような要因によってもたらされ得るのかについての統一的な見解も十分ではありません。したがって、これらの点に関する確証を得ておくことは、前述の問題意識の正当性を補強するものとしてけっして無駄ではないと考えられます。それだけではなく、第8章の「主体的な防災をめぐる住民と専門家のコミュニケーション」のあり方に関する議論に対しても、有意義な知見を提供し得るものと思われます。

そこで本節は、この懸念ロジックの存在可能性に関する検証を試みた結果を紹介するとともに、この災害制御可能感をもたらす要因に関する仮説についても考察を加えておきたいと思います。

検証に用いた調査の実施概要は表8―2に示すとおりです。調査では、「洪水」を対象とし、まず、調査対象者の居住地の洪水ハザードマップを閲覧してもらったあとに、それに対する【災害制御可能感】の把握を「Q1」で行い、防災対策に取り

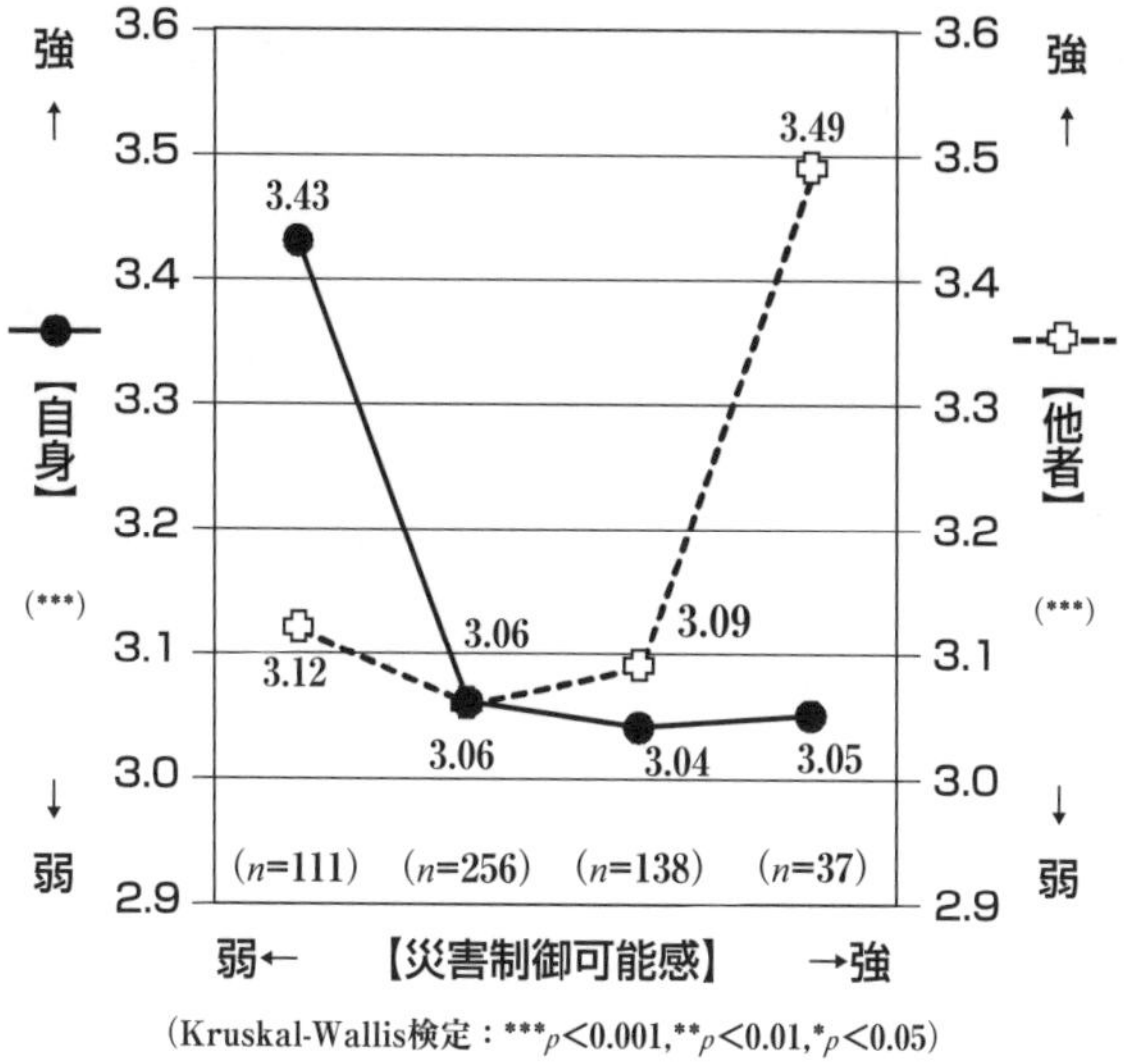

(Kruskal-Wallis検定：***p<0.001,**p<0.01,*p<0.05)

図 8-2　「懸念ロジック」の存在可能性に関する検証結果

組むのは「自身」であるという認識の強度（【自身】と呼称）を「Ｑ２」で、防災対策に取り組むのは「（自分以外の）他の誰か」であるという認識の強度（【他者】と呼称）を「Ｑ３」で、それぞれ把握することとしました。なお、調査対象地域の墨田区においては、荒川氾濫時にはそのほぼ全域が浸水する可能性が洪水ハザードマップに示されています。

図８―２は、回答者の【災害制御可能感】の違いごとに、防災対策の取り組むのは【自身】であるという認識の強度の平均値と、防災対策に取り組むのは（自身以外の）【他者】であるという認識の強度の平均値を、それぞれプロットしたものです。これによると、【災害制御可能感】が強い回答者ほど、防災対策に取り組むのは【自身】であるという姿勢は希薄となること、そして、それと入れ替わるかの如く台頭してくるのが、防災対策に取り組むのは【他者】であるという強い姿勢であることが明瞭に確認されます。

つまり、前述の「懸念ロジック」が存在する可能性を強く示唆する結果となっている、ということです。やはり片田氏および本書の懸念は杞憂ではなかったようです。災害制御可能感を払拭することが、自身で主体的に防災対策に取り組む姿勢につながる、ということは一定程度の説得力を持っているといえそうです。

ところで、この「災害制御可能感」なるものはいったいどこからくるのでしょうか。

その一つの仮説として、前掲のモリス・バーマンは次のような主旨の言及をしていますので、ここでも参照しておきたいと思います。すなわち、西洋近代の人々は、私と私でないものを区別し、人間と自然を区別し、精神と身体を区別し……、というように、自分を世界から隔て、個人の意志という概念を持ち出して強調するようになり、その結果、自然の法則を理性的・合理的に理解し、自然を支配できるようになるのだと考えるようになった、とバーマンは主張します。「個人の意志を強調」という点に関しては「能動性の強調」とも換言し得る論点ですし、ここまでの本書の問題意識にも通底するものです。つまり、能動性の強調によってもたらされるものの一つが、ここでの議論の焦点である「災害制御可能感」である、という見立ては十分にあり得るだろう、ということです。

このような「科学的（＝主体客体分裂的）」な認識のあり方を「参加しない意識」と呼称したうえで、それに対して、人類の歴史を通してみれば、世界のなかに自分を没入させる（「参加する意識」）ことによって人間が世界とかかわっていた時期の方がはるかに長いのであり、少なくとも現時点では「参加しない意識」が行き詰まりにきているのは確かであるように思われる、というのがモリス・バーマンの前掲の著書『デカルトからベイトソンへ――世界の再魔術化』の全体を通じた基本的な主張です。「いまさらデカルト批判？　またあの図式で？　ニッポンの現代思想は、もっとずっと先を行ってるみたいよ」などという冷めた反応もあるに違いない、とあえて自虐的に同書の冒頭に掲載されている「紹介」で佐藤良明氏は述べています[5]。しかし、１９８１年の原書の出版から約40年の期間を隔てた２０１９年の復刊時のあとがきにて訳者の柴田元幸氏は、このようなモリス・バーマンの基本的主張は「幸か不幸か（まあ不幸のほうが大きいか）あまり、というか全然、古びていないように思える。２０１９年のいま、自他を隔てるべく一部の人々が引く線は、なんだか前より太く濃く荒々しくなった気がする」と記しています[5]。いや、「記している」などといった穏やかな心情表現は適切ではないかもしれません。バーマン同様、やはり「嘆いている」と表現したほうが適切かもしれません。同様に、過度な災害制御可能感がもたらす主体性の欠如の問題も、本節でさきほど示した検証結果を鑑みる限り、それは現代的課題としていまもなお（幸か不幸か（いや不幸にも））生き生きと残存しているといわざるを得ないようです。

一般論として、能動的であることと主体的であることを同一視する傾向は、けっして珍しいものではありません。このことは本書でも繰り返し言及してきたことです。しかしここで興味深いのは、能動性を強調することは、災害制御可能感の増大をもたらし、その先にあるのが皮肉にも「主体性の減退」であるという〝逆説〟が示唆されるという点です。能動的であることは必ずしも主体的であることと同義ではないとする、本書のここまでの主張を図らずも補強するかの如くです。また、このことは、前掲のトクヴィルによる指摘にも矛盾しません。

意志（能動性）という概念をあくまでも〝幻想〟として信じてみるのはまったく構わない、むしろとても大事なことだとすら筆者は思います。しかし、真に主体的であるためには、過度な能動性への妄信を避けてみること、すなわち「確固たる個人の意志」という概念への信仰から少し距離をおいてみるということが、とても有効な方策となり得るのではなかろうか、ということです。それは「参加しない意識」から「参加する意識」への転換と同義といえるでしょう。「防災技術が生まれる前の太古の地点」への回帰を単に回顧主義的に推奨しようというのではけっしてありません。むしろ「防災技術に限界があること（災害制御可能感の行き詰まり）に薄々気づきはじめている現在」の私たちからはじまる新たな探求という意味合いのほうがはるかに強いです。そのことによって新たに獲得され得るものは、人間は自然のなかに存在する一要素に過ぎないという認識への立ち返り、自然に対する謙虚な姿勢、防災対策を強化しても災害を完全に防ぎきることはできないという認識、トクヴィルが指摘した「『遠くにある一般的な形式をとる何か』への『依存』」[7]からの解放、そして、防災に対する真に主体的な姿勢です。

3　住民と行政のあいだ――臨床という場の共有へ

臨床の場を重んじる精神科医の中井久夫氏によれば、精神科医とは「混乱の中に身を投じて、おのれという一要素が、場に加わることによって、そこに何らかの変化が発生し、その中のごく一部にでも、悪循環あるいは閉塞からの脱出の契機、種子、萌芽が生じることを目指す者である」[8]といいます。その世界観は、分離独立した存在の「精神科医」という主体が、分離独立した操作対象としての存在の「患者」という客体に対して、薬や治療を施す、という関係性のとらえ方では「ない」ということです。まったく違います。操作対象としての患者という世界観は、ある意味では、患者自身の回復力あるいは生命力といったものをまったく信じていない態度、「薬や治療を施しておけば効果は出るだろ」的な世界観、と換言できそうですが、そのような世界観ではまったくダメである、と中井氏は強調します。

これと同様のことは、同じく「臨床哲学」の創始者の一人である木村敏氏も強調するところであり、患者を操作対象としてとらえる世界観のことを木村氏は「悪魔にこころを売った状態」と表現し痛烈に批判しています[9など]。

つまり、中井氏および木村氏がそろって強調するものは、患者は常に場とともにあり、医師はその場に異分子として加わるということ、すなわち医師はいわば「触媒」としてその場へ飛び込んで、その患者に変化が訪れるのを「待つ」という世界観を持つことが重要だ、ということです。ある意味では、患者自身の回復力あるいは生命力といったものを信じる態度、そのような信頼感に依拠しなければ立ち上がり得ない世界観、と換言できそうです。「変える」のではなく、「変わる」のを待つ、医師はそのための良き触媒たり得るか、という世界観です。

しかし、主体性の確立を求めて絶望的に苦しんでいる統合失調症の患者たちに往診先で対峙するとき、若い精神科医は、少なからずひるみ、場合によってその一部と化してしまい、絶叫したり号泣したりすることも稀ではないといいます。往診を必要とするほどの重症の病人を抱えて半ば例外的混乱状態にある家庭は、医師の振る舞い如何で、ときに協力者にもなりますが、場合によって敵対者にもなり得る集団です。そのような場へ医師として単身で入り込むとき、病院や白衣などという権威は、医師としての体裁（主体性）を保つのには役に立ちません。寄り添う（一部と化す）だけなら医師である必要はありません。問われるのは医師としての意義です。さらにいえば、そこでは、医師である以前に自分という存在の自明性それ自体が大きく揺さぶられてしまいます。患者の実情を我が身の如く感じ取り、同時に自身の無能さが明るみに出るとき、若い精神科医はひるみ、絶叫し号泣するのでしょう。そして、その場から生還できず戻ってこれなくなる、というわけです。

防災に関していえば、一般住民の目には、防災行政に携わる職員、防災研究に携わる者、防災報道に携わる者などはすべて防災に関する専門的な知識や技術をより多く持っていることが期待される存在という意味で「専門家」として映ります。防災の主体性をめぐる住民と専門家とのかかわりも、患者と精神科医とのかかわりとほぼ同様の構図として見て取ることができるのではないでしょうか。「人は人として逃げられない」[10]のが常であり、そのような住民の主体性を、いざというときに逃げられる主体性へと変革することを真剣に目指す防災専門家ならば、少なからずひるみ、場合によってその一部と化してしまい、泣き叫びたくなるという事態は稀ではないはずです。その根底において重要な点は、いざというときに逃げられる主体性へと変革することを「真剣に」目指しているのか否か、という部分だと思います。もしも真剣ではなく、その場をそつなくサラリとこなすことだけ、自分がキズつかないことだけ、自分の立場を気にしてばかりの専門家、自己保身だけを気にしている専門家であるなら、きっと、泣き叫びたくなるようなことなどけっしてないのでしょう。葛藤も何も生じようがありません。その世界観は、前述の「操作対象としての住民」というとらえ方、そして、それを操作する側としての防災専門家という立ち位置に近いものとなってしまうのでしょう。しかしそれは同時に、本来の目的、住民の主体性を醸成するという目的の達成は期待できません。表面上の数値目標的な類は達成されたかのようにみえる場合であっても、真の意味での防災はけっして達成されはしないでしょう。

そうではなく、もしも防災専門家が真剣であるならば、甚大な災害リスクに暴露されている地域住民は、そこに専門家として介入する者の振る舞い如何で、ときに協力者にもなりますが、場合によって敵対者にもなり得る集団です。そのような場へ専門家として単身で入り込むとき、職位や肩書きなどという権威は、専門家としての体裁（主体性）を保つのに役には立ちません。寄り添う（一部と化す）だけなら専門家でなくともよいのです。もしも寄り添って一部と化すだけならば、それはただ単に住民が一人増えただけです。そうではなく、やはりそこで問われるのは専門家としての意義です。住民の実情を我が身の如く感じ取り、同時に自身の無能さが明るみに出るとき、防災専門家はひるみ、絶叫し号泣するのでしょう。そして、その場から生還できず戻ってこられなくなる、というわけです。少なくとも、若輩の筆者はそうでした。

そんなとき、精神科医は、そして防災専門家は、いったいどうすればその場へ「行ったきり」にならずに、そこから生還（溶解した精神科医あるいは防災専門家としての主体性を再構築）できるというのでしょうか。

そこで問われること、最も重要な点はやはり、患者そして住民のことを本当に信頼できているのかという点であろうと思われるのです。「患者が『患者自身の主体性の獲得をめぐる旅路』の真っ只中にある」ということを精神科医が本気で信じることができているか、「住民が『住民自身の主体性の獲得をめぐる旅路』の真っ只中にある」ということを防災専門家が本気で信じることができているか、ということが問われるのではないでしょうか。

つまり、主体性とはどのようなプロセスで獲得されるものなのか、ということについての思想および哲学を精神科医および防災専門家が持てているのか、ということが問われるのだろうと思うのです。確固たるべきものは主体性そのものではなく、主体性がどのようなプロセスを経て析出し得るのかについての思想および哲学である、ということです。

もちろん、主体性の獲得をめぐる旅路の渦中にいるのは患者や住民だけではありません。そこに主客未分で飛び込んで交じり合う以上は、精神科医自身や防災専門家自身も、自身の「主体性の獲得をめぐる旅路」の渦中にあるという自己認識が不可欠です。場に溶解することを拒むカチコチの主体性、主体性が変わってしまうことを恐れ拒む態度、自身の正当性を頑なに信じて疑わない思考停止な態度のほうがよほど危険というものです。周辺環境と交じり合い、語り合い、溶け合ったときにはじめて生じるのが主体性の変化であるはずです。主体性の獲得をめぐる旅路の途中なら、グラグラに揺れ動く主体性に負い目を感じる必要はまったくありません。必要なのはむしろ、主体性が変わり得ることへの覚悟です。

緊張感に満ちた臨床の場にて、患者の主体性の獲得を目指しつつ、同時に、精神科医がそこからの生還を果たそうとするとき、その拠所として「臨床哲学」なる思想領域が必要とされたのであれば、それに倣い、防災にも思想および哲学が必要とされることでしょう。ここではそれを仮に「臨床防災哲学」と呼称しておくこととしましょう。

「臨床」という語は、狭義には医療分野に端を発し、近年では心理学・教育学・社会学・法学・哲学などの学問領域においても付されるようになっており、概して「現場を重視する立場」を強調するものと解されます。この意味では、もとより「防災」の営みは「現場を重視する立場」でしかあり得ないわけであり、ことさら「臨床」という注釈を付記して「臨床防災」などと名乗る必要性はないでしょう。他方、「臨床哲学」なる呼称は、木村敏（精神病理学）、中井久夫（精神病理学）、鷲田清一（哲学）、養老孟司（脳科学）、野家啓一（哲学）の各氏らにより用いられ、その後も大きな広がりをみせています。第1章で紹介したように、片田氏があえてその葛藤を赤裸々に吐露[11]する意図はおそらく、「理論」なるもののみを重視する研究者の成果の多くがともすると「現場を軽視した、机上の、学問のための学問」（＝戯れ）に過ぎないのではないかという痛烈な批判にあるものと解するべきだと思います。このような危惧はちょうど、単なる「哲学」ではなく、そこに「臨床」という注釈を付せずにはいられなかった臨床哲学領域の諸氏の問題意識に、奇しくも重なるように思われます。

「悪魔に心を売った状態」あるいは「知識や技術を施しておけば効果は出るだろ」的な世界観で万事うま

くいくならば苦労はありません。患者や住民は操作対象ではありません。そのような世界観からの脱却・転換を試みる必要があります。すなわち「パラダイム・シフト」が必要です。主体性なるものは、獲得させようとしても無理なのです。主体性なるものは当事者自身で獲得するしか方法はありません。防災専門家は「住民のちから」を信じて待つ姿勢が肝要です。そのためのよき「触媒」たり得るかが問われているのです。ここでいう「『住民のちから』を信じる」とは「住民が『主体性の獲得をめぐる旅路』の渦中にいるということを信じ、そして、待つ」という防災専門家の態度のことです。そしてそこに、防災専門家自身も「主体性の獲得をめぐる旅路」の渦中にあるという自己認識が加わったときに浮かび上がる思想の体系というものが、ここで仮に「臨床防災哲学」と呼称した世界観が目指すものだと思います。

そのような思想および哲学が、防災専門家と住民とのあいだで共有されているなという感覚を防災専門家が持てるようであれば、その防災専門家においてはきっと、臨床の現場から生還する可能性が大きく開かれるものと思います。防災における主体性の喚起を目指して臨床の場（当事者と周辺環境とが主客未分で溶け合う場）に本気で飛び込もうとしている専門家、そしてその場に居合わせる住民、さらには防災にかかわるすべての人々において、このような「臨床防災哲学」の世界観が広く共有されれば、そうではない場合に比べて、防災にかかわる社会科学的な諸課題の多くはおそらく、かなり改善の方向で再び進みはじめるのではなかろうかと期待するのです。少なくとも「防災行政と住民が分断し、双方が責任の追及と回避を応報的に繰り返す殺伐とした関係性のもとで営まれる受動的な防災」からの脱却の可能性は幾ばくかでも広がることが期待できるようになると思うのです。

「主体性の獲得をめぐる旅路」なるものを如何にして描き得るのかについては、紙幅の都合によりここで十分に論じることができません（その要点については拙論[12,13]をご参照ください）。論理の精緻化や検証はもちろん必要です。ただ、このような世界観をベースとした議論には、コミュニティ論や教育論や福祉論など他分野との関連のもとでより実践的かつ多様な展開も期待できるような気がします。

しかし、最大の課題は導入部です。確かに私たちの多くは「他に流されたり惑わされたりしない確固たる強い主体性」を「よし」として教育されてきましたし、「主体的＝能動的」だと妄信してしまいがちな側面があるのも事実です。矢守克也氏は、「人間が示すふるまいの前には、必ずそのふるまいの原因となるような心的状態――認知や判断と称される心の動き――が論理的にも時間的にも先行しているはずだと考える前提」のことを「こころの前提」あるいは「心の情報処理モデル」と呼称し、これは「通常、疑いようもなく自明で確実なことと考えられている」とし、「現代社会における理性的思考のほぼ全貌を覆う大きな前提」でもあると言及しています。しかし、それは「いかに自明で確実と映るにせよ、それが社会、かつ歴史的な構成物に過ぎない」と矢守氏は喝破します[14]。「主体的＝能動的」だとする妄信、つまり「こころの前提」「心の情報処理モデル」と呼ばれる思い込みは、ひとつの暫定的な仮説に過ぎないという自覚は少なくとも必要であり、それを疑ってみて、もしもうまくいっていないようなら、その暫定仮説をより良い方向へ改訂してみてもよいはずです。

養老孟司氏は「知るとは自分が変ること」「学ぶとは自分の見方が変ること」として「変わる」ことを重視します。そこにおいて「確固とした自分があると思い込んでいるいまの人は、この感じがわからない」と言い放ちますが[15]、筆者も同意見です。

宮崎駿氏による漫画版『風の谷のナウシカ』のナウシカは「生きることは、変わることだ」[16]と断言します。

「生きること」は「死なないこと」と同義だとすれば、「人が死なない防災」という研究領域についての筆者なりの再解釈の試みについても、ここにきて、やっと、なんとなく、少しだけ、「ああ、そういうことだったのかもしれないな」と腑に落ちた感じがします。「人が死なない防災」とは「人が変わる防災」ということだったのかもしれません。

「人が死なない防災」を実現するためには、防災行政に携わる職員、防災研究に携わる者、防災報道に携わる者、地域住民、そのすべての人たちが頑なであってはなりません。防災は、「遠くにある一般的な形式をとる何か」を遵守してさえいれば万事うまくいくというものではけっしてありません。頑なであればあるほど、主体的ではなくなってしまい、「遠くにある一般的な形式をとる何か」に依存しがちとなり、自己保身や責任追及に走りがちです。そうではなく、「人が死なない防災」の実現には、すべての人々が変化の可能性に十分に開かれていること、すなわち「人が変わる防災」が根源的に重要だと思うのです。

それぞれの立場からパラダイム・シフトを引き起こす努力がいま、求められているといえるのではないでしょうか。

第8章　参考文献

1　齊藤誠（２０１８）：〈危機の領域〉非ゼロリスク社会における責任と納得，勁草書房．
2　土居丈朗（２０１５）：https://www.cas.go.jp/jp/seisaku/kataro_miraiJPN/sum/doi.htm
3　ルドガー・ブレグマン（２０２１）：Humankind　希望の歴史，野中香方子訳，文藝春秋．
4　吉野源三郎（２０１１）：人間を信じる，岩波書店．

5 Morris Berman（1981）：The Reenchantment of the World, Cornell University Press．（柴田元幸訳，2019，デカルトからベイトソンへ――世界の再魔術化――，文藝春秋（初版1989，国文社））．
6 片田敏孝（2020）：避難学確立に向けた議論のリフレーミング，災害情報，No.18（2），pp.141-144．
7 トクヴィル 著（1840），松元礼二訳（2015）：アメリカのデモクラシー，第二巻（下），岩波新書．
8 中井久夫（1995）：家族の深淵，みすず書房．
9 木村敏（2000）：偶然性の精神病理，岩波現代文庫．
10 片田敏孝（2020）：ハザードマップでまちづくり――命を守る防災への挑戦――，東京法令出版．
11 片田敏孝（2020）：人に寄り添う防災，集英社新書．
12 及川康（2020）：主体的避難の可能性について，災害情報，No.18（2），pp.135-140．
13 及川康（2021）：主体的避難のための臨床防災哲学，日本災害情報学会，第23回学会大会予稿集，pp.83-84．
14 矢守克也（2009）：再論――正常化の偏見，実験社会心理学研究，第48巻，第2号 pp.137-149．
15 養老孟司（2023）：ものがわかるということ，祥伝社．
16 宮崎駿（1995）：風の谷のナウシカ，第7巻，徳間書店．

あとがき

実は、本書の各章は、それぞれに「仮想の敵」を見立てて、その「仮想の敵」をどうにかしてやっつける（改心させる）ことを目指して執筆されたものといえます。

この「仮想の敵」とは、筆者自身の「思い込み」のことです。「津波てんでんこ」に従っておきさえすればいいと「思い込んで」いたのは実は自分自身ですし、予定通りの未来を迎えるべく準備を尽くすことこそが正しいと「思い込んで」いたのも、曖昧で低精度な防災情報はけしからんと「思い込んで」いたのも、適切な防災意識こそが適切な防災行動を引き起こすための最大で唯一の原因だと「思い込んで」いたのも、防災の責任の所在を明らかにして徹底的に追及することが正義だと「思い込んで」いたのも、「主体的＝能動的」であると「思い込んで」いたのも、実はすべてかつての自分自身でした。本書で向き合おうとしてきた課題は総じて「思い込みの防災」であったと括ることができると思われます。

このような「思い込みの防災」を徹底的に疑ってみた先で浮かび上がってきたものは、主体的な防災をめぐる住民と専門家とのコミュニケーションのあるべき姿とはいったいどんなものなのかということでした。ここでいう専門家とは、防災研究者のみならず、より広範に、防災行政に携わる職員、防災報道に携わる方々を含め、一般の住民の目からみたときに防災に関する専門的な知識や技術をより多く持っているであろうと期待される存在を指しています。筆者自身も防災研究者の末席を汚す一人ですが、さらに打ち明けますと、木村敏氏が「悪魔にこころを売った状態」と表現して痛烈に批判する態度だったのも、「知識や技術を施しておけば効果は出るだろう」的な世界観を妄信していたのも、実はかつての自分自身でした。「知識や技術を施しておけば効果は出るだろ」的な世界観のままで行われるコミュニケーションの内実などは、せいぜい、知識や技術の一方向的な伝達に終始するものとなってしまうのでしょう。いや、その伝達すら真っ当にはなし得ないかもしれません。そのような表層的なコミュニケーションならば、それは自己正当化には資すれども、当事者たちの主体的な防災の醸成にはほとんど寄与しないだろう、ということに気づかせてくれたのは、本書に収録されている一連の原稿の執筆作業（＝思考作業）でした。

ですので、本書によって最も大きなパラダイム・シフトが起きたのは、実は、何より自分自身においてであったと思います。防災という大きな課題に真剣に向き合おうとするときの自身の世界観は、執筆作業の前と後とで大きく変わったのは事実です。まさに「人が変わる防災」を体現してしまったかの如くです。しかし、それはとても幸せなことだとも感じています。

このような背景のもとで執筆された文章が書籍という具体的なかたちとして結実するには、少なくとも次のような三つのステップが必要でした。

一つめは、筆者自身がまずはしっかりと「思い込む」ステップです。防災について何も知らなければ、それを思い込むことすらできません。ですからまずは、防災の基本をたたき込み、理解し、そのうえでそれを深く「思い込む」ステップが必要でした。二つめは、その「思い込み」を「正当に疑う」ステップです。研究という職業を生業にする以上、この「正当に疑う」という作業は必須です。また、この作業には特有の技術や知識が必要ですし、その修得には一定の訓練を要することも事実です。これらのステップを進むうえで、恩師である片田敏孝先生（現：東京大学大学院情報学環総合防災情報研究センター特任教授）には、卒業論文でのかかわりをきっかけとして筆者を防災研究の入り口に導いていただいて以来、非常に多くのご指導を賜ってきました。ここであらためて深い感謝の意を表したいと思います。

また、本書の随所で引用させていただいた、矢守克也先生（京都大学防災研究所巨大災害研究センター教授）をはじめとしたさまざまな論者による多くの論考からは、「正当に疑う」ことの勇気をいただきました。これらの論者の方々に心から敬意を表します。そして三つめのステップは、ベストブックの向井弘樹さんからの出版のお声がけです。編集、校正の作業でも大変お世話になりました。本当にありがとうございます。もとより、学会や研究会などの場で交流させていただいている方々との議論や、指導を担当した学生諸氏との議論がなければ、向井さんからのお声がけのきっかけとなった論考「避難情報廃止論」もなかったものと思います。

これまでにいただいたすべてのご恩とご縁に心からお礼申し上げます。自身の非才と怠惰ゆえに大変遅くなってしまいましたが、自著を両親に届けるというささやかな親孝行には何とか間に合いそうです。そんな幸運と両親にも精一杯の感謝の意を表したいと思います。

2024年4月　及川　康

初出一覧

第1章：防災探究の準備――災害社会工学の視座

書き下ろし。

第2章：「津波てんでんこ」で命を救えるか？

「『津波てんでんこ』の誤解と理解」（及川康，土木学会論文集F6（安全問題），Vol.78（1），pp.82-91，２０１７年）をもとに加筆修正。

第3章：過去の災害を忘れないでいられるか？

「災害履歴に対する時間感覚」（及川康，災害情報，No.16（2），pp.223-234，２０１８年）をもとに加筆修正。

第4章：詳細情報と曖昧情報

「定性的表現による津波情報の効果に関する検証」（及川康・片田敏孝，土木学会論文集F5（土木技術者実践），Vol.72（2），pp.38-47，２０１６年）をもとに加筆修正。

第5章：避難情報廃止論

「避難情報廃止論とは何か」（及川康，災害情報，No.19（1），pp.35-46，２０２１年）および「トンガ沖噴火から考える『避難情報廃止論』」（及川康，日本災害情報学会第24回学会大会予稿集，pp.62-63，２０２２年）をもとに加筆修正。

第6章：「高い災害意識」は必要か？

1から6は書き下ろし。7は「地域コミュニティ特性に応じた豪雨災害対応の重要性――平成19年台風9号災害における限界集落と成熟コミュニティにおける事例――」（及川康・金井昌信・村澤直樹・児玉真・片田敏孝，土木計画学研究，講演論文集37，CD-ROM，２００８年）の一部をもとに加筆修正。

第7章：防災の責任の所在

「防災の責任の所在に関する一考察」（及川康・片田敏孝，災害情報，No.19（1），pp.47-59，２０２１年）をもとに加筆修正。

第8章：主体的な防災をめぐる住民と専門家のコミュニケーション

1は「防災の責任の所在に関するコミュニケーション」（及川康，日本災害情報学会第27回学会大会予稿集，pp.35-36，２０２３年）を、2は「災害制御可能感がもたらすもの」（及川康，日本災害情報学会第26回学会大会予稿集，pp.17-18，２０２３年）を、3は「主体的避難のための臨床防災哲学」（及川康，日本災害情報学会 第23回学会大会予稿集，pp.83-84，２０２１年）の一部を、それぞれもとにして加筆修正。

及川　康（おいかわ やすし）

東洋大学理工学部都市環境デザイン学科教授。1973年北海道函館市生まれ。群馬大学工学部建設工学科卒業。同大学院工学研究科博士後期課程修了。博士（工学）。長岡技術科学大学助手、高松工業高等専門学校助手、群馬大学講師、東洋大学准教授などを経て、2019年より現職。専門は災害社会工学。災害情報のあり方や住民行動の特性、防災をめぐる住民と行政とのコミュニケーションのあり方などの研究に従事。近年では避難情報廃止論や臨床防災哲学などの論考を発表。2020年に日本災害情報学会廣井賞（学術功績分野）を受賞。

「思い込みの防災」からの脱却
命を守る！ 行政と住民のパラダイム・チェンジ

2024年6月28日 第1刷発行

著　　者	及川　康
発 行 者	千葉 弘志
発 行 所	株式会社ベストブック 〒106-0041 東京都港区麻布台3-4-11 麻布エスビル3階 03（3583）9762（代表） 〒106-0041 東京都港区麻布台3-1-5 日ノ樹ビル5階 03（3585）4459（販売部） http://www.bestbookweb.com
印刷・製本	中央精版印刷株式会社
装　　丁	町田貴宏

ISBN978-4-8314-0251-6 C0058